결과에서 살기
LIVE IN THE END

네빌 고다드
지음

이상민
옮김

서른세개의 계단

펴낸곳 _ 서른세개의 계단

사색에만 빠진 철학은 삶과의 괴리를 만들고, 현실의 이익에만 눈을 돌린 자기계발은 삶의 의미를 잃고 방황하게 만듭니다. 그래서 실천적인 형이상학, 즉 현실에 도움이 되면서 삶의 의미를 명확하게 할 수 있는 책을 발간하고자 하는 것이 서른세개의 계단 출판사 목표입니다. 계속 좋은 책을 발간하도록 노력하겠습니다.

http://33steps.kr

번역 _ 이상민 (리그파)

한양대 법학과 졸업. 2007년 『서른세개의 계단 출판사』를 설립하고, 네빌 고다드의 저작을 비롯해, 실천적 형이상학 관련 도서를 번역하여 출간하고 있다. 주요 역서로는 『네빌고다드 5일간의 강의』 『세상은 당신의 명령을 기다리고 있습니다』 『믿음으로 걸어라』 『웨이아웃』 등이 있다.

이메일 pathtolight@naver.com

네 빌 고 다 드

나에게 주어진 유일한 과업은

나의 관념을 위대함으로 채우는 것뿐이다

결과에서 살기
Live in the end

"네빌 고다드의 생애 6
역자 서문 12

Chapter 1 유일한 장벽, 나 22
Chapter 2 마음의 식단 38
Chapter 3 신은 빛이다 56
Chapter 4 인생 게임 78
Chapter 5 잔, 그리고 십자가 100
Chapter 6 잠든 자여, 깨어나라! 122
Chapter 7 최고의 나를 주장하라! 142
Chapter 8 그대가 보는 것은, 단지 152

Chapter 9	결과에서 살기	176
Chapter 10	나, 세상의 빛	208
Chapter 11	인간이란 가면 뒤에는	226
Chapter 12	진정한 기도의 비밀	238
Chapter 13	물질적 풍요, 영적 풍요	254
Chapter 14	전능한 네 명의 존재	284
Chapter 15	성서가 주는 교훈	310
Chapter 16	인간의 전능한 말	334

네빌 고다드의 생애

Neville Goddard (1905-1972)

요약

네빌 고다드는 영국령 서인도제도 출생의 형이상학자이자 강연자이다. 현재의 수수께끼로 대두되는 끌어당김의 법칙을 1930년대부터 강연했다.

생애

서인도제도의 바베이도스에서 1905년 9남 1녀 중 넷째로 태어났다. 17살이 되던 해 드라마를 배우기 위해 미국으로 건너간다. 댄서 생활을 하던 중 친구가 소개해 준 책을 통해 형이상학을 접한다. 형이상학에 대한 관심이 높아지던 중 당시 카발라, 성경의 비의적 해석, 히브리어, 상상의 법칙을 강연하던 에티오 피아 랍비인 압둘라를 만나게 된다. 그의 강의에 매료된 네빌 고다드는 1929년부터 1936년까지 7년 동안 매일 그에게 '법칙'에 관한 것들을 배운다. 그 후 자신이 깨달은 것과 경험한 것을 바탕으로 로스앤젤레스, 뉴욕, 샌프란시스코를 중심으로 미국 전역에 강연을 한다. 1950년대 중반에는 로스앤젤레스의 채널 11에서 26편의 30분짜리 텔레비전 프로그램을 진행했다. 생소했던 강의는 점차 사람들의 눈길을 끌어, 만원사례를 이루게 된다.

법칙

그의 초반 강의의 핵심은 '상상이 현실을 창조한다'는 것이다. 이것을 법칙이라고 말한다.

압둘라는 네빌에게 두 번의 죽음이 올 것이라고 예언했는데, 여기서 죽음이란 과거의 시야에서 벗어나 완전히 새로운 시야를 갖게 되는 경험을 상징적으로 표현한 단어이다.

첫 번째 죽음은 그가 뉴욕에서 바베이도스에 가고 싶다는 소망이 생겼을 때이다. 그는 자신의 상상력을 사용해 소망을 현실로 만들어내는 첫 번째 경험을 하게 된다. 이로써 상상이 현실을 창조한다는 확신을 갖게 되면서 기존에 갖고 있던 미신적 생각에서 벗어나게 된다.

네빌은 압둘라에게 배웠던 '법칙'을 미국 전역에 강의한다. 그러던 중 그는 압둘라가 예언했던 또 한 번의 상징적인 죽음을 맞이하게 된다. 그것은 약속이다.

약속

네빌은 1959년부터 1260일에 걸쳐 일정한 내면의 경험을 갖는다. 그것은 자신 안에서 거대한 참자아가 깨어나는 신비적이면서 상징적인 경험이었다. 그는 이렇게 말했다.

"나는 이것을 경험하기 전까지는 그 누구에게서 들어본 적도 없었습니다. 이 경험은 그 해 여름에 시작되어 3년 반 동안 진행되었습니다."

이 경험을 겪은 후 1960년대와 1970년대의 강연에서는 법칙보다 약속을 더 강조했다.

"당신은 상상의 힘을 이용해서 자신의 환경을 바꿀 수 있습니다. 하지만 그것은 영원하지 않습니다. 당신은 상상력을 이용해서, 큰 부를 얻거나, 유명해지거나, 이런 일들을 할 수 있습니다. 하지만 당신이란 존재의 진짜 목적은 단지 이것만이 아닙니다. 바로 약속을 성취하는 것입니다."

삶과 죽음에 대한 관점

그는 죽음에 대해 이렇게 말했다.

"당신은 문을 열고 새로운 곳으로 가게 됩니다. 우린 그 문을 죽음이라고 말합니다. 죽음은 단지 그뿐입니다. 우리가 죽은 즉시, 다시 이 세상처럼 회복됩니다. 지금 이 땅에서 가졌던 것과 같은 문제를 지니면서 그 세상에서도 우리의 정체성을 이어가게 됩니다. 그곳에서도 성장하고, 결혼하고, 이곳에서 지녔던 죽음에 대한 공포도 똑같이 지닌 채 죽습니다. 만약 약속을 경험하지 못한 채 죽음을 겪게 된다면 자신의 과업을 가장 잘 성취할 수 있는 장소를 골라, 그곳에서 태어나 죽고, 태어나 죽고를 반복합니다. 그러다가 결국 당신 안에 그리스도가 태어나면 그때 당신은 부활의 아들이 되어 더 이상은 이 죽음의 세상에 돌아오지 않습니다."

그는 자신이 죽기 전 강의에서 이렇게 말했다. "제게 주어진 시간이 짧다는 것을 저는 압니다. 저는 이 땅에서 제게 주어진 일들을 다 마쳤기 때문에 이곳을 떠나기를 열렬히 바라고 있습니다. 약속은 이미 제게서 이루어졌기에 이 3차원의 세상으로 다시 돌아오지는 않을 것입니다. 하지만 제가 어디에 있든, 저는 지금 이곳에서 여러분들을 알아보는 것처럼 그곳에서도 여러분들을 알아볼 것입니다. 왜냐하면 우리는 사랑이란 무한한 끈 안에 묶여 있는, 형제이기 때문입니다."

네빌은 1972년 10월 1일에 67세의 나이로 이 땅의 삶을 마쳤다. 압둘라의 또 다른 제자였던 조셉 머피는 네빌에 대해 이렇게 말했다.

결국 세상 사람들은
네빌을 가장 위대한 신비가로 기억할 것입니다

서른세개의 계단 출판사

서른세개의 계단 **블로그**

서른세개의 계단 **유튜브 채널**

교정용 가지치기 가위 카페

역자 서문

이 상민 _

❝ 당신이 겪고 있는 것은 삶이란 꿈입니다. 당신이 지금 삶이란 꿈을 꾸고 있다는 것을 알아차릴수록, 당신은 점차 그 꿈에서 깨어나게 될 것입니다. 그런데 당신이 밤에 꿈을 꾸고 있을 때, 지금 꿈꾸고 있다는 것을 알아차리고 깨어나지 않기로 마음먹었다면, 그때부터는 꿈을 조절하며 당신이 원하는 방향으로 꿈을 만들어 갈 수 있다는 것을 알게 될 것입니다. 이것은 삶이란 꿈에도 똑같이 적용됩니다. 지금의 삶이 꿈이라는 것만 안다면, 당신이나 당신 친구가 원하는 모습을 사실로 받아들이고, 믿음으로 걷는 것을 통해 꿈의 패턴을 변화시켰던 것처럼 당신의 삶도 원하는 모습으로 만들 수 있습니다. 하느님을 믿으십시오. 다시 말해, 당신의 경이로운 상상력을 믿고, 당신이 원하는 삶을 살고 있다는 것을 믿으십시오. 그러면 당신이 믿는 만큼, 그 모습이 당신의 세상 안에 나타날 것입니다.

『임모틀맨』

공포스러운 생각이란 씨앗을 마음의 토양에 많이 심어 놓으면 그가 밤에 꾸는 꿈은 공포스러운 것이 되고, 자비로운 생각의 씨앗들을 많이 심어 놓으면 자비롭고 행복한 꿈을 꾸게 되는 것처럼, 우리의 현실도 같은 원리가 적용됩니다. 그래서 우리가 이 원리를 이용해, 소망이 이루어진 상태에서 생각하고 반응하고 행동할 때, 그 관념이 자연스럽게 형성되어 우리의 삶도 원하는 모습으로 펼쳐지게 됩니다. 우리가 살고 있는 세상이 꿈과 닮아 있기 때문에 그렇습니다.

　그런데 삶과 꿈의 유사성은 여기서 그치지 않습니다. 우리가 꿈에서 깰 수 있는 것처럼, 삶이란 꿈에서도 깰 수 있다고 합니다. 즉, 이 삶이란 꿈을 우리가 원하는 모습으로 바꿀 수 있을 뿐 아니라, "나"라고 착각하고 있는 상태에서 "참된 나"를 자각해서 깨울 수 있다고 말합니다. 그때 내가 살았던 것은 삶이란 꿈이었다고 실감하게 됩니다.

전자는 법칙, 후자는 약속이라고 불립니다.

법칙은 지금 이 삶에 맞닿아 있고, 약속은 먼 미래로 느껴집니다. 그렇기에 지금 이 삶에 집중하고 있는 우리로서는, 법칙에 더 많은 관심이 가는 것이 당연합니다. 지금 당장의 내 돈이 많아지고, 관계가 좋아지고, 행복해지는 것이 가장 큰 관심사이자 우선순위입니다. 존재하는지 생각조차 못 해 본 참자아에 대해서는 그다지 관심이 없습니다. 죽음이란 것도 먼 이야기의 것처럼 느껴집니다.

그래서 네빌 고다드가 1959년부터 1260일 동안 약속을 경험한 후 강의했을 때 청중들의 숫자가 크게 줄었다고 합니다. 어쩔 수 없습니다.

사람마다 다양한 각자의 의식 계단을 오르고 있기에, 관심이 모아진 분야가 다양합니다. 저처럼 신에 대한 갈증이 아직 크게 찾아오지 않은 사람들도 있고, 신에 대한 갈증으로 모든 세속적인 것에 등을 돌리고 신만을 구하고 있는 사람들도 있습니다.

그런데 저는 약속이 그저 신에 대한 갈증을 가진 사람들에게만 해당되는 먼 미래의 이야기가 아니라고 말합니다. 왜냐하면 약속의 진리를 받아들이면 우리의 삶은 더욱 행복해지고 풍요로워지며 믿음은 더욱 굳건해져, 법칙을 활용하는 데 큰 도움이 되기 때문입니다.

　우리의 삶을 불행하게 만드는 가장 근원적 원인은, 돈이 없어서도, 명성을 누리지 못해서도, 누군가와 좋은 관계를 유지하지 못해서도 아닙니다. 그 원인은, 인간이 자신의 삶을 태어나는 순간부터 무덤에 들어가는 순간까지로 한정 짓기 때문입니다.

　즉, 불멸하는 것을 필멸하는 것으로 바꿔 놨기 때문입니다. 이 왜곡으로부터 우리를 불행하게 만드는 온갖 오류와 잘못된 관념들이 생겨나기 시작합니다. 그 착각이 만든 오류와 관념들로 인해 스스로를 괴롭히면서, 불행하고 힘들다고 말하는 것이 지금의 삶입니다.

　그래서 우리는 항상 "이러면 어쩌지", "저러면 어쩌지" 전전긍긍하며 살게 됩니다. 그 좁은 시야로 한 치 앞을 걱정하며 온갖 부정적 생각들을 만들어 내면서, 우리 스스로 단단한 현실성을 부여한 외부 세상의 작은 흔들림에도 심하게 요동칩니다.

　이런 태도는 우리에게 행복이란 것을 앗아가는 것은 물론이고, 보이지 않는 것을 믿는 능력을 사라지게 만듭니다. "상상"과 "믿음"이라는 소망 실현의 두 축 중 하나였던 믿음을 사라지게 합니다. 이렇게 필멸에 대한 믿음은 나의 행복도 믿음도 사라지게 합니다. 우리가 법칙뿐만 아니라 약속을 공부해야 하는 이유입니다.

이 강의에서는 약속에 대한 내용들이 자주 언급됩니다. 처음 읽으시는 분들에게는 다소 생소하며 이해하기 힘든 부분일 수 있기에 짤막하게 그것을 정리해 보겠습니다.

인도 우화 중에는 양떼 속에서 자란 한 사자가 자신을 잊고 양이라고 여기며 살다가, 어느 날 자신이 사자임을 깨닫게 되는 이야기가 있습니다.

이와 마찬가지로, 우리는 흔히 겉모습만을 바라보며 약 100년 남짓한 생을 살아가는 이 형태가 곧 우리 자신이라고 착각하며 살아갑니다. 그러나 누구나 결국 자신의 진정한 모습을 깨닫게 될 날이 찾아온다고 합니다. 다만 자신이 진정 누구인지를 알기 위해서는 단순히 책을 읽거나 설명을 듣는 것만으로는 부족합니다. 이 잘못된 관념을 깨뜨리기 위해서는 반드시 생생한 경험을 통해 깨달음을 얻어야 합니다. 마치 양떼 무리에서 자란 사자가 다른 사자들이 자신을 공격하지 않는 것을 경험하고, 물 위에 비친 자신의 모습을 직접 보는 체험을 해야 자신이 누구인지를 알게 되는 것처럼 말입니다.

내가 주체가 되어서 일정한 경험을 해야만 하는 그것이, 네빌 고다드가 말하는 약속의 비전들입니다. 비전은 환상이나 상상과는 다른, 현실보다 더 생생한 내면 세계의 체험을 말합니다.

다양한 비전들이 주어지지만, 가장 큰 틀은 네 가지로 요약됩니다.

1. 부활과 위에서의 태어남
2. 다윗의 등장
3. 육신이란 장막의 찢어짐과 위로의 상승
4. 성령의 강림

1인칭 현재 시제로 이 경험을 하며, 기존에 갖고 있던 나에 대한 관념의 틀은 서서히 깨지며, 마지막 비전의 경험을 완성했을 때 만물을 포함하는 거대한 자아로서 완벽하게 나를 인식하게 됩니다. 비전의 과정들은 사람마다 다를 수 있지만, 우리 모두가 반드시 깨어난다는 사실만큼은 변하지 않는다고 합니다.

네빌 고다드의 사상을 제대로 이해하고 적용하기 위해서는 법칙과 약속의 균형 속에서 공부해 나가는 것이 가장 좋다는 것을 깨달았습니다. 왜냐하면 삶에 대한 시야가 넓어지지 않는다면 외부 세상의 흔들림에 계속 갇히게 되기 때문입니다. 그래서 이 책은 네빌 고다드의 약속에 관한 이야기와 법칙에 관한 이야기를 적절하게 분배해서 엮었습니다.

법칙을 듣기는 쉽지만, 삶에 적용하며 살기는 쉽지 않다는 것을 느낍니다. 외형과 작은 시야에 갇힌 나 자신을 믿음과 큰 시야의 새로운 관점으로 돌려놓는 일이기 때문입니다. 용수철을 늘렸다가, 다시 원상태로 돌아가는 것을 반복하는 기분이 듭니다. 하지만 확실한 것은, 시야에 작은 변화라도 생기면, 나의 세상에 대한 행복감도 증진되고, 바뀔 것 같지 않은 현실도 바뀐다는 것입니다.

이 책을 읽는 모든 분께서 이 책의 제목처럼, 원하는 삶의 결말에서 생각하고 반응하는 것을 통해, 현실에서도 원하는 삶을 펼쳐 내고, 또한 약속이 이미 성취되었다는 전제 속에서 편안한 마음으로 삶을 누리게 되시길 진심으로 바랍니다.

결과에서 살기

> 인간이 가장 크게 착각하는 것은 자신이 무엇이든 할 수 있다는 믿음입니다. 모두가 자신이 할 수 있다고 믿고, "무엇을 해야 할까?"라고 스스로에게 묻습니다. 그러나 실제로 어떤 것도 할 수 없습니다. 우리는 "되어야만(be)" 합니다.
>
> 우리의 영혼의 깊은 곳에서 우리는 자신에 대해 어떤 관념을 가지고 있습니까? 모든 것은 우리가 우리 자신을 바라보는 그 태도에 맞춰 일어납니다. 내면에서 진실로 받아들이지 않는 것은 자신의 세상에서 결코 나타날 수 없습니다.
>
> 그래서 우리의 질문은
> "무엇을 해야 할까?"가 아닌, 다음이어야 합니다
>
> **"나 스스로를 어떻게 인식하고 있을까?"**

Chapter 1

NO BARRIER BUT SELF
유일한 장벽, 나

기억하세요.
당신 앞에 놓인 장벽은 실은 당신 안에 있습니다.
당신이 원하는 모습이 되기 위해
외부적으로 어떤 일이 일어나야 하는지에 대해서는
걱정하지 마세요.

그저 소망하는 그 상태에 거한다면,
당신은 그 모습이 될 것입니다.

Chapter 1 NO BARRIER BUT SELF
유일한 장벽, 나

 상상력을 노래한 위대한 시인 윌리엄 블레이크는 우리 시대의 진정한 거장이었습니다. 시인들은 자유롭게 표현할 수 있습니다. 그것이 바로 시인에게 주어진 특권이기 때문입니다. 블레이크는 역사를 소재로 삼지 않았습니다. 그는 역사를 시로 표현하기보다는 자신의 믿음을 노래했습니다. 저는 이것을 확신합니다.

 제가 경험했던 비전들은 상상력에 대한 위대한 책인 성경과 일치했을 뿐만 아니라, 블레이크가 경험했던 것들과도 정확히 일치했기 때문입니다. 기독교는 하느님께서 이스라엘에게 주신 약속을 통해 인류를 구원하셨다는 믿음에 기초하고 있습니다. 그런데 놀랍게도 그 사건들이 제 안에서 실제로 이루어졌습니다.

 제가 이 비전들에 대해 말하고 기록할 수는 있지만, 여러분이 그것을 직접 경험하도록 강요할 수는 없습니다. 블레이크가 "인간은 상상력 그 자체이며, 하느님은 인간이고 우리 안에 계시며, 우리는 하느님 안에 존재한다"라고 했을 때, 저는 그 말이 진실임을 압니다. 인간의 불멸의 몸은 상상력이며, 그것이 곧 하느님 그 자체입니다.

블레이크는 자신이 겪었던 경험을 시라는 형태로 기록하면서 "앎을 얻는 참된 방법은 실험이며, 앎의 진정한 능력은 경험이다"라고 선언했습니다. 오늘 이 자리에서 제가 이야기하고자 하는 주제는 바로 이 능력입니다.

1925년 런던을 방문했을 때, 저는 한 연세가 지긋한 스코틀랜드 신사분을 만났습니다. 그는 제 마음가짐이 제 인생을 결정짓는다고 말했습니다. 그는 제가 이 삶에 끌려다닐 필요가 없으며, 생각을 통제해서 미래를 만들어 갈 수 있다고 말했습니다. 굉장히 매혹적인 주장이었습니다.

저의 내세울 것 없는 학력과 배경에도 불구하고, 이 상황들을 초월할 수 있다니, 그것은 참으로 매혹적인 말이었습니다. 이 신사분은 제가 관심 있어 하는 것을 보고 저에게 약 스무 권에서 서른 권 정도의 책을 주었습니다. 그 진리를 발견하고자 하는 목마름으로, 처음부터 끝까지 꼼꼼하게 읽었습니다.

1927년에 저는 아스트럴 투사(astral projection)를 의도치 않게 처음으로 경험하게 됩니다. 그 특별한 밤, 호텔 방에서 제 머릿속에 독특한 감각이 시작되는 것을 느꼈습니다. 그 감각이 점점 더 강렬해졌을 때 저는 제 몸에서 튕겨져 나와, 해변에서 낯선 사람들 사이에 있는 것을 발견했습니다.

저는 무슨 일이 일어났는지 알아차렸고, 제 방으로 돌아가고 싶었습니다. 그 소망을 품는 순간, 다시 제 방에 있는 육신으로 돌아오게 됩니다. 제가 호텔 방에 있다는 것을 깨닫고, 눈을 감고 머릿속의 그 느낌을 강렬하게 만들자 다시 몸 밖으로 빠져나올 수 있었습니다. 그런데 이번에는 방 안이었습니다.

그 후 저는 방을 돌아다니며 침대 위에 놓여 있는 몸을 내려다보았습니다. 몸은 선명하게 보였으나, 구름 같은 흰 물질이 머리를 덮고 있어 얼굴이 잠깐 보일 뿐이었습니다. 그때 저는 제가 영이기 때문에 벽도 통과할 수 있을 거라고 생각했습니다. 시도했지만, 벽이 너무나 단단하고 현실적으로 느껴져서 통과할 수 없었습니다. 분한 마음에 이번에는 벽을 향해 빠르게 달려갔습니다. 하지만 부딪혀 기절했고, 큰 두통과 함께 육신 안에서 깨어났습니다.

몇 달 후, 저는 다시 제 육신의 제약에서 벗어나 있는 것을 발견했습니다. 이전의 경험을 떠올리며 조용히 다른 곳에 있는 모습을 상상하자, 눈 깜짝할 사이에 그곳에 있었습니다. 그 순간, 저는 제가 오로지 상상력 그 자체임을 깨달았습니다. 벽을 통과하지 못했던 것은, 제가 벽에 현실성을 부여했기 때문입니다. 제가 그 방 안에 현실성을 부여했음에도 불구하고, 다른 곳에 있다고 상상하는 순간 저는 그곳에 있었습니다. 움직였다는 느낌조차 없이 말입니다.

이것저것 실험을 해보면서, 제 자신만이 유일한 장벽임을 깨달았습니다. 어리석다는 느낌이나 부족하다는 생각이 제 안에 자리 잡아 저를 제한하고, 제 소망이 실현되는 것을 막고 있음을 알게 되었습니다. 이 위대한 상상력이라는 재능을 발휘하는 것은 오롯이 자기 자신에게 달린 일임을 깨달았습니다. 블레이크가 말하듯, "인간은 상상력 그 자체이며, 하느님은 인간"입니다.

지금 당장 스스로에게 당신이 상상력 그 자체임을 증명해 보십시오. 고린도후서 5장은 이렇게 말합니다. "우리가 살고 있는 지상의 천막이 파괴되면, 우리는 하느님께서 주신 집을 가지게 되니, 그것은 인간의 손으로 지은 것이 아닌, 하늘나라의 영원한 집임을 우리는 알고 있다." 바울은 이 지상의 몸이 구원받을 것이라고 말하지 않았습니다. 오히려 그것이 파괴될 때, 손으로 지은 것이 아닌 하늘나라의 영원한 집을 우리가 가지게 될 것이라고 말했습니다.

당신이 지금 두르고 있는 육신은 불투명과 한계로 제한되어 있습니다. 하느님이 육신의 두개골에 들어갔을 때 상상력 그 자체인 당신은 스스로를 그런 제한 속에 두었습니다. 그 순간, 상상력은 살아 있는 영혼이 되었습니다. 이 제약 속에서 하느님은 돌이켜 깨어나며, 당신이 하느님임을 깨닫게 해줍니다. 그때, 오직 그때에만 당신은 손으로 짓지 않은 하늘나라의 영원한 옷을 입게 될 것입니다.

저의 책 『믿음으로 걸어라(Your Faith is Your Fortune, 1941)』에서 저는 "태초에 조건 지어지지 않은 존재의 인식이 있었다"라고 말했습니다. 이 조건 지어지지 않은 의식은 스스로를 무엇이라고 상상함으로써 스스로를 조건 지었습니다. 조건 지어지지 않은 존재의 인식은 그것이 스스로를 상상한 것이 되었고, 그렇게 창조가 시작되었습니다.

저 글을 썼을 때, 저는 교육받지 못했고 블레이크에 대해선 들어보지도 못했습니다. 불과 6년 전에서야 블레이크를 알게 되었고, 그때 제가 경험했던 것을 블레이크의 글에서 확인할 수 있었습니다. 그리고 전 블레이크가 했던 "앎을 얻는 참된 방법은 실험에 의한 것이고, 진정한 앎은 경험에 의한 것이다"라는 말을 이해할 수 있었습니다. 이것이 진실임을 압니다.

저는 저 자신을 영으로 느꼈지만, 벽을 통과하지 못한 경험이 있습니다. 저는 제가 다른 곳에 있다고 상상했을 때에만 이동할 수 있었습니다. 저는 여러분에게 말합니다. 진정한 여러분은 오직 상상력으로만 이루어져 있습니다. 그러니 직접 상상력을 시험해 보세요. 자신이나 다른 사람을 위한 멋진 목표를 세워 보세요.

주의 깊게 들어보면 머리 안에서 "쉿쉿" 소리가 두 가지로 나는 것을 듣게 될 것입니다. 왼쪽에서 나는 것은 매우 날카로운 소리이고, 오른쪽에서 나는 것은 간간이 잡히는 라디오 신호처럼 들립니다. 그 쉿쉿 소리에 집중한 다음, 마치 플레이어에 음반을 놓듯 친구의 목소리를 그 소리에 담아보세요. 당신이 듣고 싶었던 이야기를 친구가 당신에게 말하는 것을 상상해 보세요.

이제 여러분은 그 상상 속의 대화가 현실임을 믿어야만 합니다. 왜냐하면 여러분의 생각은 항상 여러분 내면의 대화 안에서 진행되는 트랙을 따르기 때문입니다. 당신은 말하는 존재입니다. 마음속에서 생각하는 말이든, 외부에서 실제로 말하는 것이든, 어떤 형태로든 말이 반드시 존재합니다. 그 둘 다 없다는 것은 생각할 수조차 없습니다.

상상 속에서 들은 말을 믿으세요. 그 믿음으로 나아가십시오. 그러면 외부 세상에서도 그 말을 들을 수 있게 될 것입니다. 왜냐하면 상상력은 영원히 현실을 창조하고 있기 때문입니다! 당신과 하느님 사이에 어떤 중재자도 필요 없습니다. 당신이 바로 하느님이기 때문입니다.

고요히 앉으세요. 그리고 듣고 싶은 것을 듣고 있다고 상상하십시오. 잊지 마세요! 당신은 그 몸뚱이가 아닙니다. 당신은 영이자 상상력 그 자체이며, 상상하는 곳 어디든 갈 수 있습니다. 그런데 이것을 가볍게 여기지 마세요. 왜냐하면 당신의 육신은 당신이 상상 속에서 경험했던 여정을 반드시 현실로 만들 것이기 때문입니다.

최근에 한 남자가 찾아왔습니다. 그는 회사를 대표해 스웨덴에 가고 싶었지만, 막 입사한 자신에게 그런 제안을 할 리 없다고 생각했습니다. 저는 그에게 비행기 탑승구를 오르는 느낌을 상상해 보라고 제안했습니다. 주변에서 들려오는 미국인들의 목소리를 들으며 비행 중임을 느껴 보라고 했습니다. 그런 후 비행기가 착륙하는 것을 느끼며, 스웨덴에 도착해 주변에서 스웨덴어가 들리는 것을 상상하라고 했습니다.

6개월이 지났을 때, 이 신사분은 회사를 대표해 스웨덴에서 근무하게 됐습니다. 그는 제 조언에 대한 감사의 표시로 아름다운 물방울 모양의 크리스털 꽃병을 제게 선물했습니다. 상상은 그것 안에 스스로를 현실로 펼칠 힘을 가지고 있습니다. 상상력이야말로 불멸하고 창조력을 지닌, 당신의 진정한 몸입니다.

상상 속 당신이 있는 곳으로 육신을 갖고 가게 될 것입니다. 당신은 언제나 당신의 의식이 있는 곳에 존재합니다. 무언가를 생각하는 것은 창조 행위가 아닙니다. 소망을 생각하면 안 되고, 그 소망이 이미 이루어진 상태에서 생각해야 합니다.

"I AM"은 길입니다. "나는 ~이었다" 혹은 "나는 ~일 것이다"는 선언은 결코 변화를 만들지 못합니다. 예수 그리스도라 불리는 존재가 길이 아닙니다. "I AM"이 길입니다! 다시 말해 의식이 길입니다! "I AM"은 하느님의 영원한 이름입니다. "그분의 이름이 무엇입니까?"라고 누군가 묻는다면, "I AM"이라고 답하십시오.

욕망은 그것이 사실로 받아들여질 때까지는 실현될 수 없습니다. 샌프란시스코에 가고 싶다면, 샌프란시스코에서 세상을 바라보면서 그곳에 있다고 받아들여야만 합니다. 로스앤젤레스에 있으면서 샌프란시스코에 가고 싶다고 바라는 것은 도움이 되지 않습니다. 한 걸음 물러서, 당신의 세상을 바라보세요.

당신은 지금 원하는 상태에서 보고 있습니까, 아니면 여전히 원하는 것을 생각하고 있습니까? 이렇게 자신을 살펴본다면, 소망을 생각하는 중인지, 소망이 이루어진 상태로부터 생각하고 있는지 알 수 있습니다. 소망이 성취된 상태로부터 세상을 보고 있지 않다면, 당신은 여전히 자신을 지금 이곳에 그대로 묶어 놓고서 소망하는 중입니다. 이것은 당신이 소망이 이루어진 곳으로 들어가는 것을 막습니다.

당신이 상상력 그 자체이기에, 상상 속에서 당신이 있는 곳에 실제로 존재하게 됩니다. 당신이 보고 있는 세상에 대해 말할 때, 그 묘사가 소망이 이루어진 상태로부터 바라본 세상이고 그것을 충실하게 유지한다면 소망은 현실로 나타날 것입니다.

성경은 상상력에 대한 위대한 이야기를 담고 있습니다. 인간은 아직 그렇게 이해하지 못했습니다. 블레이크는 "바보에게 명확하게 할 수 있는 것은 내 관심을 끌지 못한다"라고 말했습니다. 고대의 현자들은 명확하게 의미가 드러나지 않을 때가 오히려 가르치기 적합하다고 여겼습니다. 왜냐하면 배우고자 할 마음을 불러일으키기 때문입니다.

저는 모세, 솔로몬, 이솝, 호머, 플라톤에 대해 말합니다. 성경의 많은 부분이 순수한 시로 이루어져 있습니다. 시편과 예레미야에서는 이 일련의 사건들을 시의 형태로 나타냅니다.

누가복음은 다음과 같이 시작합니다. "우리 가운데서 일어난 일들을 처음부터 목격하고 말씀의 일꾼이었던 사람들에게 전해진 대로 기록하려고 시도하는 사람들이 많았더라. 나도 처음부터 모든 일을 꼼꼼하게 살펴본 후 가장 존경하는 데오빌로에게 차례대로 기록하여, 당신이 이미 배운 것들에 대한 진리를 알게 하기 위해 이 책을 쓰기로 결심했나이다."

누가가 이야기를 전하는 대상인 데오빌로는 하느님을 더 알고자 하는 욕구를 가진 상태에 있는 자를 말합니다. 바로 여러분입니다. "데오빌로"라는 이름은 "하느님을 사랑하는 자"를 뜻합니다.

누가는 성경의 사건들을 기록하려 했던 이들을 비판하지 않았습니다. 다만 성경의 사건들이 시간 순으로 정확하지 않음을 알고, 순서대로 기록하려고 합니다. 누가는 목자들이 밤에 양들을 지키고 있는 이야기와 하늘에서의 합창 사이에는 수년의 시간적 간격이 존재한다는 것을 알았습니다.

제 경우에는 천사들의 합창 후 15년이 지나 목자들이 양을 지키는 이야기가 나타났습니다. 누가는 사건들이 일어나는 순서를 이야기 형식으로 전하며, 이전보다 더 잘 배열했다고 주장합니다.

만일 당신이 그가 전한 말을 현실 세계에서 일어난 사건으로 해석한다면 결코 그것이 담고 있는 신비를 이해하지 못할 것입니다. 영원 속에서 일어나고 있는 이 일련의 사건들은 각 개인의 내면에서 일어납니다. 여성에게서 태어난 모든 아이들은 이 경험들을 모두 겪게 될 것입니다. 이것은 하느님이 우리 안에서 스스로를 깨우는 과정입니다.

전도서의 "그분은 영원을 인간의 마음 안에 두셨더라"는 말처럼, 하느님은 실제로 그분 스스로를 우리 안에 눕혔습니다. "영원(eternity)"이라는 단어는 "소년, 젊은이, 청년"을 뜻합니다. 세상이 창조되기 전부터 하느님과 함께 있던 아이가 바로 이 "영원"입니다.

당신은 하느님의 아들을, '아들로서의 하느님'으로 생각해 본 적이 있나요? 한 번 생각해 보세요. 모든 존재 안에 내재된, 아버지로서의 하느님, 아들로서의 하느님, 성령으로서의 하느님은 깨어나서 하느님의 아들로 나타납니다.

헤아릴 수조차 없는 근원 안에 있는 무한한 사랑은 아버지로서의 하느님입니다. 창조의 표현 속에서 드러나는 무한한 사랑은 아들 하느님입니다. 영원히 계속되는 무한한 사랑은 (Infinite Love in eternal procession) 성령으로서의 하느님입니다. 이 셋은 하나입니다! 나와 나의 아버지는 하나의 무한한 사랑입니다! 이보다 더 간결한 표현은 없습니다.

존재에 대한 이 멋진 개념을 받아들이세요. 머릿속에서 들리는 쉿쉿 소리에 귀를 기울이세요. 그 소리에 당신이 듣고 싶은 말을 담아, 그 말이 현실이라고 믿으세요. 이 말들에 믿음을 지닌다면 그 무엇도 그것이 현실로 나타나는 것을 막을 수 없습니다. 당신과 하느님 사이에 어떤 중재자도 필요 없습니다. 왜냐하면 당신과 하느님 아버지는 하나이기 때문입니다.

블레이크가 했던 것처럼, 당신이 지닌 하늘나라의 재능을 사용하세요. 블레이크는 자신의 신비한 경험들을 시로 표현했습니다. 그는 육신을 벗어나는 법을 알았으며, 정신적 여행자가 되어 그의 여행을 시로 표현했습니다. 그는 이렇게 말했습니다. "나는 남자들의 땅을 여행했고, 남자와 여자의 땅도 여행했으며, 차가운 땅을 떠도는 방랑자들이 결코 알 수 없는 끔찍한 것들을 보고 들었다."

그런 다음 그는 아이의 탄생을 멋지게 묘사하며 이렇게 말했습니다. "그곳에서 아이는 기쁨 속에서 태어나지만 극심한 고통 속에서 잉태되었네. 쓰라린 눈물로 뿌린 열매를 기쁨 속에서 거두는 것처럼."

"그리고 만약 태어난 아이가 남자라면 그 아이는 나이 든 여인에게 맡겨지고, 그녀는 아이를 바위에 못 박고, 그의 비명을 황금잔에 받아낸다." 당신은 이 육신에 못 박혀 있지만,

육신에서 벗어나 블레이크가 시에서 말한 청년처럼 강해질 수 있으며, 이 육신을 통해 당신이 세상에서 표현하고자 하는 것을 이룰 수 있습니다.

기억하세요. 당신의 상상력은 하느님입니다. 하느님에게 모든 것은 가능합니다. 당신이 되고 싶은 모습이 되었다고 상상해 보세요. 그 생각에 충실히 머물면, 아무것도 당신이 그것이 되는 것을 막을 수 없습니다.

기억하세요. 당신 앞에 놓인 장벽은 실은 당신 안에 있습니다. 당신이 원하는 모습이 되기 위해 외부적으로 어떤 일이 일어나야 하는지에 대해서는 걱정하지 마세요. 그저 소망하는 그 상태에 거한다면, 당신은 그 모습이 될 것입니다.

Chapter 2

Mental Diet
마음의 식단

저는 혼자 있는 사람을 볼 때마다 "저 사람은 어떤 내면의 대화를 하고 있을까? 저 사람이 걷고 있는 신비의 마음 트랙은 어떤 것일까?"라는 생각을 하곤 합니다.

우리는 삶을 의식에 관한 것으로 받아들여야 합니다.
모든 문제의 해결은 바로 여기에 있습니다.

우리 안에 계신, 하늘로부터 온 주님, 즉 두 번째 인간은 아버지의 일을 하기 위해 육신 속에서 의식을 깨우려 하고 있습니다.

그의 임무는 무엇입니까?
아버지를 모방하는 것입니다.
즉, 말씀을 다스리는 주인이 되는 것,
내면의 대화를 다스리는 주인이 되는 것,
그래서 우리의 세상을 사랑의 왕국과 닮은 모습으로 창조하는 것입니다.

Chapter 2 Mental Diet
마음의 식단

혼잣말은 누구나 빠져드는 습관입니다. 먹고 마시는 것을 멈출 수 없는 것처럼 혼잣말을 멈추는 것도 불가능합니다. 우리가 할 수 있는 유일한 일은 내면대화의 성격과 방향을 통제하는 것입니다. 그러나 대부분의 사람들은 자신의 내면대화가 삶의 상황을 만들어낸다는 사실조차 깨닫지 못합니다.

"사람이 마음으로 생각하는 그대로 된다"라는 말을 들어보셨을 것입니다. 하지만 사람의 생각이 자신의 내면대화가 만든 트랙을 따라간다는 사실을 알고 계십니까? 자신이 묶여있는 트랙을 원하는 방향으로 바꾸기 위해서는, 성경에서 '옛사람'이라 부르는 이전의 대화를 버리고 마음의 영으로 새롭게 거듭나야 합니다. 말은 마음의 이미지입니다. 따라서 마음을 변화시키려면 먼저 자신의 말을 변화시켜야 합니다. 여기서 말이란 우리가 스스로와 나누는 내면의 대화를 의미합니다.

내면에서 나눌 수 있는 마음의 대화는 무한하기 때문에 세상은 무한한 정신적 변형이 가능한, 마법의 원과도 같습니다. 자신의 내면대화가 지닌 창조적 힘을 깨닫게 되면, 자신의 삶에서 맡은 역할과 사명을 알게 됩니다. 그제야 비로소 그는 목적을 가지고 행동할 수 있습니다. 이것을 자각하지 못한 사람은 무의식적으로 행동하게 되고, 우리가 인식하지도 못한 우리 안에서 이루어지는 내면대화가 삶의 모든 현상을 만들게끔 합니다. 그러나 깨어 있는 존재로서 우리는 내면대화의 힘을 인식하고, 그것을 의도적으로 다루어야 합니다.

내면의 대화는 우리의 삶을 끌어당깁니다. 내면대화에 변화가 없다면, 한 사람의 역사는 그대로 반복됩니다. 내면대화를 바꾸지 않고 세상을 바꾸려는 시도는 세상의 본성에 역행하는 것입니다. 사람은 실망과 불운의 같은 원을 끝없이 돌면서도, 그것이 자신의 부정적인 내면대화에서 비롯되었다는 사실을 보지 못하고, 타인이나 외부 요인 때문이라고 생각합니다.

이것이 다소 과장된 것처럼 보일 수 있지만, 이는 연구와 실험을 통해 증명될 수 있는 문제입니다. 마음의 대화가 객관적 현실의 옷을 입는 과정은 화학자가 공식을 증명하는 것만큼 증명될 수 있습니다.

어느 날 한 여성분이 그녀의 고용주와 일하면서 겪는 어려움을 제게 이야기했습니다. 그녀는 최선을 다한 결과물에도, 고용주가 자신을 부당하게 비판하면서 거절하고 있다고 확신했습니다. 그녀의 이야기를 듣고 저는 그녀가 고용주를 부당하다고 생각한다면, 그것은 그녀 자신이 새로운 대화를 필요로 한다는 분명한 신호라고 설명했습니다. 분명 그녀의 마음속에서 고용주와의 언쟁이 끊이지 않음은 확실했습니다. 우리가 아무도 모르게 우리 안에서 속삭인 것을 다른 사람들이 우리에게 나타낼 뿐입니다.

그녀는 하루 종일 마음속에서 고용주와 언쟁을 했다고 고백했습니다. 자신이 그렇게 하고 있었다는 사실을 깨달은 그녀는 이 내면대화를 바꿔 보기로 결심했습니다. 그녀는 고용주가 자신의 훌륭한 업무 성과를 칭찬하는 모습을 상상했고, 이에 감사 인사를 하는 장면을 마음속으로 그렸습니다. 놀랍게도 그녀는 곧 자신의 마음 태도가 자신에게 닥친 모든 일의 원인이었음을 빠르게 알게 되었습니다. 고용주의 행동은 완전히 바뀌게 되었습니다. 언제나 그랬듯, 그녀의 내면대화는 세상에 반영되었습니다.

저는 혼자 있는 사람을 볼 때마다 "저 사람은 어떤 내면의 대화를 하고 있을까? 저 사람이 걷고 있는 신비의 마음 트랙은 어떤 것일까?"라는 생각을 하곤 합니다. 우리는 삶을 의식에 관한 것으로 받아들여야 합니다. 모든 문제의 해결은 바로 여기에 있습니다. 우리 안에 계신, 하늘로부터 온 주님, 즉 두 번째 인간은 아버지의 일을 하기 위해 육신 속에서 의식을 깨우려 하고 있습니다. 그의 임무는 무엇입니까? 아버지를 모방하는 것입니다. 즉, 말씀을 다스리는 주인이 되는 것, 내면대화를 다스리는 주인이 되는 것, 그래서 우리의 세상을 사랑의 왕국과 닮은 모습으로 창조하는 것입니다.

예언자는 이렇게 말했습니다. "사랑받는 자녀로서 하느님을 따라 하라." 제가 하느님을 어떻게 따라 할 수 있을까요? 우리는 하느님께서 보이지 않는 것을 마치 보이는 것처럼 부르시면, 보이지 않는 것이 보이는 것이 된다고 배웠습니다. 그 여성분은 이 방법을 모방하여, 고용주로부터 칭찬과 친절을 이끌어냈습니다. 그녀는 고용주가 자신의 일을 칭찬했다는 전제를 가지고 상상 속 대화를 나누자, 현실도 그렇게 됐습니다.

각각의 사람이 나누는 내면대화가 다양한 것만큼 그들이 사는 세상도 다양합니다. 한 사람이 겪는 세상은 스스로의 내면대화가 드러난 결과입니다. 우리는 우리가 말하는 모든 헛된 말들에 대해서도 값을 치러야 한다고 배웠습니다. "너희의 말로 의롭다 함을 받을 것이며, 너희의 말로 정죄를 받을 것이다"라는 말씀처럼 우리의 말이 우리 운명을 결정합니다.

우리는 부정적인 내면대화에 자신을 내맡기면서도 삶을 통제할 수 있기를 기대합니다. 우리의 현재 내면대화는 사람들이 생각하는 것처럼 과거로 사라지지 않습니다. 그것들은 미래로 나아가 낭비된 말이나 투자된 말로서 우리를 맞이합니다. 예언자는 이렇게 말했습니다. "내 말은 내게 헛되이 돌아오지 않고, 내가 뜻하는 것을 이루며, 내가 보낸 모든 일에서 번영하리라."

제가 친구를 돕기 위해 제 말을 어떻게 보낼까요? 저는 그의 목소리를 듣는 듯 상상하고, 그가 실제로 제 앞에 있는 것처럼 느끼며, 제 손이 그의 어깨를 감싸고 있는 것을 상상할 것입니다. 그런 다음 그의 행운을 축하하며, 지금껏 이렇게 괜찮아 보였던 적이 없다고 말할 것입니다. 저는 또한 그가 "이보다 더 행복했던 적도, 건강했던 적도 없었다"고 말하는 것을 상상할 것입니다. 이러한 사랑 가득한 대화 속에서 제 말이 보내졌음을 확신할 것입니다. 그리고 그 말은 결코 헛되이 돌아오지 않으며, 보내진 그곳에서 반드시 번성할 것입니다.

"지금이 받아들여진 때요, 바로 오늘이 구원의 날이다." 중요한 것은 오직 지금 무엇을 하느냐는 것뿐입니다. 그 결과가 내일이 되어서야 보일지라도 말입니다. 우리는 큰 소리를 내어 외치지 않지만, 내면에서 강렬하게 집중해서 부릅니다. 들리는 것처럼 주의를 기울이는 것은 창조 행위입니다. 삶의 사건들과 관계는 여러분의 내면대화가 눈에 보이는 형태로 드러난 것입니다. 그러나 많은 사람들이 타인에 대한 태도를 바꾸지 않음으로써, 타인이 친절하려고 하고, 관대하려고 하는 의지와 능력을 앗아가곤 합니다.

우리의 태도는 내면의 대화라는 형태로 우리 안에서 펼쳐집니다. 소망이 이미 이루어진 것처럼 내면에서 대화하면, 의식적으로 삶의 상황들을 창조할 수 있습니다.

내면에서 한 대화는 주변의 상황들로 계속 나타납니다. 따라서 우리가 바깥세상에서 보고 듣고 싶은 것이 있다면 먼저 내면세상에서 보고 들어야 합니다. 드러난 현실은 우리가 이 말씀을 어떻게 사용했는지를 보여줍니다.

내면대화를 통제하는 기술을 연습한다면, "그 일이 일어나기 전에 내가 너희에게 말한 것은, 일이 이루어졌을 때 너희가 믿게 하려 함이라"라고 자신 있게 말하며 짜릿함을 느낄 수 있습니다. 여러분은 상상을 통해 내면대화의 거대한 창조 에너지를 의식적으로 활용하여, 정신적이고 감정적인 것을 물질적인 현실로 바꿀 수 있습니다. 이것에 어떤 한계가 있는지 저는 알지 못합니다.

여러분의 목표는 무엇인가요? 내면대화가 그 목표와 일치하고 있나요? 목표를 이루려면 반드시 내면과 외면이 일치해야 합니다. 예언자는 이렇게 물었습니다. "두 사람이 같은 뜻을 품지 않고 함께 갈 수 있겠느냐?" 당연히 답은 "아니요, 불가능합니다"입니다. 반드시 일치해야 하는 두 가지는 내면대화와 원하는 상태입니다. 즉, 외부에서 보고 듣고 싶은 것을 먼저 내면에서 보고 들어야 합니다.

우리의 모든 발전은 상상을 의식적으로 활용해 내면대화를 성취된 소망에 맞출 때 이루어집니다. 우리가 내면대화를 통제해서 그것을 성취된 소망에 맞추면, 다른 모든 과정에 대한 걱정을 내려놓을 수 있습니다.

그 후 우리는 뚜렷한 상상과 의도를 가지고 단순히 행동합니다. 소망이 이루어진 것을 상상하며, 그 상태를 바탕으로 내면의 대화를 이어갑니다. 올바른 내면대화란 여러분이 이상을 실현했을 때 나누게 될 대화, 다시 말해 성취된 소망에서 비롯된 대화입니다.

이제 여러분은 고대인이 『헤르메티카』에서 다음과 같이 말했을 때 얼마나 통찰력이 있었는지 알게 될 것입니다. "신께서 오직 인간에게만 주셨고 다른 필멸의 존재들에게는 주지 않으신 두 가지 선물이 있다. 그것은 마음과 말이다. 마음과 말이라는 선물은 불멸의 선물과 같다. 만약 인간이 이 두 가지 선물을 올바르게 사용한다면, 그는 불멸의 존재들과 다를 것이 없을 것이다. 그리고 그가 육신을 떠날 때, 마음과 말은 그의 안내자가 되어, 그를 신들과 축복받은 영혼들의 무리로 이끌 것이다."

마음과 말이라는 선물을 통해 여러분은 삶의 조건과 상황을 창조합니다. "태초에 말씀이 있었고, 그 말씀은 하느님과 함께 있었으며, 그 말씀은 하느님이셨다." 헤르메스는 말씀을 아들이라고 하고, 마음을 말씀의 아버지라고 했습니다. 말씀과 마음은 서로 분리된 것이 아닙니다. 삶이란 말씀과 마음의 결합입니다. 여러분과 여러분의 내면의 대화, 즉 말씀은 하나입니다. 만약 여러분의 마음이 내면의 대화와 하나라면, 마음을 새롭게 한다는 것은 내면의 대화가 새롭게 되는 것을 의미합니다.

바울은 깊은 통찰력으로 이렇게 적었습니다. "부패한 옛 사람을 벗어버리고, 마음의 영으로 새롭게 되어 새 사람을 입으라."

"새 사람을 입으라"는 것과 "마음의 영으로 새롭게 되어라"는 것은 내면의 대화를 변화시키라는 의미입니다. 왜냐하면 말과 마음은 하나이기 때문입니다. 말이 바뀌면 마음도 바뀝니다.

예언자 사무엘은 이렇게 말했습니다. "주님께서 나를 통해 말씀하시며, 그분의 말씀이 내 혀에 있다." 주님의 말씀이 선지자의 혀에 있었다면, 그 말씀을 발하는 주님의 입은 곧 선지자의 마음일 것입니다. 이는 내면대화가 마음에서 시작되어 혀의 작은 움직임으로 표현되기 때문입니다. 선지자는 하느님의 입이 인간의 마음이며, 우리의 내면대화가 하느님의 말씀이라는 점을 알려줍니다. 우리가 내면에서 창조하는 것이 결국 우리 삶의 현실로 나타납니다.

성경은 우리에게 말씀이 우리 가까이에 있으며, 우리가 조절할 수 있게끔 우리 입과 마음에 있다고 말합니다.

"보라, 내가 오늘 너희 앞에 생명과 선, 죽음과 악, 축복과 저주를 두었으니 생명을 택하라."

여러분의 삶의 조건과 환경은 여러분 밖에 있는 어떤 힘에 의해 결정되는 것이 아닙니다. 그것들은 여러분이 자유롭게 선택한 결과로 인한 것이며, 다시 말해 어떤 생각에 반응할지를 선택했기에 일어난 결과입니다.

지금이 받아들여진 때요, 오늘이 구원의 날입니다. 무슨 선한 일이든 그것에 대해 생각하십시오. 여러분의 미래는 하느님의 말씀, 곧 현재의 내면대화에 의해 형성될 것입니다. 여러분은 내면의 대화를 통해 미래를 창조합니다. 세상은 하느님의 말씀, 즉 여러분의 내면대화에 의해 형성되었습니다.

"저 들판을 보십시오. 참깨는 참깨였고, 옥수수는 옥수수였습니다. 침묵과 어둠이 그것을 알고 있었습니다! 이와 같이 인간의 운명도 태어납니다." 『아시아의 빛』

우리가 겪게 될 결말은 우리가 심은 씨앗에 의해 결정됩니다. 성공을 거두고 싶다면, 성공을 심어야 합니다. 세상의 모든 일을 일어나게 하는 여러분 마음속의 생각은 여러분이 진실로 받아들이는 생각입니다. 이것은 매우 중요한 내용입니다. 진실은 "사실"에 의해 결정되는 것이 아니라 상상의 강도에 따라 결정되기 때문입니다.

앞서 여성분이 자신의 고용주가 부당하다고 상상했을 때, 고용주는 그녀의 상상을 확인시키기 위해 그렇게 행동해야 했습니다. 그러나 그녀가 고용주에 대한 전제를 바꾸자, 고용주의 행동은 그 변화를 반영했습니다. 이는 비록 사실이 아닐지라도, 그것을 지속하면 사실로 굳어진다는 것을 보여줍니다.

마음은 항상 마음이 세워놓은 전제에 따라 활동합니다. 따라서 성공을 경험하려면, 우리는 성공했다고 전제해야 합니다. 우리는 온전히 상상의 차원에서 살아야 하며, 이는 의식적이고 의도적으로 이루어져야 합니다. 현실이 여러분의 전제를 부정한다고 하더라도, 여러분이 그 전제를 계속 고집한다면 결국 현실이 될 것입니다.

외부 세상은 결과로 나타난 것일 뿐, 원인이 아닙니다.

자신에 대한 새로운 관념을 전제하는 것은 그만큼 여러분의 내면대화, 즉 하느님의 말씀을 변화시키는 것이며, 이는 곧 새 사람을 입는 것입니다. 우리의 내면대화는 다른 사람들이 들을 수 없을지라도, 큰 소리로 외치는 약속이나 위협보다 미래를 형성하는데 훨씬 더 강력합니다.

진정한 종교적 시험은 믿음과 전제를 사용하는 것 안에 있지만, 사람들은 종교를 그저 방어수단으로만 쓰고 있습니다. 여러분에게 다음과 같은 말씀이 주어집니다. "믿었던 여인은 복이 있나니, 주님께 들은 말씀들이 이루어질 것이기 때문이라."

시험해 보세요. 시도해 보세요. 여러분이 되고자 하는 존재로 자신을 상상하고, 그 상상에 믿음을 유지하십시오. 이곳의 삶은 이미지 창조를 훈련하는 곳일 뿐입니다. 직접 시도하고, 여러분의 삶이 상상의 틀을 따라 형성되는지 확인해 보십시오.

세상의 모든 것은 우리가 내면대화를 잘 사용했는지 아닌지를 보여줍니다. 부정적인 내면대화, 특히 악의와 질투가 섞인 대화는 우리의 미래를 전쟁과 감옥으로 만드는 온상이 됩니다.

습관을 통해 사람들은 부정적인 내면의 대화에 은밀한 애착을 가지게 되었습니다. 이를 통해 실패를 정당화하고, 이웃을 비난하며, 타인의 고통을 즐기는 식으로 세상에 많은 독을 퍼뜨립니다. 말씀의 이러한 오용은 세상의 폭력을 지속시킵니다.

변화되기 위해서는 일정한 문장, 즉 우리의 이상이 실현되었음을 나타내는 문장을 상상하고 내면에서 반복적으로 되새기는 것이 필요합니다. 그 대화가 우리의 내면 깊게 스며들어 우리를 사로잡을 때까지 반복하십시오. 내면의 고귀한 확신, 즉 여러분의 내면대화를 굳건히 붙잡으십시오.

여러분 자신 외에는 아무도 그것을 빼앗을 수 없습니다. 그것들이 객관적 현실로 나타나는 것을 막을 수 있는 것은 없습니다. 모든 것은 하느님의 말씀, 즉 여러분의 내면대화에서 비롯된 상상력을 통해 창조됩니다. 상상력은 자신의 내면에서 행해진 말씀을 수확합니다.

성공의 위대한 비밀은 소망이 이루어졌다는 전제에서 내면대화가 이루어지도록 통제하는 것에 있습니다. 성공을 위해 여러분이 치러야 할 유일한 희생 제물은 실패한 옛 사람의 대화를 버리는 것입니다.

이제 때가 무르익었습니다. 바로 우리가 이 땅에서 천국을 창조하는데 의식적으로 나서야 할 때입니다. 의식적이고 자발적으로 우리의 상상을 사용해서, 이상에 부합하는 것만을 내면에서 듣고 말한다면 천국은 이 땅에 세워질 것입니다.

다른 사람을 위해 사랑스럽게 상상을 사용할 때마다, 우리는 문자 그대로 그 사람에게 하느님을 중재해 주고 있는 것입니다. 항상 참여자로서 상상을 능숙하게 사용하십시오. 구경꾼이 아니라 직접 상상에 참여해야 합니다. 상상을 사용하여 정신적, 감정적 에너지 수준의 것을 물질적 수준까지 끌어올리려면, 감각을 확장하여 보고 싶은 것을 보고, 듣고 싶은 것을 듣고, 만지고 싶은 것을 만지고 있다고 상상하십시오. 그 상상 속 행위를 강렬하게 인식하십시오. 상상의 상태에 현실의 모든 톤과 느낌을 부여하십시오. 성취의 분위기와 안도의 감정을 자신 안에서 불러일으킬 때까지 이를 계속하십시오.

이제, 외부 세계를 수동적이고 무의식적으로 받아들이지 말고, 능동적이고 의식적으로 상상을 사용하십시오. 이렇게 능동적이고 의식적으로 상상을 사용하면, 하늘로부터 온 주, 즉 두 번째 사람이 우리 안에서 깨어나게 됩니다.

사람들은 상상을 단순한 놀이감이나 꿈의 활동 정도로 여깁니다. 하지만 상상이야말로 현실로 가는 참된 관문입니다.

상상은 소망이 이루어진 상태로 가는 길이자 진리이자 생명입니다. 이를 온전히 이해한다면, 상상 속에서 우리가 행하는 일이야말로 가장 중요한 것임을 알게 될 것입니다.

상상이라는 영역 안에서 삶의 모든 드라마가 반복적으로 펼쳐지고 있습니다. 우리의 상상을 대담하고 적극적으로 사용해서 우리는 만 마일 떨어진 친구에게 손을 뻗어 그의 메마른 삶에 건강과 풍요를 가져다줄 수 있습니다.

상상은 세상 모든 것에 이르는 길입니다. 그렇지 않고서야 우리가 육체적 한계를 넘어 어떻게 행동할 수 있겠습니까? 그러나 상상은 우리에게 지금 이 순간 우리의 꿈을 더 충만하게 살아가라고 말하고 있습니다.

시간은 반드시 현재라는 관문을 통해 흐릅니다. 저곳을 이곳으로, 미래를 지금으로 상상해 보세요. 직접 해보고 확인해 보십시오. 미래의 꿈을 현재의 사실로 만드는 데 성공했는지는 내면의 대화를 관찰하면 알 수 있습니다. 그 장소에 실제로 있다면 들릴 법한 말을 내면에서 하고 있다면, 여러분의 성공은 보장됩니다. 이러한 내면대화와 그것이 불러일으키는 감정을 통해 여러분은 자신의 미래를 예언할 수 있습니다.

단 하나의 권능만이 예언을 할 수 있습니다. 그것이 바로

"상상력", 즉 신성한 비전입니다. 우리가 만나는 모든 것은 눈에 보이게 된 우리의 '말'입니다. 그리고 지금 이 순간 이해하지 못하고 있는 것들은, 우리 내면의 대화와 그 대화가 내면에서 불러일으키는 감정에서 비롯된, 하지만 아직 우리가 알아채지 못한 힘들과 관련이 있습니다.

우리에게 일어나고 있는 일이 마음에 들지 않는다면, 이는 우리의 마음의 식단에 변화가 필요하다는 분명한 신호입니다. 인간은 빵만으로 사는 것이 아니라, 하느님의 입에서 나오는 모든 '말'로 살고 있습니다. 이제 우리는 하느님의 입이 곧 인간의 마음, 즉 말이나 내면의 대화로 살아가는 마음임을 알게 되었습니다. 그렇기에 우리는 사랑스럽고 고귀한 생각만을 마음속에 담아야 합니다. 우리의 세상을 만들어가는 것은 우리의 말과 내면의 대화이기 때문입니다.

사랑의 고귀한 손길이 여러분의 갈망과 갈증을 모든 고귀하고 칭찬받을 만한 것으로 인도하게 하십시오. 사랑으로 채워지지 않은 잔이나 사랑의 축복을 받지 못한 그릇이라면 차라리 굶으십시오. 그렇게 하면 다시는 이렇게 말하지 않을 것입니다.

"오, 인간의 전능한 말로 내가 무슨 말을 했고, 내가 무슨 일을 저질렀던 것인가?"

Chapter 3

GOD IS LIGHT
신은 빛이다

깨어나보니 제 몸은 전혀 움직일 수 없는 상태였습니다. 몸은 얼어붙은 듯했지만, 제가 저 자신을 생기가 넘치면서도 유동적인, 생명의 무한한 빛의 바다라고 자각하는 상태에서 돌아왔다는 것을 알았습니다.

저 자신 외에는 아무것도 없었습니다.
저는 우주의 빛이었고, 저 외에는 아무것도, 심지어 단 하나의 존재도 없었습니다.
행성도, 태양도, 달도 없었습니다. 오직 무한한 빛의 바다만이 있었고, 저는 세상의 빛이었습니다.

그래서 저는 제 경험을 통해 이렇게 말할 수 있습니다.

우리 인간은 세상의 빛입니다!

하느님이 당신 안에서 깨어나는 순간, 당신은 자신이 바로 세상의 빛이자 하느님이라는 사실을 깨닫게 될 것입니다.
하느님이 빛이라면, 당신 또한 하느님일 수밖에 없습니다!

Chapter 3 GOD IS LIGHT
신은 빛이다

요한1서 1장에서는 이렇게 말합니다. "우리가 그분께 받은 것을 너희에게 전하니, 하느님은 빛이시며 그 안에는 어둠이 조금도 없다." 이것이 단순한 비유일까요, 아니면 문자 그대로의 사실일까요? 제가 경험을 통해 말씀드립니다. 이것은 정말로 사실입니다. 하느님은 빛입니다!

성경에서는 하느님을 정의하는 세 가지 명확한 표현이 있습니다. 하느님은 빛이다. 하느님은 사랑이다. 하느님은 영이다. 요한은 요한1서에서 하느님을 어둠이 전혀 없는 빛으로 묘사하며, 그 빛 속에는 어떠한 어둠도 존재하지 않는다고 말합니다.

이제 제 말을 주의 깊게 들어주십시오. 인간에게 주어지는 마지막 선물은 하느님 그 자신이며, 하느님은 계시자(revealer), 즉 진리를 드러내는 분입니다. 이 계시자에 대한 앎이 있어야 인간은 자기 자신을 알 수 있게 됩니다. 성경은 계시자에 대한 말씀을 기록하고 있습니다.

당신 안에서 그분이 깨어날 때 성경을 주의 깊게 읽어보십시오. 그러면 하느님이 당신에게 얼마나 자신을 드러내셨는지 깨닫게 될 것입니다. 예수님은 이렇게 선언했습니다. "나는 세상의 빛이다. 나를 따르는 자는 어둠 속을 걷지 아니하고, 생명의 빛을 얻으리라." 그분은 세상에 있는 모든 이를 비추는 빛입니다. 이것은 정말 사실일까요?

1926년, 제가 스물한 살이던 해, 뉴욕 라치몬트에 사는 친구를 방문했습니다. 친구는 수백 명의 남녀가 모여 춤추는 사교 클럽의 매니저였습니다. 저는 그들과 어울리지 않고 일찍 방으로 들어가 야간 조명을 켜고 책을 읽기 시작했습니다.

눈을 떠보니 해가 떠 있었고, 조명은 그대로 켜져 있었으며, 펼쳐진 책은 제 가슴 위에 놓여 있었습니다. 책의 페이지를 보니, 제가 단 두 페이지도 읽지 못한 채 아주 깊은 트랜스 상태에 빠졌었다는 것을 알 수 있었습니다. 아마도 10시간에서 12시간 정도 꿈쩍 않고 누워 있었던 것 같습니다.

깨어나 보니 제 몸은 전혀 움직일 수 없는 상태였습니다. 몸은 얼어붙은 듯했지만, 제가 저 자신을 생기가 넘치면서도 유동적인, 생명의 무한한 빛의 바다라고 자각하는 상태에서 돌아왔다는 것을 알았습니다. 저 자신 외에는 아무것도 없었습니다. 저는 우주의 빛이었고, 저 외에는 아무것도, 심지어 단 하나의 존재도 없었습니다. 행성도, 태양도, 달도 없었습니다. 오직 무한한 빛의 바다만이 있었고, 저는 세상의 빛이었습니다.

그래서 저는 제 경험을 통해 이렇게 말할 수 있습니다. 저는 세상의 빛입니다! 하느님이 당신 안에서 깨어나는 순간, 당신은 자신이 바로 세상의 빛이자 하느님이라는 사실을 깨닫게 될 것입니다. 하느님이 빛이라면, 당신 또한 하느님일 수밖에 없습니다!

이 계시가 당신 안에서 이루어지면, 성경에 기록된 하느님에 관한 모든 진리가 마치 나무가 꽃을 피우듯 당신 안에서 펼쳐지기 시작할 것입니다. 당신은 무한한 사랑의 존재 앞에 서게 될 것이며, 그 존재를 껴안고 하나가 되는 순간, 하느님이 곧 사랑임을 알게 될 것입니다.

저는 인간입니다. 저는 평범한 인간입니다. 하지만 제가 무한한 사랑 그 자체임을 알고 있습니다. 그 포옹 이후로, 저를 감싸 안았던 사랑의 존재 외에는 아무것도 느껴지지 않습니다. 지금 여기에서 당신과 이야기하고 있는 저는, 제 거대한 불꽃 같은 본질의 아주 작은 조각일 뿐입니다.

저는 깨어 있을 때보다 잠들어 있을 때 더 많은 도움과 가르침을 줄 수 있다는 것을 경험을 통해 알게 되었습니다. 잠들면 저는 꿈의 세계를 넘어 깨어 있는 영의 세계로 들어가기 때문입니다. 많은 분들이 저에게 이야기해 주신 생각, 상상,

비전들을 통해, 그것들이 저의 불타는 자아로부터 쏘아진 불의 화살임을 알게 되었습니다.

바로 그 사랑의 존재가 우리 모두 안에서 깨어나고 있습니다. 그리고 그 존재가 깨어날 때 당신은 잠시 동안 세상의 등불이 됩니다. 그러나 그 빛은 이 세상에 있지 않습니다. 그것은 꿈의 세상 너머에 있습니다. 왜냐하면 이 세상에서는 자신이 세상의 빛임을 깨달은 이는 언제나 거부당하기 때문입니다. "그가 자신의 백성에게 왔지만 그들은 그를 받아들이지 않았다." 심지어 그의 형제들조차 그를 믿지 않았습니다.

이 세상의 의식 수준에서는 언제나 그렇습니다. 하지만 당신 안에서 하느님이 깨어나면 당신은 스스로가 누구인지 알게 됩니다. 세상이 당신을 향해 잠들어 있다고 말하는 순간에도, 당신은 이미 꿈의 세상을 넘어 깨어 있는 영의 세계에 들어가게 됩니다. 그곳에서 당신의 불타는 존재로부터 당신이 깨우고 싶은 사람들의 마음속으로 화살을 쏘아 그들이 구원의 메시지를 받아들이도록 합니다.

제가 받은 멋진 경험담을 이제 여러분께 들려드리겠습니다. 이 여성분의 꿈에서 저는 높은 연단의 중앙에 서 있었고, 여러 줄로 앉아 있는 사람들이 저를 둘러싸고 있었습니다. 놀랍게도 그 사람들은 모두 다양한 형태의 기형을 가지고 있었습니다. 제가 그들에게 가르침을 전하기 시작하자, 그들은 하나씩 치유되었고, 치유된 후 자리에서 일어나 떠났습니다. 그녀는 근처에서 대리석이나 돌로 만들어진 성모상을 발견했습니다. 제가 전한 말이 그녀의 마음에 깊은 감동을 주자, 그 성모상은 마치 생명을 얻은 것처럼 살아 움직이며 기쁨에 찬 춤을 추기 시작했습니다.

몇 주 전 그녀는 또 다른 꿈을 꾸었습니다. 그 꿈에서 저는 수술도 약도 사용하지 않는 병원의 의사였습니다. 사람들은 단지 저를 찾아오기만 하면 치유되었습니다. 그녀는 이렇게 말했습니다. "이곳에도 이런 병원이 있었으면 좋겠어요." 저는 그녀에게 이렇게 말하겠습니다. "아니요. 이 세상의 차원에서는 불가능합니다."

이 세상은 어둠의 학교입니다. 우리는 무한한 존재이지만, 특정한 목적을 가지고 이곳에 들어왔고, 우리 불멸의 자아의 극히 작은 부분만이 이곳에 존재합니다. 이것이 우리가 이 세상에서 보고 경험하는 전부입니다.

당신은 무한한 존재입니다. 왜냐하면 당신이 바로 하느님이기 때문입니다. 우리 모두는 하느님입니다. 하지만 이곳에서 우리는 우리 불타는 존재의 거대한 실체 중 작은 불씨에 불과할 뿐입니다. 궁극적으로 우리가 하나이기에, 누군가가 깨어나 꿈의 세상을 넘어가게 되면 그는 모든 이들의 마음에 화살을 쏘아 그들을 흔들고 깨우고 작은 불씨를 활활 타오르게 합니다. 그렇게 하여 성경에 기록된 예수 그리스도라는 하느님의 화신에 관한 모든 경험이 이루어집니다.

그 일이 당신 안에서 일어난다면, 새로운 성경도 필요 없고, 이 세상에서의 어떤 인정이나 칭찬도 중요하지 않게 됩니다. 당신은 더 이상 인정받기를 바라지 않게 됩니다. 예수 그리스도도 당시 인정받지 못했으며, 지금도 마찬가지일 것입니다. 성경에 따르면, 그의 형제들조차도 그를 믿지 않았습니다. 그는 자신의 백성들에게 갔지만 받아들여지지 않았습니다. 하느님은 세상에 계셨고, 세상은 그분에 의해 창조되었지만, 세상은 그분을 알아보지 못했습니다. 이것이 성경의 이야기입니다.

성경에는 빛에 대한 언급이 많습니다. 그분은 세상에 들어오는 사람들 모두를 밝힙니다. 왜냐하면 그분의 불씨가 없다면 그 누구도 숨을 쉬거나 생명을 이어갈 수 없기 때문입니다.

하느님은 우리가 하느님이 될 수 있게 하기 위해 인간이 되셨으며, 지금도 모든 존재 안에서 깨어나고 드러나고 계십니다. 언젠가 당신은 자신이 빛 그 자체이며, 사랑 그 자체이고,

마침내 영 그 자체라는 진리를 깨닫게 될 것입니다.

유한한 눈을 가진 사람은 당신을 볼 수 없을 것입니다. 당신이 위로부터 태어난 그 사건은 이 세상에 드러나지 않았고, 목격자들도 유한한 존재들이었기 때문입니다. 그들은 당신의 탄생의 표식을 볼 수는 있어도, 당신이 영이기에 당신 자체를 볼 수는 없습니다.

그들은 당신이 그곳에 없는 것처럼 당신에 관해 이야기를 합니다. 놀라움에 차서 "어떻게 그가 아이를 가질 수가 있지?"라고 말합니다. 하지만 당신은 그 탄생의 표식을 가장 애정 깊은 방식으로 감싸 안습니다. 이것은 "하느님이 영"이라는 또 다른 정의를 나타내는 영적 탄생의 표식입니다.

하느님이 사랑이며 빛임을 알게 된 당신은 영적 탄생을 통해 하느님에 대한 세 가지 정의를 모두 경험하게 될 것입니다. 그런 경험 후에도 여전히 자신의 아주 작은 부분에 갇혀 있는 자신을 보게 됩니다. 그럼에도 이 세상의 다른 이들을 가르치고 도울 것입니다.

명성을 추구하거나 알아주기를 바라지 마십시오. 아무것도 바라지 말고, 그저 가르치십시오. 당신은 매일 밤 잠들면서 꿈의 세계를 넘어 깨어 있는 영의 세계로 들어가, 당신을 따르는 이들의 마음에 불타는 화살을 쏘게 될 것입니다. 당신은 그들의 마음을 흔들 것이고, 그러면 그들은 당신이 깨어났던 것처럼 깨어나게 될 것입니다. 아마도 당신은 인생에서 한 번쯤 그 이야기를 들었을 것입니다. 꿈의 세계에서 잠든 당신에게 하느님을 경험한 누군가가 마음속으로 불타는 화살을 쏘았고, 그로 인해 당신의 영혼이 불꽃처럼 타오르며 당신 안에서 하느님이 깨어났던 것입니다.

모두가 하나의 존재입니다. 하느님 안에는 인종도, 종파도, 피부색의 차이도 없습니다. 오직 하느님만 존재하며, 그분은 빛입니다. 우리는 어둠과 빛에 대해 말합니다. 하지만 어둠이란 과연 실체일까요, 아니면 단지 빛의 부재를 말하는 것일까요? 양말에 구멍이 있다고 하면, 그 구멍을 어떤 실체라고 말해야 할까요, 아니면 양말 한 부분의 부재라고 해야 할까요? 제가 말하는 것은 실제의 빛입니다. 생명력 넘치고, 살아 있으며, 맥동하는 빛입니다.

이 빛은 피부색과는 아무런 관계가 없습니다. 저는 세상의 모든 피부를 두릅니다. 검은색, 노란색, 분홍색, 빨간색. 이것은 단지 옷과 같습니다. 제가 특정한 옷을 걸치고 있는 것이 다른 옷을 걸친 것보다 더 대단하다고 할 수는 없습니다.

그리스도 안에서는 그리스인도 유대인도 없으며, 노예도 자유인도 없고, 남자도 여자도 존재하지 않습니다. 하느님은 모든 것을 포함하는 하나이며, 그분은 그 모든 것 안에서 깨어납니다. 그분이 깨어날 때 예수 그리스도에 대해 주장된 것들을 모두 경험할 것입니다.

주인공 역할을 해왔던 당신 역시 어느 날 눈을 감고 이 세상을 떠나게 될 것입니다. 당신의 화살에 제대로 적중된, 당신의 말을 듣고 당신을 믿은 이들은 깨어날 것입니다. 시간이 지나면 그들이 당신을 잊을 수도 있습니다. 그러나 그것은 중요하지 않습니다. 영원한 이야기는 복음서에 기록되어 있기 때문입니다. 당신의 이름은 세상에서 잊힐 수도 있겠지만 당신의 참 존재는 하느님 그분이기 때문에 영원 속에 기록됩니다.

이 세상의 차원에서는 당신이 지금 어떤 상황이든 관계없이 바로 그 자리에서, 당신의 어떤 꿈이라도 이룰 수 있습니다. 제가 단언컨대, 당신은 지금 상상하고 있는 삶을 살게 될 것입니다. 그러니 훌륭하고 아름다운 것들을 상상하십시오! 세상에서 가장 찬란한 것을 상상해 보십시오.

그러나 그 삶이 아무리 대단해 보여도, 당신의 참된 존재에 비하면 아무것도 아닙니다. 이 세상의 그 어떤 것도 당신의 참된 존재에 비하면 그야말로 사소하고 미미한 것에 불과합니다.

이 시저의 세상은 당신이란 무한한 존재의 아주 작은 부분에 지나지 않지만, 그래도 이 세상에 있는 동안에는 고귀한 꿈을 꾸십시오. 아름다운 꿈을 꾸십시오. 당신이 그것을 지금 가지고 있다고 상상하려고만 한다면 어떤 것이든 현실로 만들 수 있습니다. 지금 당장 당신이 원하는 바로 그 사람이 이미 되었다고 상상해 보십시오. 내일, 다음 주, 다음 달에 어떤 일이 일어나든 개의치 말고, 원하는 사람이 이미 되었다는 전제를 계속 유지한다면 당신은 이 살과 피의 땅에서 그 모습으로 살아갈 수 있을 것입니다.

이 세상의 모든 것은 언젠가 사라질 것입니다. 하지만 그렇기에 당신의 창조적 힘을 시험해 보는 것은 어떨까요? 해본다면 당신은 내부에 잠들어 있는 힘을 느끼기 시작할 것입니다. 그리고 단지 이미 이루어졌다는 믿음이 불가능해 보이는 것들을 당신의 내면 깊은 곳에서 현실로 끌어낼 수 있음을 깨닫게 될 것입니다. 담대하게 행동하면서 마치 그것이 사실인 것처럼 계속 유지한다면, 그것이 실제가 되었을 때 당신은 자신의 창조적 힘이 진실임을 알게 될 것입니다.

그 약속을 반드시 믿어야만 합니다. 제 경험을 통해 말씀드립니다. 그것은 사실입니다. 저는 하느님이 사랑임을, 그리고 하느님이 아버지임을 경험했습니다.

1905년에 태어나, 어떤 사회적, 지적, 재정적 배경도 없는 한 남자가 우리가 하느님 아버지임을 경험했다고, 그리고 여기 있는 제 친구처럼 1911년에 태어난 또 다른 사람이 이를 알게 되었다는 것을 과연 누가 받아들일 수 있겠습니까? 하느님의 아들 다윗, 즉 "나는 주의 명령을 전하겠다. 그분께서 나에게 '너는 내 아들이다. 오늘 내가 너를 낳았노라'라고 말씀하셨다"라고 선언한 다윗이 바로 우리의 아들입니다.

20세기에 태어나 짧은 순간만을 기억하고 있는 우리가, 기원전 1000년에 살았다고 여겨지는 사람의 아버지라고 누가 생각했겠습니까? 저는 세 살 무렵까지의 기억으로 돌아갈 수 있지만, 우리 둘 다 3000년 전 살았던 것으로 여겨지는 한 인물을 기억 속에서 다시 만났습니다.

우리는 경험을 통해 바로 우리가 "그대는 나의 아들이다. 오늘 내가 그대를 낳았다"라고 말했던 사람이라는 것을 알게 되었습니다. 우리는 우리 자신에게 유한성이라는 가면을 씌운 무한한 존재임을 알고 있습니다. 그렇게 함으로써 우리는 우리의 무한한 힘을 작은 부분으로 만들어 시험하고자 했습니다.

우리가 약속한 다양한 역할들을 다하고 나니, '아버지'라는 정체성이 다시 우리 의식의 일부가 되었고, 다윗이 우리 앞에

서서 우리를 아버지라 불렀습니다. 이것은 모두에게 준비된 경이로운 기쁨입니다.

그래서 제 친구가 이 치유의 장면을 보았을 때 그녀가 본 것은 정확했습니다. 왜냐하면 제가 1946년에 고양되어 영적인 비전을 보게 됐을 때, 천상의 합창단이 "네빌은 깨어났다. 네빌은 깨어났다"라고 노래 불렀고, 제 앞에 있던 사람들 모두가 제 내면에서 나오는 완벽함에 맞춰 치유되었기 때문입니다.

이것은 이 세상의 모든 이를 위해 준비된 것이며, 결국 우리 모두는 "나"라는 정체성을 잃지 않으면서 하나의 존재가 될 것입니다. 그곳에는 깊은 일체감이 있고, 그런 동료애를 가지고 당신은 다른 이들을 받아들이게 됩니다.

그래서 하느님의 이름은 단수가 아닌 복수입니다. 즉, 하느님은 여러 존재가 모여 이루어진 하나인 것입니다. 당신과 제가 아브라함이라 불리는 상태에 의식적으로 들어갔다면 이렇게 말해집니다. "확실히, 그대의 후손들은 자신들의 땅이 아닌 곳에서 체류자가 될 것이고, 그들은 400년 동안 노예에 머물게 될 것이다."

히브리어 알파벳의 마지막 글자는 숫자 400에 해당하며, 십자가를 상징합니다. 당신은 육신이란 옷에 못 박혀 그것의 노예가 되어서는, 육신의 모든 생리적이고 본능적인 역할을 수행해야 합니다. 왕이든 하인이든 상관없이, 인간으로서의 모든 역할을 수행해야 합니다. 이것이 노예가 아니고 무엇이겠습니까?

그러나 어느 날, 하느님인 "나"는 나의 참된 모습을 속박과 어둠에서 벗어나 빛의 세상으로 이끌어낼 것입니다. 왜냐하면 나는 나 자신을 드러내고 있기 때문입니다. 그 결정을 내린 것은 하느님이었고, 이 경이로운 세상에서 그 결정을 성취하는 것도 하느님입니다. 시편 82편에서는 이렇게 말합니다. "내가 말하니, '그대들 모두는 하느님이며, 지극히 높은 자의 아들들이라. 그럼에도 그대들은 한 인간처럼 죽고 한 인간으로 추락할 것이다. 오, 왕자들이여!'"

만일 당신이 왕자라면 당신의 아버지는 왕일 것입니다. 우리가 아버지로부터 나와 망각의 땅에 들어섰을 때 우리는 한 인간으로 추락하며 기억을 잃었습니다. 하지만 우리가 돌아가게 되는 날 우리는 왕이 됩니다. 우리는 아버지로서 돌아갑니다.

지극히 높은 자의 아들들인 우리에게 주어지는 하느님의 최종적인 선물은 하느님 그분입니다. 그리고 하느님은 곧 사랑입니다. 하느님은 영이며, 하느님은 빛입니다!

그래서 당신은 복음서에서 예수 그리스도에 대해 주장된 모든 것들을 경험하게 될 운명입니다. 성경을 바꾸려고 하지 마세요. 그대로 두십시오.

저는 위대한 학자들이 성경을 해석한 것을 읽을 때면 대단히 당황스럽지만, 그런 해석에 조금도 흔들리지 않습니다. 오늘 "빛"이라는 주제를 삼았는데, 학자들이 이를 비유적인 것이라고 해석한 것을 보고 놀랐습니다. 그들은 이 단어를 문자 그대로 받아들일 수 없었기에, 온갖 해석을 붙였습니다. 그 학자들은 현대의 위대한 지성인들입니다. 고대 언어에 통달한 사람들이지만, 빛에 대한 경험을 가져본 적이 없기 때문에 진정한 의미를 알지 못합니다.

성경은 문자 그대로 진실임을 저는 단언합니다. 예수 그리스도의 모든 가르침은 문자 그대로 받아들여져야 합니다. 왜냐하면 인간이 이해하거나 상상할 수 없는 먼 차원에서 그것은 실제로 체험되기 때문입니다. 여기서는 상상조차 할 수 없는 일들이 그곳에서는 하느님에 의해 이루어집니다. 당신 안에서 성경의 이야기 전부가 펼쳐져 나올 때 당신은 자신이 성서의 주인공임을 알게 될 것입니다.

지금 이 차원에서, 오늘 밤 제가 말했던 것을 곰곰이 생각해보십시오. 그것이 엄청난 결과를 가져다준다는 것을 알게 될 것입니다. 당신은 자신의 소망이 이미 이루어졌음을 자각하는 상태에 도달하게 될 것입니다. 그때 당신은 안도의 숨을 내쉬며 "감사합니다, 아버지"라고 말할 것입니다. 당신은 자신이 아버지라는 것을 알지라도 여전히 그분을 다른 사람처럼 말할 수 있습니다. 하지만 분리되지 않은 자기 자신입니다.

"나를 보낸 이는 나와 함께 있으며, 그분은 나를 결코 떠난 적이 없다. 만일 그대가 나를 본다면 그대는 나를 보낸 그분을 본 것이다. 왜냐하면 우리는 하나이기 때문이다. 나와 나의 아버지는 하나이다."

당신은 소망을 품고 그분께 감사한 뒤, 그것이 이 세상에 나타나기를 기다릴 수 있습니다. 그러면 반드시 현실이 될 것입니다.

앞서 치유에 관한 편지를 제게 보냈던 여성분은 이렇게 말했습니다. "저는 버그만 영화를 보고 싶었어요. 그래서 대행사에 전화했고, 영향력이 있을 법한 친구들에게도 도움을 요청했어요. 티켓을 구하려고 온갖 노력을 다했지만 소용이 없었죠. 결국 스스로에게 화가 나서, 단순히 제가 극장에 앉아 공연을 즐기고 있다고 상상하기로 했습니다. 며칠 후 뉴욕에 사는 친구에게 전화가 와서, 그가 시내에 올 예정인데 그날 저와 만날 수 있겠냐고 물었습니다. 저는 그러자 했고, 저녁 식사 후에 그는 저를 데리고 버그만 영화를 보러 갔습니다."

이 여성분은 좌석을 얻기 위해 온갖 노력을 다했지만, 아무것도 얻지 못했습니다. 하지만 그녀가 이미 극장에 있다고 상상했을 때, 3천 마일 떨어진 곳에 있던 친구가 서쪽으로 와서 그녀를 극장에 데려가기로 마음먹었습니다.

사람들은 아마 이렇게 말할 것입니다. "도시 밖에서는 티켓을 구할 수 있었을지도 몰라요." 혹은 "특정 좌석은 특별한 사람들을 위해 남겨져 있었을 거에요." 사람들은 늘 어떤 일이든 이유를 붙여 정당화하려 합니다.

그러나 제 친구는 어떤 변명도 하지 않았습니다. 그녀는 단지 자신이 극장에 앉아 있다고 상상했을 뿐입니다. 그러자 3천 마일 떨어진 곳에 있던 친구가 그녀의 상상을 현실로 만들어 주었습니다.

원하는 어떤 모습도 될 수 있습니다. 결국 당신은 자신이 상상한 모습 그대로가 될 것입니다. 우리가 상상하는 대로, 우리는 그렇게 살게 됩니다!

아침이든, 점심이든, 밤이든, 당신은 상상을 멈출 수 없습니다. 이미 촛불이 밝혀졌기 때문입니다.

욥은 주의 영을 우리 머리 위의 촛불이라고 말했습니다. 당신의 촛불은 지금 켜져 있고, 당신은 상상했던 모든 것이 이루어지는 곳을 향해, 어둠의 세상을 지나가고 있습니다. 그러니 최상의 것을 상상하세요. 모든 것이 당신을 위해 준비되어 있습니다.

이 세상에 머무는 동안 당신의 모든 소망을 이루어 보십시오. 여정의 끝에 다다랐을 때, 당신이 곧 하느님임을 깨닫게 될 것입니다. "나는 시작이자 끝이고, 처음이자 마지막이고, 알파이자 오메가이다"라는 말씀처럼, 당신은 하느님으로 시작하여 하느님으로 마무리됩니다.

하느님은 자신 이외의 다른 존재를 창조할 수 없습니다. 하느님을 이루고 있는 모든 것은 그분 자신에게서 비롯된 존재들입니다. 하느님은 엘로힘, 곧 여럿으로 이루어진 하나이기 때문입니다.

태초에 여럿으로 이루어진 하나인, 하느님(엘로힘)이 있었습니다. 당신과 저는 엘로힘으로부터 나왔고, 결국 다시 엘로힘으로 돌아갑니다. 그러나 이번에는 우리가 아버지임을 자각한 채 돌아갑니다.

평범한 아들(왕자)이었던 우리는 왕으로 돌아갑니다. 이것은 이 세상의 모든 사람에게 주어진 여정입니다. 저는 이 이야기가 진실임을 제 경험으로 확신합니다.

하느님은 빛입니다. 요한 1서에서 요한은 아직 경험하지는 못하고 듣기만 한 것처럼, 다음과 같이 말합니다. "우리는 그분에게서 들은 것을 당신들에게 전하니, 하느님은 빛이시며 그분 안에는 어떤 어둠도 없다."

하지만 요한복음에서는 직접적인 경험을 바탕으로 이야기하며, 예수의 입을 빌려 이렇게 말합니다. "나는 세상의 빛이다. 나를 따르는 자는 어둠 속에 머무르지 않고 생명의 빛을 얻게 될 것이다." 우리는 여기에서 생명과 빛을 동일시하는 것을 볼 수 있습니다.

당신 안에는 순전히 빛으로만 이루어진 무언가가 있습니다. 그것은 생명의 빛으로, 당신은 그 빛으로 모든 것을 살아 움직이게 합니다. 마치 그 여성이 조각상을 보았을 때처럼 말입니다.

그 조각상은 대리석으로 만들어진, 생명이 없는 것에 지나지 않았습니다. 하지만 모든 이들이 완벽하게 만들어진 것처럼, 성모상은 생명을 얻어 춤을 추기 시작했습니다.

당신은 모든 것에 생명을 불어넣는 존재입니다. 왜냐하면 당신은 죽음을 운명으로 가진 이 유한한 육신 속에 묻혀 있는 불멸의 하느님이기 때문입니다. 당신은 우주 안에 영원히 존재하는 불멸하는 존재의 한 부분입니다.

당신이 이 세상에서 보는 육체는 마치 무덤과 같습니다. 당신이 그것을 입고 있는 동안에는 마치 살아있는 것처럼 보이지만, 실제로는 죽어 있습니다. 당신이 그것들을 살아 움직이게 만들고 있을 뿐입니다. 당신은 본래 하나의 존재로 살아가다 이 작은 조각들로 흩어진 왕자들이기 때문입니다.

추락한 이는 바로 왕이었습니다. 지금 왕자로서 흩어진 당신은, 다시 하나로 모여 주 하느님 여호와라 불리는 존재, 곧 예수 그리스도가 되어가고 있습니다. 이 차원에서는 이 말이 이해되지 않을 수도 있습니다. 그러나 제가 말씀드리건대, 이것은 진실입니다.

매일 밤 저는 잠자리에 들 때, 꿈의 세계를 넘어 영의 세계로 들어갑니다. 그리고 그곳에서 저는 절대 빗나가지 않을 것이라는 확신 속에서 불의 활 시위를 당깁니다. 그러면 누군가 저에게 자신이 본 것을 전해줄 것입니다. 하늘에 겹겹이 있는 원들 가운데 가장 작은 원을 화살이 꿰뚫고 회전하는 장면이었다고 말입니다.

그녀는 한 장면을 떠올렸는데, 그것은 실제로 일어난 일이었습니다. 화살은 결코 목표를 빗나가지 않으며, 메시지는 언제나 목표를 꿰뚫어 이미 그곳에 있는 것을 불타오르게 합니다.

이렇게 말씀드립니다. 당신의 상상, 당신의 꿈, 당신의 비전은 빛으로만 이루어진 존재가 쏜 불타는 화살입니다.

이제 침묵 속으로 들어가겠습니다.

Chapter 4

Game of Life
인생 게임

만약 매일 그 상상을 다시 해야 할 필요가 있다고 느낀다면,
아직까지 물 위에 빵을 던진 것이 아닙니다.

당신은 여러 번에 걸쳐 상상할 수 있지만,
잉태는 단 한 순간입니다. 안도감을 느끼는 순간,
빵은 물 위에 던져졌고,
아마도 얼마 지나지 않아 돌아올 것입니다.

CHAPTER 4 Game of Life
인생 게임

인생이라는 게임은 다른 모든 게임과 마찬가지로 특정한 규칙에 따라 진행되며, 그 규칙을 어기면 반드시 대가를 치르게 됩니다. 우리 모두는 아침부터 밤까지 이 인생의 게임을 하고 있으니, 이기기 위해서는 그 규칙을 배워야 합니다.

전도서에서 말하는 규칙은 다음과 같습니다. "생각으로도 왕을 저주하지 말고, 침실에서도 부자를 저주하지 말라. 새가 네 말을 옮기고, 날개 달린 것들이 그 소식을 전할 것이기 때문이다." 또 마가는 우리에게 이렇게 가르칩니다. "네가 원하는 것이 무엇이든, 이미 그것을 받았다고 믿어라. 그러면 너는 그것을 얻게 될 것이다."

만약 원하는 것을 얻으려면 이미 그것을 가졌다고 믿어야 한다는 것이 규칙이라면, 게임을 시작할 때부터 이미 이루어졌다고 믿어야 합니다. 나 자신을 이미 목표를 이룬 상태에 있다고 느껴야 합니다. 그리고 그 느낌을 유지해야만 목표를 이룰 수 있습니다.

또 다른 규칙은 "네 빵을 물 위에 던져라. 그러면 여러 날 후에 그것을 찾을 것이다"라는 말로 요약됩니다. 이는 결과에 대한 걱정을 내려놓고 행동하라는 의미입니다. 사람들이 흔히 말하는 선행을 권하는 것이 아닙니다.

예수는 목수였습니다. 목수는 씨앗에서 꽃, 나무, 대지와 같은 것을 생산하는 자를 의미합니다. 구약의 예언은 예수라는 목수가 탄생시키는 씨앗입니다. 그는 율법과 예언자들을 폐지하러 온 것이 아니라, 그것들을 완성하러 왔습니다.

"너의 빵을 물 위에 던져라"라는 말에서 빵은 먹어치우다, 소비하다는 의미입니다. 물은 은유적으로 정액을 의미하며, 그것은 인간의 정자를 나르는 생명의 물입니다. 여기서 말하는 창조 행위는 육체적인 것이 아닌 마음에 관한 것입니다. 그러나 말하고자 하는 바는 동일합니다.

당신은 열정적으로 당신의 빵을 물 위에 던져야 합니다! 당신은 소망을 이루기 위한 열망에 사로잡히고, 그 소망을 사랑하며 불타오르는 상태가 되어야 합니다. 왜냐하면 강렬한 상상은 언제나 그것과 비슷한 현실을 끌어당기기 때문입니다.

윈스턴 처칠은 세상을 떠날 때 성공한 인물로 기억되었지만, 사는 동안 많은 실패를 겪었던 인물입니다. 그러던 어느 날, 인생을 바꿀 중요한 깨달음을 얻게 되었습니다. 그의 말입니다.

"운명이 기분을 결정하는 것이 아니라, 기분이 운명을 결정한다."

다시 말하자면, 인생이라는 게임에서 승리하는 사람은 자신의 내면의 생각과 감정을 외부 세계에 나타나는 모습과 비교할 줄 아는 사람이라는 뜻입니다. 반면, 이 법칙을 깨닫지 못한 사람은 게임에서 패배합니다.

분노에 사로잡힌 사람들은 자신의 세상이 변하지 않는다고 느낍니다. 하지만 기분을 바꾸기만 한다면 상황도 변할 것입니다. 그제야 그들은 세상 배후에 있는 법칙을 깨닫게 될 것입니다.

하루 종일 우울함에 빠져 살며 평생 그 상태에서 벗어나지 못하는 사람들이 있습니다. 제가 뉴욕에 살 때가 기억납니다. 그때 저는 특정한 사람들이 제 쪽으로 다가오면 길을 건너고 싶었습니다. 그들의 우울한 이야기를 듣고 싶지 않았기 때문입니다. 그들은 몇 시간씩 아내나 남편, 자녀와 손주들에 대해 이야기했지만, 그 모든 이야기는 하나같이 우울한 내용들이었습니다. 그들은 기분을 조금도 바꾸지 않았기 때문에, 그들의 세상도 변하지 않았습니다. 그들의 눈에는 어떤 변화도 보이지 않았기에, 자신들의 내면 세계와 외부 세계 사이에 존재하는 법칙을 깨닫지 못했던 것입니다.

하지만 이 법칙을 사용한다면 당신은 미래를 예언할 수 있습니다. 새로운 기분이 당신 안에서 솟아오르는 것을 느끼고, 그것을 지속한다면 곧 그 기분에 맞는 사람들을 만나게 될 것입니다. 심지어 무생물도 이러한 내면 세계의 영향을 받습니다. 저는 어떤 기분이 들었을 때, 몇 년 동안 손대지 않았던 책을 서재에서 꺼내곤 합니다. 그리고 무심코 펼친 책에서, 제 기분을 확인해주는 내용을 발견하곤 했습니다.

테이블은 변함이 없지만, 당신의 일시적인 기분에 따라 다르게 보이기도 합니다. 왜냐하면 모든 것이 당신의 기분을 반영하기 때문입니다. 당신의 운명을 결정하는 것은 바로 당신의 기분이지, 운명이 당신의 기분을 결정하는 것이 아닙니다. 가난하다고 느끼는 사람들은 자신들이 풍요로움을 느끼면 풍요를 끌어당긴다는 것을 모른 채, 가난만 끌어당기고 있습니다.

잠언에서는 이렇게 말합니다. "인간의 영혼은 주님의 등불이다." 주님의 등불은 세상의 빛을 의미합니다. 우리는 그 빛을 지니고 있으며, 우리 램프 속 요정 지니라는 "자연(nature)"은 우리의 노예로서 우리의 기분에 따라 세상을 만들어냅니다. 여기서 '자연'이란 모든 인류를 포함한 동물, 식물, 광물계를 의미합니다. 사실, 외부에 나타나는 모든 것은 이 등불의 지배를 받습니다. 내면에서 형성된 이 노예는 당신의 생각을 반영하여 세상을 창조합니다. 그 어떤 것도 그 창조를 막지 못합니다.

마음을 관찰해 어떤 생각을 하는지 인식하기 시작하면, 자신의 기분과 주변 환경 사이의 법칙을 깨닫게 될 것입니다. 그때 확신을 가지고 미래를 예언할 수 있게 됩니다. 왜냐하면 당신의 기분과 일치하는 사건들이 반드시 나타날 것이기 때문입니다.

생명 있는 존재이든 책 같은 무생물이든, 모든 것은 반드시 당신의 기분을 반영해서 모습을 나타냅니다. 이제 인생이라는 게임을 제대로 하기 위해서는, 당신이 무엇을 원하는지를 분명히 알아야 합니다. 원하는 것을 알았다면, 이미 그것을 소유하고 있다는 감정을 느껴야 합니다. 이성과 감각이 그것의 존재를 부정할지라도, 계속 고집한다면 그 가정이 굳어져 사실이 되고, 당신의 세상에 모습을 나타낼 것입니다.

이것이 게임하는 법입니다. 작동하지 않는다고 생각할 수도 있겠지만, 시도해보지 않았기 때문에 그런 말을 하는 겁니다. 이 사상을 어리석다고 생각하시나요? 제가 단언하건대, 당신의 기분이 당신의 운명을 결정합니다. 저를 믿으세요. 저는 이 원칙을 제 삶에서 수없이 증명했습니다. 윈스턴 처칠은 자신의 말을 실제로 실천함으로써 서구 세계에 용기와 의지를 불어넣었습니다. 런던의 폭격과 공포 속에서도 처칠은 승리의 기분을 유지했고, 가장 암울한 순간에도 흔들리지 않았습니다. 그는 기분이 결국 전 세계에 현실로 모습을 드러나게 될 것임을 알면서 그 기분을 유지했습니다. 반면 적들은 이 법칙을 알지 못한 채 군대와 전쟁 무기에만 의지했습니다.

뉴욕 타임즈에 기록된 처칠의 멋진 발언은 제 삶에서도 진실로 증명되었습니다. 저는 그저 기분을 바꿈으로써 제 삶의 환경을 변화시켰습니다. 이제 저는 다른 사람들에게도 그것을 가르치고 있습니다.

저는 여러분에게 지금 당신의 소망이 이루어진다면 어떤 기분이 들지 스스로에게 물어보라고 말합니다. 소망이 이루어진 생각을 가볍게 떠올려 보십시오. 잠시 그 생각과 함께 하면, 그때의 기분이 자연스럽게 떠오를 것입니다. 그 기분을 유지하며, 그것이 불러일으키는 감각들과 놀아보세요. 그러면 당신의 세상이 새로운 기분에 맞춰 변하는 것을 목격하게 될 것입니다.

제가 아는 한 여성분의 이야기를 들려드리겠습니다. 60대 중반인 그녀는 이 법칙을 적용하기 시작했을 때 아무것도 가진 것이 없었습니다. 그녀는 매일 아침, 주당 75달러를 받는 직장으로 출근하기 전에 욕조에 몸을 담그며 스스로에게 말했습니다. "지금 나에게 놀라운 일이 일어나고 있어!" 그녀는 그 기분을 유지하며, 놀라운 일이 일어나고 있다는 느낌을 계속 간직했습니다. 그 주에 그녀는 첫 돌파구를 맞이했습니다.

그녀는 30년 넘게 가까운 친구와 함께 오페라, 콘서트, 브로드웨이 쇼를 관람해왔습니다. 매일 밤 그들은 멋진 레스토랑에서 식사를 했지만, 그 친구는 그녀에게, 절대 돈을 주지 않을 거라고 여러 번 말했습니다. 그러나 그 친구는 갑작스럽게 마음을 바꾸어, 그녀가 원하는 대로 즉시 사용할 수 있는 10만 달러의 신탁 기금을 그녀에게 양도했습니다. 얼마 후, 그녀는 이 법칙을 더욱 적극적으로 적용하기 시작했고, 그는 또다시 10만 달러의 신탁 기금을 그녀를 위해 마련해주었습니다. 지금 이 여성은 월세 165달러를 내며, 20만 달러 신탁 기금과 사회보장 혜택에서 나오는 수입을 다 쓰지도 못할 정도로 풍요롭게 살고 있습니다. 하지만 그녀는 여전히 만족하지 못하고 더 많은 것을 원합니다!

나이가 지긋한 그 신사분은 약간의 뇌경색 증상을 겪고 있었고, 두 사람은 결국 갈라서게 되었습니다. 그는 그녀를 만나려 하지 않았고, 그녀는 화가 나서 그를 저주했습니다. 하지만 성경은 이렇게 경고합니다. "생각으로도 왕을 저주하지 말고, 침실에서도 부자를 저주하지 말라. 왜냐하면 새가 네 목소리를 옮기고, 날개 달린 것들이 그 일을 알릴 것이기 때문이다." 이 여성분은 매주 저에게 전화해 자신이 이제는 저주를 극복해가고 있다고 말합니다. 저도 그랬으면 좋겠습니다. 왜냐하면 그녀가 계속 저주를 한다면 부정적인 것이 그녀의 세상에 들어올 것이기 때문입니다.

이 법칙은 긍정적으로도, 부정적으로도 작용할 수 있습니다. 저는 여러분이 이 법칙을 어떻게 사용하는지 판단하지 않을 것입니다. 그 선택은 온전히 여러분에게 달려 있습니다. 만약 부정적인 생각에 익숙하다면, 자신이 원하는 모습이라는 생각을 지속하기가 쉽지 않을 것입니다. 잠시 동안은 그런 생각을 유지할 수 있겠지만, 그것이 즉각적으로 현실로 나타나지 않으면 곧 포기하거나 부정하게 될지도 모릅니다.

그러나 인생이라는 게임을 잘하기 위해서는 규칙을 알고 그 규칙을 적용해야 합니다. 기억하세요. 모든 게임에는 규칙이 있으며, 그 규칙을 어기면 반드시 실패합니다. 자신을 속일 수 없습니다. 왜냐하면 하느님은 조롱당하지 않기 때문입니다. 그렇기에 당신이 심은 대로 반드시 거두게 될 것입니다. 세상에서는 심판의 눈을 피할 수 있을지 몰라도, 당신 내면의 관찰자의 눈은 피할 수 없습니다. 그 관찰자는 바로 당신 자신과 하나이기 때문입니다. 당신은 당신이 무슨 일을 했는지 아는 것처럼, 그분은 이미 알고 있습니다. 왜냐하면 당신의 인식과 당신 세상의 창조자가 하나이기 때문입니다. 자신을 속이는 것은 불가능합니다. 자신을 조롱할 수도 없습니다. 하느님은 당신이 한 잘못된 일들을 기록하고, 당신의 감정에 맞춰 당신의 세상을 만들 것입니다. 지금부터 친구가 보내준 편지 한 통을 소개하겠습니다. 그는 이렇게 썼습니다.

"지난 월요일 밤, 한 친구가 저에게 도움을 요청했습니다. 그래서 그날 밤, 그의 소원이 이루어졌다면 그가 할 법한 말을 상상하며 30분을 보냈습니다. 다음 날 아침, 잠에서 깨기 직전 친구의 아내가 제 꿈에 나타나 제게 도움을 준 것에 대해 고마워했습니다. 화요일 저녁, 거실에서 음악을 즐기고 있을 때 친구가 상상 속에서 떠올랐습니다. 그는 확신에 차고 기쁨이 가득한 목소리로, 제가 상상했던 것과 똑같은 말을 하며 자신의 소원이 이루어졌다고 말했습니다. 저는 그 순간 이루어졌다는 짜릿한 감동을 느꼈습니다."

저는 그 일이 곧 현실에서도 확인되길 바랍니다. 그래서 제 친구가 상상 속에서 들었던 소원이 이루어졌다는 이야기를 직접 그 남자로부터 듣게 되기를 희망합니다. 편지에는 또 이렇게 적혀 있었습니다.

"꿈에서 저는 호텔 로비로 들어가 데스크에서 체크인한 뒤,

다음 날 아침 7시에 전화를 달라고 요청했습니다. 그 남자 직원이 제 이름 옆에 숫자 7을 굵게 적는 것을 보고 저는 깨어났습니다."

이것은 매우 경이로운 비전입니다. 7은 영적 완벽함을 상징하는 숫자이기 때문입니다. 이 숫자는 임신과 부화에 깊은 관련이 있습니다. 곤충과 동물 세계에서는 임신 기간이 280일인데, 이는 7의 배수입니다. 닭의 알도 제대로 부화되려면 21일이 걸립니다. 이 역시 7의 배수입니다. 여기서 우리는 탄생이 7의 배수로 이루어짐을 알 수 있는데, 이 꿈에서의 7은 영적 완전함의 부화를 상징합니다.

또 다른 여성분은 이렇게 적었습니다.

"저는 침대에 누워 창백하게 죽은 듯한 제 모습을 보았습니다. 그러자 갑자기 제 몸에서 거대한 남자가 일어났습니다."

이제 훌륭한 예술가이자 신비가였던 한 사람의 이야기를 들려드리겠습니다. 그의 이름은 조지 러셀로, 많은 사람들에게 A.E.라는 이름으로 더 잘 알려져 있습니다. 그는 이렇게 말했습니다.

"나는 이 비전을 말해볼 것이다. 그러나 그것이 어디서 일어났는지는 말하지 않겠다. 그곳은 거대한 홀로, 새벽과 저녁의 빛깔이 어우러져 살아 있는 것처럼 보이는 오팔 기둥들로 이루어져 있었다. 기둥들 사이에는 불의 관을 쓴 왕들이 앉아 있는 왕좌들이 있었다. 한 왕은 용의 문장을, 다른 왕은 불의 깃털을 쓰고 있었다. 중앙에는 깊은 혼수 상태에 빠진 듯한 어두운 몸이 바닥에 길게 누워 있었다.

"홀의 가장 끝, 다른 왕좌보다 높은 왕좌에는 태양의 찬란한 빛이 뒤에서 비추고 있는 존재가 앉아 있었다. 내가 지켜보는 가운데, 두 명의 왕이 왕관을 쓰고 일어나 바닥에 있는 몸 위로 손을 뻗자, 그들로부터 빛의 불꽃이 뿜어져 나왔다. 갑자기, 불의 왕관을 쓴 이 왕들만큼이나 크고 위엄 있는 형상이 그 어둠의 몸에서 일어났다. 주위를 둘러보던 그는 자신의 형제들을 알아보고 손을 들어 인사를 했다. 그러자 그들도 왕좌에서 내려와 손을 들어 똑같이 인사를 했고, 형제처럼 함께 태양 속으로 걸으며 사라졌다."

이 모든 비전은 앞으로 일어날 사건의 전조입니다. A.E.는 그를 외부에서 온 존재로 보았지만, 이 여인은 그가 자신의 내면에서 나온 존재로 보았습니다. 두 경우 모두, 모든 사람에게 일어날 경이로운 사건의 전조입니다. 왜냐하면 그 왕관을 쓴 왕, 즉 하느님의 아들은 우리 모두 안에 거하고 있기 때문입니다. 그 몸이 여성의 것이든 남성의 것이든, 피부색이 어떠하든 관계없습니다. 우리 안에는 그분의 영광을 비추며 그분의 모습을 나타내는 하느님의 아들이 있으며, 그는 주님의 위대한 등불입니다. 언젠가 이 장엄한 존재가 당신의 죽음의 옷으로부터 일어날 것이며, 당신은 생명의 땅으로 들어가게 될 것입니다.

그러나 우리가 이 땅에 있는 동안에는, 인생 게임의 규칙을 배우고 그 게임을 해야 합니다. 삶, 그것은 마음 상태들이 모여서 만들어진 것이며, 이렇게 모인 마음 상태가 현실에서 창조됩니다.

제 친구는 친구의 소원이 이루어졌을 때 들을 법한 말을 마음속에서 상상하며 들었습니다. 친구 안에서 일어난 마음 상태가 모여 인생 게임 속에서 펼쳐질 사건을 창조했습니다. 당신의 마음 상태를 배열해서 그것이 내면에서 일어나게 했다면, 그 행위를 반복할 필요는 없습니다. 안도감을 느낀 순간, 당신은 물 위에 빵을 던진 것입니다.

물론 당신이 겪은 것이 육체적 성적 행위는 아니지만, 안도감을 느낄 수 있습니다. 세상의 모든 즐거움 중 안도감은 가장 강렬하게 체감되는 감정입니다. 사랑하는 사람의 귀가가 늦어졌을 때, 당신은 문을 여는 열쇠 소리를 초조하게 기다립니다. 그러다가 그 소리를 듣게 되면 강렬한 안도감을 느끼게 됩니다. 그것이 바로 당신이 올바르게 상상했을 때 느끼게 될 안도감과 같은 것입니다. 만약 매일 그 상상을 다시 해야 할 필요가 있다고 느낀다면, 아직까지 물 위에 빵을 던진 것이 아닙니다. 당신은 여러 번에 걸쳐 상상할 수 있지만, 잉태는 단 한 순간입니다. 안도감을 느끼는 순간, 빵은 물 위에 던져졌고, 아마도 얼마 지나지 않아 돌아올 것입니다.

저는 상상을 한 후 몇 분 만에 전화가 울려, 상상한 일이 현실에서 일어났음을 확인했던 적이 있습니다. 때로는 며칠, 몇 주, 혹은 몇 달이 걸리기도 했습니다. 하지만 상상을 하고 안도감을 느낀 후에는 다시 그 상상을 반복하지 않습니다. 왜냐하면 더 이상 해야 할 일이 없다는 것을 알기 때문입니다.

의식적으로 인생 게임을 하는 것을 배우십시오. 지금도 당신은 의식하지는 못하더라도 이 게임을 계속 하고 있는 중입니다. 정부 보조금으로 생활하는 수백만 명의 사람들이 정부가 자신들의 생계를 책임져야 한다고 말합니다. 하지만 정부라는 것은 없고, 단지 세금을 내는 우리만 있을 뿐입니다. 정부는 돈이 없으며, 단지 우리 주머니에서 가져간 것을 줄 수 있을 뿐입니다. 보조금을 받는 사람들은 자신들이 충분히 받지 못한다고 불평합니다. 그리고 그 불만은 하루 종일 지속되며 그들의 기분을 지배합니다. 그들의 기분은 변함이 없기 때문에, 변화도 없고 자신들이 유지하는 기분과 불만스러워하는 외부 세계 사이의 법칙을 깨닫지 못합니다.

그들에게 그들의 기분이 삶의 모든 현상을 만들어낸다고 말한다면, 아마도 그들은 이를 부정할 것입니다. 그 누구도 지금 삶의 환경에 대한 책임이 전적으로 자신에게 있다는 말을 받아들이려 하지 않습니다. 하지만 다른 원인은 없습니다. 하느님이 유일한 원인이며, 그분은 인간의 경이로운 상상력, 그 자체입니다. 제가 말하는 상상은 당신 안에 있는 하느님을 의미합니다.

상상에는 두 가지 측면이 있습니다. 상상하는 것과 접촉하는 것입니다. 상상의 본질은 접촉입니다. 당신이 상상할 때, 특정 감정과 접촉하게 되며, 당신이 접촉한 그 감정이 곧 당신이 창조하는 현실이 됩니다. 하느님은 세상을 만들고 세상 안의 만물을 창조했습니다. 당신이 바로 그 하느님입니다. 하지만 당신이 육신을 두르고 있는 동안에는 그 힘이 낮게 조율됩니다.

저는 여러분이 인생 게임의 규칙을 이해하기를 바랍니다. 이 규칙에는 긍정적인 면과 부정적인 면이 모두 있으니, 누구도 저주하지 않기를 바랍니다. 전도서에서 "왕"과 "부자"라는 단어가 언급된 이유는 가장 많이 질투 받는 사람들이기 때문입니다. 백만장자가 아니더라도, 단지 남보다 약간 더 나은 상황에 있으면 충분히 질투의 대상이 될 수 있습니다.

더 좋은 동네에 살거나, 더 비싼 월세를 내거나, 더 고급스러운 레스토랑에 가거나, 더 좋은 옷을 입는 것만으로도 질투의 대상이 될 수 있습니다. 그래서 우리에게 왕이나 부자를 생각으로도 저주하지 말라는 경고가 주어집니다. 모든 생각은 하나로 연결되어 있으며, 신성한 법칙에 따라 서로의 존재 안에서 섞이기 때문입니다.

외부 세상의 모든 이들이 인식을 하고 있기 때문에 의식은 각각 분리되어 있는 것처럼 보입니다. 하지만 내면에서 변화를 이루었다면, 자신의 세상을 바꾸기 위해 다른 사람의 도움을 구할 필요가 없습니다. 다른 사람의 변화를 통해 일이 이루어져야 한다면, 그 사람의 동의 여부와 상관없이 변화는 일어날 것입니다.

당신은 당신이 상상한 변화를 만들기 위해, 특정인을 지목해서 특정한 역할을 맡게 할 필요는 없습니다. 우리는 모두 서로 연결되어 있기 때문에 그 사람이 필요하다면 자연스럽게 그 역할을 하게 될 것입니다. 당신이 할 일은 그저 당신의 내면에서 결말에 서 있는 것뿐입니다.

가족을 방문하기 위해 바베이도스에 갔을 때, 7개월 동안 그 섬을 떠날 수 없다는 말을 들었습니다. 하지만 저는 바로 다음 배로 떠나고 싶었습니다. 이 상황에서는 배에 타는 것이 제가 원하는 결말입니다. 그래서 부모님 댁의 의자에 앉아, 상상 속에서 배에 올라타 섬을 떠나며 그 모습을 바라보았습니다. 어떻게 그 배에 탈지는 몰랐지만, 일주일 후 배가 섬을 떠날 때 저는 그곳에 있었습니다. 이것은 제가 경험한 사실입니다.

어디로든 가고자 할 때, 먼저 상상 속에서 그곳에 가야 합니다. 그러면 당신의 요청을 거절할 사람들조차도 때가 되면 당신을 도울 것입니다. 저는 이 방법을 사용해서 군에서 제대를 하기도 했습니다. 저는 명예 제대를 하여 뉴욕에 있는 제 아파트에 있다는 것을 인식하면서, 이미 그 일이 일어난 것처럼 잠을 잤습니다. 그러자 제대를 반대했던 상관이 마음을 바꾸었고, 제가 제대할 수 있도록 도왔습니다. 누구나 할 수 있습니다. 간단하면서도, 그 과정 자체가 꽤 즐거운 게임입니다.

당신은 어떤 물건을 갖고 싶으신가요? 어디로 가고 싶으신가요? 그것을 떠올리고 감각적 생생함이 생길 때까지 느껴 보세요. 단순히 어떤 램프가 아닌 특정한 램프로, 그냥 테이블이 아닌 특정한 테이블로 생각하세요. 의자가 느껴질 때까지 그 의자에 앉는 것을 느껴보세요. 그 의자에 앉아 방을 바라보세요. 그 순간, 당신은 그곳에 있는 겁니다. 왜냐하면 당신은 상상 그 자체이며, 상상 속에 있는 곳이 바로 당신이 존재하는 곳이기 때문입니다.

이제 그곳에 있다는 안도감을 느끼는 것을 통해, 물 위에 당신의 빵을 던지세요. 당신의 노예인 지니가 사건의 다리를 만들어줄 것이며, 당신은 그 다리를 건너 그 의자에 앉고, 그 램프를 잡고, 그 테이블을 만지게 될 것입니다.

창세기에는 눈이 멀었지만 촉각은 느낄 수 있었던 이삭이 아들 야곱을 불러 이렇게 말하는 이야기가 나옵니다. "내가 너를 만져볼 수 있게 가까이 오너라. 네 목소리는 내 아들 야곱 같지만, 너의 피부는 에서처럼 느껴지는구나." 상상과 주관적 상태를 나타내는 야곱은 그 당시 객관적 세계라는 에서의 특성을 갖게 되었습니다. 그래서 이삭은 세상에 태어날 권리를 상상 속 상태에 부여했습니다.

이삭처럼 당신도 조용히 앉아 상상의 손을 사용해 테니스공, 야구공, 축구공, 골프공의 차이를 느낄 수 있습니다. 만약 그것들이 아무것도 아니라면, 즉 주관적일 뿐이고 당신에게 전혀 객관적인 실체가 아니라면 그 차이를 느낄 수 없을 것입니다. 그러나 이러한 '비실체'라고 여겨지는 것들 사이의 차이를 느낄 수 있다면, 그것들은 아직 당신의 감각에 객관화되지 않았더라도 실제로 존재하는 것입니다. 당신의 마음속에서 그것들에게 현실성을 부여하는 순간, 그것들은 당신의 세계에서 실제가 될 것입니다.

가벼운 마음으로 시도해 보세요. 하나의 물건을 떠올리고, 당신 내면의 존재에게 그 선물에 감사의 마음을 전해 보세요. 그리고 외부의 존재에게도 감사하세요. 내면과 외부는 서로 연결된 한 쌍이며, 인생도 마찬가지입니다. 내면에서 냄새, 모습, 감정을 관찰하며 당신이 바로 생명 그 자체임을 깨달으세요.

그렇습니다. 인생은 하나의 게임입니다. 바울은 "나는 경주를 끝마쳤고, 선한 싸움을 싸웠으며, 믿음을 지켰다"는 말을 통해 인생을 경주에 비유했습니다. 저는 게임이라 부릅니다. 둘 모두 경쟁 요소를 담고 있지만, 그 적은 타인이 아닌, 자기 자신입니다. 왜냐하면 타인이란 없기 때문입니다.

다른 사람과 경쟁하려고 하지 마세요. 당신이 쓴 것과 같은 법칙을 그도 사용해서 그가 원하는 것을 이룰 수 있게 하세요. 설사 그것이 당신의 목표와 비슷할지라도 말입니다. 당신이 나누는 지식은 결코 당신의 것을 빼앗지 않습니다. 그냥 당신이 원하는 것을 결정하세요. 그리고 그것을 이뤘다는 것을 느껴서 물 위에 당신의 빵을 던지세요.

그리고 그 생각을 내려놓고, 인생이라는 게임이 당신의 세계에서 완성되도록 자연스럽게 흘러가게 두세요.

자, 이제 침묵 속으로 들어가겠습니다.

Chapter 5

The Cup and the Cross
잔, 그리고 십자가

모든 사람을 위해 그 일을 하십시오.
우리 모두는 불멸합니다.

저 사람은
이 작은 육신이란 것에 갇혀 있는 존재가 아닙니다.
저도 그렇고, 당신도 그렇습니다.

저는 제 아버지의 보이는 우주와 보이지 않는 우주에 흩어져 있습니다. 그렇기에 당신이 이곳에서 저를 거부하더라도, 다른 곳에서 저를 만나게 될 것입니다.

그래서 저는 제 마음의 눈으로 당신을 부활시켜야 하며,
당신도 당신의 마음의 눈으로 저를 부활시켜야 합니다.

단 한 사람도 뒤에 남겨지는 일은 없습니다.

우리 모두가 흩어져 있지만
아버지가 완벽한 몸으로 존재했을 때 보았던 그 하나의 몸으로, 흩어진 우리들을 반드시 모아야 합니다.

CHAPTER 5 The Cup and the Cross
잔, 그리고 십자가

우리는 상상이 현실을 창조한다는 것을 굳게 믿습니다. 우리는 인간이 상상력 그 자체이며, 하느님과 하나라는 것을 믿습니다. 하느님과 인간 사이에는 본질적인 차이가 없습니다. 차이가 있다면, 상상이 얼마나 강하게 작용하는가에 있을 뿐입니다.

우리의 상상력은 낮게 조율되어 있습니다. 만일 우리의 상상력이 높게 조율되어 있다면 우리의 상상 활동은 즉각적으로 객관적 현실이 될 것입니다. 하지만 낮게 맞춰져 있기 때문에, 상상이 실현되려면 시간이 필요합니다. 그럼에도 불구하고, 우리가 상상한 것을 기억하고 그것에 충실하다면 반드시 이루어질 것입니다. 우리는 이 세상에서 원하는 어떤 모습이든 될 수 있습니다. 당신이 어떤 잘못을 저질렀더라도, 당신은 하느님과 하나이며 상상력 그 자체입니다.

이제 사도행전 5장을 살펴보겠습니다. 베드로는 "우리는 인간이 아닌 하느님께 순종해야 한다"라고 말합니다. 그러자 그 자리에 있던 사람들은 화가 치밀어 올라 제자들에게 해를 가하려 했습니다. 그러나 그 자리에 있던 한 바리새인 교사가 이렇게 말했습니다. "그들을 죽이지 말라. 왜냐하면 이 가르침 혹은 이 일이 인간의 것이라면 그것은 아무것도 아닐 것이지만, 만일 하느님의 것이라면 그대들이 그것을 던져버릴 수 없을 것이며, 하느님에 대항해서 싸워야만 하는 처지에 있는 자신을 보게 될 수도 있기 때문이다." 이 교사의 이름은 가말리엘입니다.

제가 드리고 싶은 말씀은, 성경이라는 세상에서 가장 위대한 책이 완전히 잘못 이해되고 있다는 것입니다. 성경은 역사가 아닙니다. 그것은 은총의 행위로 일어나는 일련의 비전들입니다. 이것은 인간이 하느님이라 부르는 위대한 '실체'가 베일을 벗고 나타나는 것입니다.

마태복음 26장에서는 이렇게 기도합니다. "오 나의 아버지시여, 가능하시거든 이 잔을 제게서 지나가게 하옵소서. 그러나 제 뜻이 아니라 아버지의 뜻대로 하옵소서. 예수께서는 제자들에게 다가가 잠들어 있는 것을 보고 베드로에게 이렇게 말씀하셨더라. '너희는 나와 함께 단 한 시간도 깨어 있지 못하겠느냐?' 그리고 다시 말하였더라. '만일 내가 마시지 않고는 이 잔이 내게서 지나가지 않는다면, 아버지의 뜻이 이루어지게 하옵소서.' 예수께서 다시 돌아와보니 제자들이 또다시 잠들어 있는 것을 발견하시더라."

당신은 2천 년 전에 한 사람이 세상을 구하기 위해 끔찍하고 고통스러운 경험을 했다고 생각하시겠지만, 아닙니다. 이 이야기는 바로 당신에 관한 것입니다. 성경에서 말하는 존재는 바로 당신입니다. 복음서의 주인공은 인간 안의 존재인 경이로운 상상력입니다. 그러나 이 세상의 불투명성의 한계 속에서 활동하는 상상력은 인간에게 생명을 주기 위해 스스로 하느님임을 완전히 잊어야만 했습니다. 이것을 하느님의 '죽음'이라고 부릅니다.

인간이 하느님이라는 가장 높은 곳에서 깨어나는 날은 반드시 올 것입니다. 그리고 우리가 여기 있는 목적은 그 깨어남을 배우기 위함입니다. "잔"은 "마시다"는 뜻이고, 성경에서 예수는 "포도주 마시는 자(잔을 비우는 자)"로 표현됩니다. "그들에게 손대지 말라!"고 말했던 사람은 가말리엘이었는데, 그 이름은 '젖을 떼다'는 단어에서 유래됐습니다. 아이가 젖을 떼고, 이제는 나가서 음식을 먹을 수 있게 되었다는 의미입니다. 우리는 이 세상에서 점점 성숙해지고 있으며, 이전에 진리라고 믿었던 것에 대한 젖을 떼고 있는 중입니다.

수년 전에, 저는 제가 지금 하고 있는 이 일을 하라고 보내졌습니다. "가라! 그리고 푸른 피를 타도하라!"라는 명령을 받았습니다. 이것은 전통적인 상태를 뜻합니다. 우리는 푸른 혈통의 말, 푸른 혈통의 사람이라는 표현을 쓰는데, 이것은 확고하게 자리잡고 널리 받아들여진 상태들을 의미합니다. 저는 나가서 인류에게 전해진 가장 위대한 이야기에 대한 모든 전통적인 오해를 무너뜨리라는 명령을 받았습니다. 성경은 역사가 아닙니다. 특정한 시대, 특정한 장소에서 일어난 사건이 아닙니다.

"가서 인간 안에 계신 그리스도에 대한 이야기를 사람들에게 전하라."

"이 잔이 제게서 지나가게 할 수 있다면 지나가게 해주소서. 하지만 이 잔을 마셔야 한다면 기꺼이 그렇게 하겠나이다."

제가 해야 하는 일은 무엇일까요? 제가 이곳에 와서 여러분에게 전하고자 하는 이야기는 교정에 관한 것입니다. 당신의 눈에 한 사람이 보입니다. 그는 이 세상 누구도 그렇게 보이고 싶지 않은 모습을 하고 있습니다. 내 감각은 그를 내가 보는 그대로, 그리고 다른 사람들에게 보이는 그대로 보여줍니다.

이때 저는 잔과 마주한 것입니다. 저는 그 외형을 있는 그대로 받아들여서 세상이라는 것 속에서 그 형태를 계속 영속시킬 것인지, 아니면 그것을 교정해서 그 교정된 형태 안에

저 자신을 못 박아야 하든지, 결정해야만 합니다. 그래서 "나는 그리스도와 함께 십자가에 못 박혔으나, 이제는 내가 사는 것이 아니요, 내 안의 그리스도가 사는 것이다. 내가 지금 사는 삶은, 나를 사랑하여 인간이 되신 하느님의 아들의 믿음으로 사는 것이다"라고 말합니다.

그래서 제가 누군가를 그가 되어서는 안 될 모습으로 볼 때마다 저는 잔과 마주하게 됩니다. 이제 그것을 다 마셔버리고 "포도주 마시는 자"가 되어, 내면의 이미지에 순응하여 그 믿음으로 살아야만 합니다. 그래야 그 사람을 그가 되어야 할 모습으로 볼 수 있습니다. 저는 그 잔을 다 마셔야 합니다. 제가 살아 있는 동안 그 이미지가 부활하지 않더라도, 저는 그 이미지에 저 자신을 못 박아야 합니다. 그것은 반드시 부활할 것입니다. 부활이 없이 내려진 십자가형이라면 독재자의 횡포에 불과합니다. 반드시 부활이 있어야만 합니다.

저는 깨어날 것이며, 당신도 깨어날 것입니다. 우리 중 누구도 깨어나지 못할 사람은 없습니다. 그러면 우리는 이 세상에 모든 존재를 데리고 와서, 그 존재의 이상을 가져옵니다. 그래서 우리가 그 이상적인 상태에 못 박힐 수 있게끔 그 이상에 우리를 내려놓고 믿음을 유지합니다. 그러면 그 기간이 얼마나 걸릴지는 모르지만 그 일은 반드시 이루어질 것입니다.

이것이 당신과 저에게 마시라고 하는 잔입니다. 2천 년 전이 아니라 바로 오늘 밤, 당신에게 주어진 잔입니다. 당신은 이 잔을 자신을 위해, 혹은 당신이 알지 못하는 누군가를 위해 마셔야 합니다. 당신이 되고자 하는 사람, 당신은 그 사람이 될 것입니다. 만일 당신 자신을 그 상태에 못 박기만 한다면 말입니다.

정신나간 소리처럼 들릴 수 있지만, 이것은 진실입니다. 지금의 교회는 이런 가르침에 대한 이해가 부족하기 때문에 사람들에게서 외면받고 있습니다. 제가 지금 드리는 말씀은 어떤 의례와도 관련이 없습니다. 우리가 승리할 수 있는 유일한 방법은 용서라는 검을 사용하는 것입니다.

상대방을 그 사람이 실현하고자 했던 이상적인 모습으로 보십시오. 당신이 그렇게 하는 만큼 당신은 그들을 진정으로 용서한 것입니다. 다른 사람들은 당신이 지금 보고 있는 그 사람의 모습을 볼 수는 없더라도, 당신이 계속 그 믿음을 유지한 채 나아간다면 당신의 세상에서 그 사람의 이상적인 모습은 현실로 드러날 것입니다.

모든 사람을 위해 그 일을 하십시오. 우리 모두는 불멸합니다. 저 사람은 이 작은 육신이란 것에 갇혀 있는 존재가 아닙니다. 저도 그렇고, 당신도 그렇습니다. 저는 제 아버지의 보이는 우주와 보이지 않는 우주에 흩어져 있습니다. 그렇기에 당신이 이곳에서 저를 거부하더라도, 다른 곳에서 저를 만나게 될 것입니다.

그래서 저는 제 마음의 눈으로 당신을 부활시켜야 하며, 당신도 당신의 마음의 눈으로 저를 부활시켜야 합니다. 단 한 사람도 뒤에 남겨지는 일은 없습니다. 우리 모두가 흩어져 있지만 아버지가 완벽한 몸으로 존재했을 때 보았던 그 하나의 몸으로, 흩어진 우리들을 반드시 모아야 합니다.

그래서 그분은 골고다, 즉 '두개골'이라는 곳에 자신을 못 박음으로써 생명을 얻으셨습니다. 바로 여기에서 그분이 십자가에 못 박히셨습니다. 깨어남의 척도는 내 안에서 당신을 깨우는 것으로써 결정됩니다. 상대방이 이 세상에서 무슨 일을 했든, 그것은 그저 잠시간의 악몽에 지나지 않을 뿐입니다.

저는 제 아버지가 그 사람을 보는 것처럼 그 사람의 모습을 상상할 것입니다. 제 안에서 그들을 고양시키는 것만큼 장막은 걷히고 하느님의 눈은 열릴 것입니다. 그러면 저는 세상 모든 사람의 완벽함을 보게 될 것입니다. 당신은 무한하고 하느님의 우주 모든 곳에 흩어져 있기에, 당신이나 제가 없는 곳은 어디에도 없습니다.

저는 당신에게서 달아날 수 없습니다. 그래서 저는 바로 지금 이곳에서 당신을 마주하고 당신이 마땅히 되어야 할 모습으로 당신을 보아야만 합니다. 그리고 그 상태로 살아가며, 저는 그것을 들어올립니다.

이제 이것을 좀 더 실용적인 방식으로 해볼 수 있습니다. 제가 지금 말한 것은 존재의 높은 차원에 속하는 것들입니다. 하지만 이것을 당신이 원한다면 직업, 집, 돈, 건강과 같은 좀 더 낮은 차원에도 적용해볼 수 있습니다. 그 힘은 하느님이 우리에게 주신 것이기 때문에 우리는 당연히 그것을 누릴 권리가 있습니다. 당신과 저는 하늘나라의 시민이기 때문입니다.

제가 이 땅에 보내진 이유는 인종이나 배경에 관계없이 당신이 하느님의 자녀라는 것을 말하기 위해서입니다. "푸른 피를 타도하라!" 오래된 전통적인 고정관념을 없애라는 말입니다. 누군가 당신에게 제가 드린 말씀과 반대되는 것을 말한다면 완전히 잘못된 것입니다. 피부색이 흑인이든 백인이든, 붉은색이든 노란색이든, 살아있는 모든 사람은 형상으로 나타난 하느님입니다.

우리 인류는 깨어남의 다양한 단계를 거치고 있습니다. 피부색이 조금 더 밝다고 해서 어두운 피부를 가진 사람보다 더 깨어났다고 착각하지 마십시오.

가말리엘은 "그들의 말을 들어라!"라고 말했습니다. 그것은 젖을 떼고 성숙해지라는 뜻입니다. "만일 이 가르침 혹은 이 일이 인간의 것이라면 그것은 아무것도 아닐 것이지만, 만일 하느님의 것이라면 그대들이 그것을 던져버릴 수 없을 것이며, 하느님에 대항해서 싸워야만 하는 처지에 있는 자신을 보게 되리라."

제가 말하는 것이 사실임을 저는 압니다. 당신도 그것을 증명할 수 있습니다. 당신 주변의 누구든지 상상해 보세요. 그 사람이 되고 싶은 모습으로 말입니다. 고치기 힘들다고 하는 아이를 마음의 눈 앞에 데려와 당신이 그 아이를 보고 싶은 모습으로 보십시오. 그러면 그 아이는 그렇게 당신이 마음에 품었던 상태를 세상이란 공간에 투영해낼 것입니다.

교정은 세상에서 가장 실용적인 도구입니다. 그리스도의 이야기는 교정에 대한 이야기입니다. 하지만 비유로 전해졌기 때문에 세상 사람들은 제대로 이해하지 못했습니다. 제가 이전에 이야기했던 불공정한 집사의 이야기에도 교정에 대한 이야기가 나옵니다.

기억을 더듬어보면 특정한 날 어떤 일이 일어났는지 알 수 있습니다. 그날이 마음에 들지 않는다면, 그날을 바꾸세요.

그렇게 바꿀 수 있으신가요? 최근에 읽은 흥미로운 심리학 서적에서는 과거가 더 이상 존재하지 않지만 기억을 통해 현재에 영향을 미친다고 주장했습니다. 이 훌륭한 작품에서는 과거가 기억 속에 저장된 경험을 통해서만 영향력을 행사한다고 말합니다. 과거는 현재 직접적으로 작용하지는 않습니다. 하지만 과거의 영향력이 완전히 사라진 것은 아닙니다.

지각 있는 사람들은 과거의 상태에 갇혀 있지 않습니다. 가스실을 경험한 사람도 더 이상 그 고통을 겪고 있지는 않습니다. 기억의 형태는 남아 있지만, 언젠가는 그가 가스실을 경험하지 않았다는 것을 깨닫게 될 때가 올 것입니다.

과거의 기억들은 다양한 형태로 존재합니다. 기억을 교정하세요. 만약 당신이 아주 먼 과거까지 기억할 수 있다면, 두 살 때로 돌아가 어떤 사건이든 선택하여 바꾸고, 당신이 일어났으면 했던 모습으로 상상하십시오. 그 바뀐 기억 속에서 살아가면 당신은 지금의 세상 전부를 바꿀 수 있을 것입니다. 과거의 기억이 현재에 영향을 미친다면, 과거의 어떤 부분을 바꾸면 현재도 바꿀 수 있습니다.

하느님께서 주신 것을 제가 잘못 만들었다면, 그것을 바꿀 기회가 있습니다. 저는 시간을 거슬러 올라가 잘못 만들었던 과거의 사건을 선택하고 그것을 바꿉니다. 그러면 제 현재 전체를 바꿀 수 있습니다. 하느님은 인간이 되었고 그분은 모든 존재들 안에 있습니다. 하느님이 제가 될 수 있는 유일한 방법은, 오직 그렇게 되고자 하는 것에 그분 자신을 내어주는 것밖에 없습니다.

저는 저를 네빌이라 부를지라도 제 존재는 여전히 하느님입니다. 신성모독이라고 생각하나요? 당신이 어떻게 생각하는지는 개의치 않습니다. 여인에게서 태어난 모든 아이는 하느님입니다. 예수 그리스도가 인간이 된 것입니다. 그 존재는 인간이라는 십자가를 짊어지고 있습니다. 이 상태는 마치 무덤과 같습니다. 그래서 블레이크는 "하느님께서 죽음의 문에 들어간 이들과 함께 그곳에 들어가, 그들이 깨어날 때까지 불멸의 비전 속에서 그들과 함께 무덤 안에 누우셨다"라고 말했습니다.

내가 어머니의 자궁 안으로 들어갈 때 하느님도 이 "무덤"에 들어갔습니다. 그리고 그분은 결코 나를 떠나지 않을 것입니다. 왜냐하면 그분이 나를 떠난다면 나는 더 이상 존재하지 않게 될 것이기 때문입니다. 그리고 나서, 하느님이 인간을 위해 했던 일을 내가 세상을 위해 함으로써, 나는 깨어납니다.

누군가의 꿈을 가져다가 그것이 실현된 것을 상상하십시

오. 이것은 십자가에 자신을 정신적으로 못 박는 것입니다. 그리고 그것이 사실인 것처럼 걸어나가고, 그것이 사실인 것처럼 그 사람을 위한 꿈 속에서 사십시오. 그것이 현실이 될 때, 당신은 그 사람을 들어올리게 됩니다.

우리가 우리의 동료를 구원할 때, 오직 그때만 자신을 구원할 수 있습니다. 세상을 고양시키는(들어올리는) 자는 자신 안에서 하느님의 시선을 고양시키고 있는 것이며, 그 사람이 완전히 깨어났을 때 하느님이 됩니다. 다른 사람에게 그가 원하는 이유를 묻지 마십시오. 그가 원하는 것을 그대로 주십시오. 당신은 당신이 마음에서 본 것처럼 그 사람이 그것을 가지고 있다고 당신 자신을 설득하십시오. 그 사람이 그것을 가지고 있다고 당신 자신을 설득한 만큼 그것은 현실이 될 것입니다.

보상을 바라지 마십시오. 당신은 보상을 원하지 않습니다. 누군가가 훌륭하든 끔찍하든, 그 사람을 비난하지 마십시오. 모든 것은 단지 상태일 뿐입니다. 그것들은 불멸의 영혼이 선악의 꿈 속에 잠시 빠져 있는 상태들일 뿐입니다. 당신에게 주어진 과업은, 모든 사람들을 그들이 원하는 것을 이미 실현한 모습으로 보는 것입니다. 그것이 무엇이든 관계없습니다.

이렇게 함으로써 당신은 하느님의 눈을 뜨게 합니다. 이것이 바로 그리스도의 이야기입니다. "만일 그것이 정말 하느님의 뜻이라면 그대들은 그것을 멈출 수 없으리라." 하느님이 요구하는 것은 제가 직접 시도하는 것뿐입니다.

제가 이 잔을 마셔야만 합니까? 그렇습니다. 십자가(cross: 넘어감)의 길 외에는, 즉 넘어가는 길 외에는 어떤 것도 없습니다. 나는 한 상태에서 다른 상태로 넘어가야(cross) 합니다. 우리는 이렇게 넘어가는 것(the cross, 십자가)을 통해 승리합니다. 십자가는 매우 아름답긴 하지만, 벽에 거는 물건이 아닙니다. 그것은 당신이 지금 있는 곳에서 당신이 되고 싶은 곳으로 넘어가는 것이며, 지금 보이는 것에서 당신이 보고 싶은 것을 보는 것으로 넘어가는 것입니다.

이것이 유월절입니다. 한 상태에서 다른 상태로 넘어가는 것, 이것 외에 다른 방법이 있습니까? "가능하다면 이 잔을 제게서 지나가게 하옵소서. 그러나 제 뜻이 아니라 아버지의 뜻대로 하옵소서." 하느님의 뜻이란 무엇입니까? "당신께서 제게 준 모든 것을 지켰고, 어떤 것 하나도 잃지 않았나이다." 그분이 제게 주었던 모든 것을 저는 다시 들어 올려야 하는데, 그분이 지금, 제게 당신을 주었습니다. 저는 당신을 만났고, 그렇다면 당신은 제 아버지로부터 예기치 않게 주어진 선물입니다.

당신은 무한한 존재입니다. 저는 모든 베일을 벗어 던진 당신을 만날 것입니다. 저는 이렇게 당신을 들어 올려야만 합니다. 당신은 불멸의 몸을 가지고 있고, 하느님의 우주에서 당신이 없는 곳은 없습니다. 만일 제가 당신을 바로 제 안에서 구원하지 않는다면 저는 다른 곳 어디선가에서 당신을 만나야 하고, 그곳에서 당신을 다시 구원해야만 할 것입니다.

  세상에서 가장 실용적인 가르침은 가장 심오한 영적 가르침이기도 합니다. 죽음에는 변화의 힘이 없습니다. 지금 당장 당신의 집을 떠올려보세요. 지금 이 순간 그것은 이 자리에 앉아 있는 당신에게는 주관적인 것입니다. 당신은 이 육신의 눈으로 당신의 집을 볼 수 없습니다. 그렇다면 그 집은 이 방에서는 주관적인 것입니다. 하지만 당신의 마음 한 켠에는 그것을 세상이 말하는 것처럼 주관적인 것이라고 생각하지 않습니다. 이것은 당신의 감각의 영역에서 벗어나 있지만, 당신이 떠나온 그곳에 있다는 것을 압니다. 하느님 아버지의 모든 세계도 마찬가지입니다.

  주관적인 것과 객관적인 것은 의식이 초점을 맞추는 정도에 달려 있을 뿐입니다. 내 아버지에게는 모든 것이 객관적인 것입니다. 내가 잠에서 깼을 때, 꿈은 객관적 현실이 아니고 주관적인 것처럼 보일 수 있습니다. 하지만 내가 꿈에 의식의 초점을 맞춘다면 꿈은 나에게 객관적인 현실이 됩니다. 왜냐하면 주관과 객관은 의식의 초점을 맞추는 정도에 따라 결정되기 때문입니다.

내 꿈이 계속되고 있는 동안에는 그것이 객관적이지 않나요? 제가 최근에 말씀드렸던 것처럼, 꿈에서 무언가를 만지고 그것을 붙잡은 채로 깨어난다면, 당신은 꿈의 세계 안에서 깨어나 그 세상을 완전히 객관적인 것으로 경험하게 될 것입니다. 한 여성분도 저에게 그것을 시도해서 증명했다고 편지로 전해왔습니다. 제 경험을 통해 봤을 때 당신이 시도한다면, 주관과 객관은 그저 명칭의 차이에 불과함을 입증하게 될 것입니다.

심리학자에게 "객관"이라는 개념은 단순히 태어나서 죽을 때까지의 당신을 의미합니다. 하지만 1억 광년 이상으로 펼쳐져 있는 이 경이로운 우주를 생각해보세요. 한 위대한 과학자는 만약 별 하나하나를 작은 모래알에 비유하고, 이 세상에서 볼 수 있는 별만을 포함한다고 해도, 그 모래는 수백 야드의 두께로 영국을 덮을 것이라고 추정했습니다. 만약 당신이 이 작은 점에 불과하다면, 당신은 무엇인가요?

행성을 포함하지 않은 별에 대해서만 이야기했는데도 그렇게 광활한 우주입니다. 그런데도 어떤 이는 자신이 1,000에이

커나 되는 땅을 가졌다고 자랑스럽게 말합니다. 우리와 같이 평범한 사람들은 우리 주변의 모든 것을 단단한 실체로 여깁니다. 우리가 이렇게 만질 수 있으니 그것을 실체라고 느낍니다. 하지만 과학자들은 그것이 전혀 단단하지 않다고 말합니다. 그것은 단지 빠르게 움직이는 분자, 원자, 전자의 집합체일 뿐이라고 말합니다.

과학자들은 우리가 단단한 실체라고 경험하는 물체는 사실 내 손가락과 물체 사이의 "전자기장"이라고 부르는 것이라고 말합니다. 그런데 내 손가락과 그 물체는 같은 재료로 이루어져 있습니다. 둘 다 "단지 비어 있는 영역"일 뿐이라면, 아까 전의 그 사람은 "단지 비어 있는 영역" 1,000에이커를 소유하고 있는 것입니다. 결국 소유란 아무 의미가 없습니다.

의미 있는 것은 인간 안에서 하느님을 깨우는 일입니다. 인간이 깨어나기 시작하면 더 이상 땅을 소유하려 하지 않습니다. 왜냐하면 그 사람은 이미 이 땅과 하나이며, 아버지가 모든 것을 물려주셨기 때문입니다. 마침내 당신은 깨어나서 그것을 당신의 마땅한 권리로 주장할 것입니다.

누구도 당신에게, 이 사람이 저 사람보다 낫다고 말하게 하지 마세요. 태양은 의로운 자와 불의한 자를 가리지 않고 똑같이 비춥니다. 만일 당신이 당신의 형제만을 경배하고, 당신을 사랑하는 사람만을 사랑한다면, 어떻게 당신이 다른 사람보다 낫다고 할 수 있겠습니까? 그런 것은 다른 사람들도 하는 것이니 특별하지 않습니다. 그런 것은 중요하지 않습니다.

중요한 것은 오직 깨어나는 것뿐입니다. 그러니 세상의 모든 사람을 당신 안에서 끌어올리는 것을 통해 그들을 깨어나게 하십시오. 그들을 위해 당신 자신을 십자가에 못 박으십시오. 그것은 신성한 형상 안에서 맞이하는 작은 죽음입니다. 당신이 보아야 할 것을 보면서, 이전에 보았던 것들에게는 "죽음"을 맞이하게 해서 이런 작은 죽음들을 경험하면, 그때 하느님의 시야를 통해 보게 되고, 그때 당신은 더 이상 비난할 것이 아무것도 없다는 것을 깨닫게 됩니다. 왜냐하면 그 사람이 누구인지와는 관계없이, 모든 역할을 하고 있는 것은 하느님임을 알게 되기 때문입니다.

세상에서 가장 위대한 이야기는 완전히 잘못 이해됐습니다. 복음서는 그리스도가 어떻게 왔었는지에 대해 말하는 것이 아니라, 그리스도가 어떻게 오는지에 대해 말하고 있습니다. 그리스도는 세상 모든 사람들의 마음 안에 들어와야만 합니다. 만일 2천 년 전에 그리스도가 이미 왔었다면 그는 이제는 없는 사람이기에 지금을 사는 우리들에게 중요한 일이 아닙니다. 하지만 만일 그가 모든 이의 마음에 들어온다면 그것은 모두에게 중요한 일입니다.

하느님은 인간을 사랑하여 인간이 되셨고, 자신이 인간이라는 믿음을 통해 스스로 죽음을 택하셨던 것처럼, 그리스도도 그런 방식으로 우리에게 나타납니다. 하지만 우리 인간은 하느님이 인간을 위해 하셨던 것처럼, 동료들에게 같은 일을 해야만 합니다. 그래서 우리는 다른 이를 위한 꿈에 순종합니다. 그렇게 믿음을 유지한 만큼 세상에서 현실로 나타날 것이며, 결국에 그 일을 한 사람은 깨어나게 될 것입니다.

어떻게 제가 그것을 아는지 물으시나요? 저는 압니다. 몇 년 전, 카리브해를 항해하는 작은 여객선에서 저는 일찍 잠자리에 들었습니다. 몸은 침대에 그대로 누워 있는 채로, 저는 제 몸 밖으로 빠져나왔습니다. 저는 아름다운 황혼 속에 있었고, 저는 제가 황혼의 빛을 내고 있다는 것을 깨달았습니다. 왜냐하면 태양이나 달이 없었고, 오직 제 안에서 나오는 빛이 전부였기 때문입니다.

저는 이 상태에서 떠다녔습니다. 걸어다닌 것이 아닙니다. 그러자 천상의 합창단의 "그가 깨어났다!"라는 노랫소리가 들렸습니다. 이것이 저를 뜻한다는 것을 알았습니다. 그리고 저는 병들고 기형이 된 존재들로 가득한 광활한 바다 옆에 있었습니다. 그들은 누군가를 기다리고 있었고, 그들이 기다리고 있는 사람이 저임을 알았습니다. 제가 지나갈 때마다 그들은 모두 완벽한 모습으로 재형성되었습니다. 사라졌던 눈과 팔다리가 다시 나타났습니다.

제가 모든 것을 완벽하게 바라보았기 때문에, 그 모든 존재들은 완벽한 형상으로 변화되었습니다. 그러자 "다 끝났다!"라는 목소리가 들려왔고, 이내 다시 네빌이라는 이 불투명한 상태로 결정화되었습니다. 우리가 들어올려지면 모든 사랑스럽지 않은 것들도 함께 들어올려지며, 그 높은 차원에서는 사랑스럽지 않은 것이 존재하지 않게 됩니다.

교정을 통해 들어올리십시오. 왜냐하면 모든 이가 당신 안에 있으며, 당신이 당신의 내면에서 그 사람을 그 차원까지 끌어올린다면, 그가 완벽하다는 것을 발견하게 될 것입니다. 지금의 의식 수준에서는 그 사람의 불멸의 몸의 조각난 일부만을 보고 있지만, 당신이 의식을 충분히 고양시킨다면 그가 완벽한 모습인 것을 보게 될 것입니다.

앞서 언급한 경험을 마친 후에, 저는 죽음과의 환상적인 싸움에서 승리했다고 느꼈습니다. 사랑스럽지 않다고 여겼던 것들을 극복했고, 그것을 통해 저는 모든 존재를 함께 들어올렸습니다. 저는 이 경험이 특별한 것이 아니라는 것을 알고 있습니다. 왜냐하면 특정한 의식 수준에서는 모든 존재가 완벽하기 때문입니다.

  당신이 내부에서 다른 이를 끌어올렸을 때 당신도 저 의식 수준까지 상승하게 됩니다. 낯선 이란 존재하지 않으며, 오직 하느님만이 있을 뿐입니다. 하느님은 인간을 깨워 하느님으로 만들기 위해 인간이 되셨습니다. 당신은 어쩌면 이곳에서 누군가를 무시하면서 그를 하인이라고 부를지도 모릅니다. 하지만 그 존재도 또한 불멸이며, 당신은 하느님의 경이로운 우주 안에서 그를 만나게 될 것입니다.

  그때 당신은 요한복음 17장을 이해하게 될 것입니다. "이제 세상이 있기 전에 제 것이었던 영광을 저에게 돌려주소서. 그리고 멸망의 아들(손실에 대한 믿음)을 제외하고는, 당신께서 제게 주신 어떤 것 하나도 잃지 않았나이다. 그들은 제 안에 거하고 있고 저는 그들 안에 거하고 있으며, 우리는 당신 안에 있나이다."

  침묵 속으로 들어가겠습니다.

Chapter 6

AWAKE, O SLEEPER
잠든 자여, 깨어나라!

깨어나라! 깨어나라!
그림자의 땅에서 잠자는 이여, 깨어나라! 확장하라!
나는 당신 안에 있고, 당신은 내 안에 있고,
우리는 신성한 사랑 안에 하나이다.

우리가 속해 있는 존재는 영광스러운 생명으로의 확장을 위해, 의도적으로 죽음이라 불리는 상태로 추락했습니다.

이것은 밀알의 비유로 이야기됩니다.
밀알이 땅에 떨어져 죽지 않으면 그저 밀알의 상태로 남게 됩니다. 하지만 밀알이 땅에 떨어져 죽음을 겪는다면 더 풍성한 결실을 맺게 됩니다.

이것이 바로
죽음을 통한 생명의 신비에 관한 이야기입니다.

CHAPTER 6 AWAKE, O SLEEPER
잠든 자여, 깨어나라!

성경은 겉으로는 이성과 지성에게 말하는 듯 보이지만, 실제로는 영적 감각인 상상력에게 말을 걸고 있습니다. 에베소서 5장에서는 "깨어나라, 잠자는 자여! 죽은 자들 가운데서 일어나라!"라고 말합니다. 이성은 이 말을 결코 이해하지 못합니다. 성경은 상상력이 잠들어 자신의 세계를 꿈꾸고 있다고 말하면서 상상력에게 깨어나라고 말합니다. 하지만 이제 이성적인 존재가 되어버린 상상력은 이 말을 이해하지 못해 믿기 어렵습니다.

성경의 모든 명령은 상상력인 주에게 주어진 것이며, 주께서 그 명령을 이행합니다. 시편 44편은 당신의 경이로운 상상력에게 "일어나소서! 왜 잠들어 있나이까, 오 주여! 깨어나소서!"라고 말하고 있습니다.

인류가 계시를 통해 받은 최고의 신앙 고백은 "쉐마(Sh'ma)"라고 불립니다. 신명기 6장에는 이렇게 기록되어 있습니다. "들으라, 이스라엘아! 우리의 주 하느님은 한 분이시다." 여기서 언급된 주는 엘로힘으로, 다양한 존재들로 이루어진 복합적 단일체를 말합니다. 저는 그분 앞에 서 본 적이 있었기 때문에 저 말이 의미하는 것을 압니다. 그분이 저를 감싸 안으셔서, 그분의 몸과 저는 하나가 되었습니다. 1929년 그날 이후로, 저는 부활하신 주의 몸과 하나가 되었습니다.

저는 우리가 시편 82편에 언급된 신들이라고 믿습니다. 요한복음 10장에서 이 구절은 다음과 같이 인용되었습니다. "하느님은 신성의 회의를 열으셨더라. 신들 가운데서 그분은 판결을 내리시며 이르셨다. '너희는 신들이며, 지극히 높은 자의 아들들이다. 그러나 너희는 모두 한 인간으로 죽을 것이고, 한 인간으로 추락할 것이라. 오 왕자들아!" 주목해야 할 점은 이 문장이 과거에서 시작한다는 것입니다. 인간은 신들이며 지극히 높은 이의 아들들이라고 주장합니다. 그리고 미래는 다음과 같이 예언됩니다. "너희는 한 인간으로 추락할 것이다."

이 추락은 벌이 아니라, 계획입니다. 겉으로는 그 의도가 숨겨져 있지만, 실제로는 더 큰 존재로의 확장과 궁극적 탄생을 위한 것이었습니다. 세상의 토대를 만들기 전에 그분은 자신 안에서 우리를 선택하셨습니다. 그리고 한 인간으로 추락함으로써, 지금 보이는 수많은 인간으로 분열되었습니다. 우리는 우리 형제들을, 즉 우리 자신들을 알아보지 못하는, 가면을 쓴 신들입니다.

창세기에는 다음과 같이 말합니다. "주 하느님께서 아담을 깊은 잠에 들게 하셨고, 그가 잠든 동안 갈비뼈 하나를 빼내셨다. 그리고 그 갈비뼈로 여자를 만드셨다. 여자를 아담에게 데려가자, 그는 이렇게 말했다. '이제야 비로소 내 뼈 중의 뼈요, 내 살 중의 살이로다. 이것은 남자(man)에게서 나왔으니 여자(woman)라 불리리라.' 그러므로 남자는 부모를 떠나 아내와 합쳐져 한 몸이 될 것이다." 이 구절은 이성의 눈으로 볼 때는 신화처럼 보일 수 있습니다. 하지만 이것은 진실입니다. 이 진리가 당신 안에서 드러날 때, 당신은 그 의미를 완벽히 이해하게 될 것입니다.

저는 이 비전을 직접 경험했기에, 이렇게 말할 수 있습니다. 여러분의 영혼과 분리된 몸은 없습니다. 성경에서 이브라고 불리는 몸은 오감을 통해 인식되는 영혼의 일부입니다. 당신의 육체는 남성이든 여성이든 이브의 발현입니다. 이브는 위로부터 온 예루살렘이며, 주님의 발현입니다.

겉으로 드러나지 않더라도, 당신은 이브와 하나로 연결되어 있기 때문에, 무언가에 맞아 고통을 느끼게 되면 "나는 아프다"라고 외치게 됩니다. 그런데 "나는(I am)"은 하느님의 이름입니다. 상상력은 당신과 결합되어 있고, 우리의 발현된 예루살렘을 통해 당신은 나와도 연결되어 있습니다. 아래의 예루살렘은 자식을 노예로 낳지만, 위의 예루살렘은 자식을 자유인으로 낳습니다.

예수 그리스도는 유대인들의 질문에 이렇게 대답했습니다. "이 성전을 허물어라, 내가 사흘 안에 다시 세울 것이다." 그 뜻을 몰라 그들은 되묻습니다. "이 성전을 짓는데 46년이 걸렸는데, 당신은 사흘 만에 다시 세운다고 말하나이까?" 그것이 바로 인간의 사고 방식입니다. 인간은 인간의 손으로 만들어진 외적인 것을 생각하며, 예수 그리스도가 영혼의 성전에 대해 말씀한다는 것을 알지 못했습니다. 하지만 바울은 이를 알고 있었습니다. 그래서 그는 고린도인들에게 이렇게 물었습니다. "너희가 주님의 성전이며, 하느님의 영이 너희 안에 거하고 있다는 사실을 알지 못하는가?"

이브는 당신의 성전이자 발현체이며, 죽음의 잠이 끝날 때까지 당신과 함께하는 아내입니다. 이브는 당신의 영혼이며, 하느님(상상력)이 결합하여 하나가 된 존재입니다. 이것 외의 다른 이브란 없습니다.

몸이란 곳에 추락한 당신은 당신의 동굴로 들어갔고, 그 무덤에서 구원자를 만났습니다. 누군가는 여성의 옷을, 또 누군가는 정교하게 짜인 남성의 옷을 발견했습니다. 저는 남성의 옷을 발견했습니다. 제 아내는 여성의 옷을 발견했지만, 그녀는 여성이 아니고 저 역시 남성이 아닙니다. 그리스도 안에서는 남성과 여성, 노예와 자유인, 그리스인과 유대인, 흑인과 백인의 구분이 없습니다. 상상력인 당신이 그리스도와 하나가 될 때, 영원한 죽음의 굴레를 벗어나게 될 것입니다.

블레이크는 자신의 위대한 작품 「예루살렘」에서 알비온의 잠과, 우리가 삶이라 부르는 영원한 죽음을 통과하는 여정을 이야기합니다. 부유한 사람이 죽음을 맞이하며 재산을 남겨두는 모습은, 마치 이 세상이 끝도 없고 목적도 없는 것처럼 보입니다. 가난한 사람이 죽으면 초라한 무덤에 묻힙니다. 하지만 시간이 흐르면 그들의 몸은 먼지와 뼈로 변하고, 부자의 뼈와 가난한 자의 뼈를 구별할 수 없게 됩니다. 한 사람이 이 세상에서 어떤 일을 이루었든, 주님의 눈에는 이 세상의 지혜가 어리석어 보일 뿐입니다. 이곳에서 인간의 강함은 하느님 앞에서는 나약함에 지나지 않습니다. 그럼에도 불구하고 이 세상에는 목적이 있습니다. 인간은 영원한 생명에 들어가기 위해 이 세상을 반드시 통과해야 합니다.

블레이크는 자신의 시 「예루살렘」에서 권능의 잠이 영원한 죽음을 통과해서 영원한 생명으로 깨어나는 것에 대해 말하며, 이렇게 적었습니다. "이 시상(詩想)은 밤마다 잠에 든 나를 부르고, 매일 아침 해가 뜰 때마다 나를 깨운다. 그때 나는 내 위의 구원자가 그의 사랑의 빛을 퍼뜨리며 이 온화한 노래의 가사를 속삭이는 것을 본다." 블레이크는 버츠 씨에게 보낸 편지에서 이 시에 대해 다음과 같이 말했습니다. "저는 이 시를 찬양할 수밖에 없습니다. 왜냐하면 저는 하늘에 계신 저자들의 비서라고밖에는 말할 수 없기 때문입니다. 그것이야말로 이 세상이 지니고 있는 가장 위대한 시입니다. 진리의 영이 매일 아침마다 때로는 12줄, 때로는 20줄, 때로는 50줄씩 이 시를 제게 받아쓰게 했습니다. 긴 시간의 노동의 결과물처럼 보이지만, 애쓰거나 정신적 노력 없이, 때로는 제 의지와 관계없이 만들어졌습니다."

"깨어나라! 깨어나라! 그림자의 땅에서 잠자는 이여, 깨어나라! 확장하라! 나는 당신 안에 있고, 당신은 내 안에 있고, 우리는 신성한 사랑 안에 하나이다."

우리가 속해 있는 존재는 영광스러운 생명으로의 확장을 위해, 의도적으로 죽음이라 불리는 상태로 추락했습니다. 이것은 밀알의 비유로 이야기됩니다. 밀알이 땅에 떨어져 죽지 않으면 그저 밀알의 상태로 남게 됩니다. 하지만 밀알이 땅에 떨어져 죽음을 겪는다면 더 풍성한 결실을 맺게 됩니다. 이것이 바로 죽음을 통한 생명의 신비에 관한 이야기입니다.

만일 내가 실체(reality)의 확장을 원한다면 상상 그 자체인 스스로를 축소해서 죽어야 합니다. 나는 주와 함께 누렸던 영광을 모두 비워내고, 추락한 하나의 몸으로 들어가야 합니다. 세상은 우리가 잘못을 해서 실락이 일어났다고 말하지만 그렇지 않습니다. 하느님은 모든 것을 계획하셨으며, 그 계획은 지금 이루어지고 있고, 마침내 완성될 것입니다.

어느 날 당신은 깨어나 가면이 벗겨지고, 불멸의 생명을 자각하게 될 것입니다. 그때 당신은 상상조차 할 수 없는 차원까지 올라갈 것입니다. 우리가 모두 깨어날 때, 이 세상에서의 친밀함과는 비교할 수 없는 깊은 친밀함으로 서로를 인식할 것입니다. 아내와 저는 종종 같은 생각을 합니다. 그러나 우리가 아무리 친밀해도, 이 육신의 옷을 벗고 영원한 생명으로 깨어날 때의 친밀함과는 비교할 수 없습니다.

모든 사람은 언젠가 깨어나겠지만, 이곳에서 어떤 애를 쓴다고 이루어지는 일은 아닙니다. 당신의 깨어남은 이미 예정되어 있으며, 당신이 구두를 닦든, 백만 명을 고용하든, 정해진 때에 반드시 일어날 것입니다. 우리 정부는 백만 명의 사람을 고용하고 있으며, 대통령은 이 정부의 수장입니다. 그렇게 보면, 대통령은 백만 명을 고용하고 있는 셈입니다. 그러나 오늘 밤, 여전히 대통령은 잠들어 있을 수 있는 반면, 구두를 닦는 사람이 깨어날 수 있습니다. 그러나 누구도 죽지 않습니다. 이것은 굉장히 영광스러운 부분입니다!

당신의 육신은 당신의 발현체입니다. 그 육신의 머리를 잘라내더라도, 당신이 육신이라 믿는다면 당신은 어떤 부분도 흠결 없이 같은 몸을 새롭게 만들게 될 것입니다. 당신은 지금 두르고 있는 육신의 겉옷에서 나오게 될 것이고, 사람들은 이를 두고 당신이 죽었다고 말할 것입니다. 그러나 당신은 의치도, 이빨의 보철물도, 흰머리도 없으며, 안경이나 보청기가 필요 없는 또 다른 육신의 옷으로 들어가게 될 것입니다. 약 20세 정도의 젊고 생기 있는 모습으로 말입니다. 이 세상만큼이나 실제적인 지상 세계에 있게 될 것이며, 당신이 깨어날 때까지 여정은 계속될 것입니다.

저는 깨어났기에, 지금 두르고 있는 이 육신의 겉옷이 벗겨질 때 더 이상 이 죽음의 세상에 있지 않을 것임을 압니다. 어쨌든 이 여정은 우리의 이 세상에 대한 감각들이 멈출 때 끝나는 것이 아닙니다. 당신은 당신의 한계로 인해, 죽었다고 말해지는 사람들을 계속 볼 수 없습니다.

하지만 당신이 이 세상에서 알던 그 몸을 발현하던 당신의 친구는 죽은 것이 아닙니다. 오히려 그 친구는 이제 훨씬 더 젊은 육신을 발현하며, 여전히 자신의 세상을 꿈꾸며 현실로 만들고 있습니다. 그 사람은 심지어 자신이 죽음이라 불리는 문을 통과했다는 사실조차 인지하지 못합니다.

죽음은 단지 한 방에서 다른 방으로 이동하는 것과 같습니다. 당신의 친구는 신비가들이 영원한 죽음이라 부르는 환상적인 지상 세계에 있으며, 그곳에서 어느 날 깨어나 영원한 생명으로 들어갈 것입니다. 그는 죽음의 세계로 내려와 그 안에 들어갔으며, 언젠가 깨어나 자신이 확장되었고 자신의 목적을 완수한 것을 보게 될 것입니다.

하느님은 수축과 불투명함에는 한계를 두었지만, 투명함이나 확장에는 한계를 두지 않았습니다. 창세기 1장에서는 이렇게 말합니다. "하느님은 인간을 자신의 형상대로 창조하셨다. 남자와 여자를 그분이 만드셨다." 창세기 2장은 이 내용을 조금 다르게 표현하고 있지만, 상상력을 통해 본다면 모순이 아닙니다.

"주 하느님께서 땅의 흙으로 사람을 빚으시고 그의 코에 생명의 숨을 불어넣으셨으니, 그가 살아있는 영혼이 되었다." 인간의 운명은 단순히 살아있는 육신으로 머무는 것이 아니라, 생명을 주는 영이 되는 것입니다. 실락의 목적은 당신을 완전히 새로운 세계로 변화시키는 것입니다. 그 세계에서 당신은 생명을 주는 영이 되어 주변의 모든 것에 생명을 불어넣습니다.

그곳에서 당신은 하려고만 한다면 시간도 멈출 수 있고, 다시 재개시킬 수도 있습니다. 이것이 당신의 운명입니다. 이성으로는 이를 이해하지 못하므로, 이런 비전을 경험하지 못한 사람을 탓할 수는 없습니다. 학자들은 성경이 전부 신화라고 믿고 있으며, 어떤 면에서는 정말 그렇기도 합니다.

지금 당신의 몸을 관찰해보면 빠진 갈비뼈는 없을 것입니다. 하지만 성경은 갈비뼈 하나가 제거되었다고 말합니다. "갈비뼈"라는 단어는 히브리어로 "쯔엘라(tselah, עלצ)"인데, 문자 그대로는 영혼의 한 부분이 발현된 것을 뜻합니다. 이것은 영혼이 자신을 하나의 육신과 하나가 될 때까지 모든 것을 떠나보내고 그 발현체와 하나가 되는 것을 의미합니다.

당신은 자신이 발현한 것에 완전히 결합되어 그것이 바로 자신이라고 믿게 되었습니다. 자신을 소개할 때도 언제나 이름 앞에 "나는(I AM)"이라고 말합니다. 그리고 상처를 입었을 때도 "나는 고통 속에 있다"라고 말합니다. 항상 하느님의 이름인 I AM을 말하면서도, "하느님이 고통 속에 있어"라고 말하지 않고, "나는"이라는 말을 씁니다. 그런데 그것이 바로 하느님의 영원한 이름입니다. 왜냐하면 하느님들이 내려왔기 때문입니다.

다시 말씀드리자면, 저는 하느님을 믿을 뿐만 아니라 모든 사람이 하느님들이며, 이 모든 하느님들이 모여 하나의 하느님을 이룬다고 믿습니다. 당신이 누군가를 상처 입히면, 그것은 곧 하느님을 상처 입히는 것이며, 동시에 당신 자신에게 상처를 주는 것입니다. 왜냐하면 당신 자신이 하느님이며, 다른 하느님은 존재하지 않기 때문입니다.

세상에는 끔찍한 것이 많지만, 그럼에도 불구하고 하느님은 사랑입니다! 당신이 그분 앞에 서게 되면, 오직 사랑만이 느껴질 것입니다. 그리고 사랑이 당신을 감싸고 당신이 하느님과 하나가 될 때 당신은 이전에는 느껴본 적 없던 황홀함을 느끼게 될 것입니다. 이 합일을 통해 그분의 몸과 하나가 될 때, 당신이 곧 사랑임을 깨닫게 됩니다!

"주와 하나가 된 자는 주와 하나의 영이 된다." [로마서 6장]

사랑의 몸과 하나가 될 때, 당신은 하나의 몸, 하나의 영, 한 분의 주, 그리고 모든 것의 아버지인 하느님과 하나가 되어, 자신이 바로 그분임을 깨닫게 됩니다. 그때 당신은 자신의 목적을 완수했기에, 실락을 명령했던 존재로 깨어나게 될 것입니다.

당신은 이 죽음의 세계에서 깨어나, 자신이 독생자 다윗의 아버지이자 하느님임을 깨닫게 될 것입니다. 영의 상태에서 다윗은 예수를 "아도나이(Adonai)"라고 불렀다고 기록되어 있는데, 이것은 히브리어로 아버지(주님)를 의미합니다. (히브리어에서 YOD HE VAU HE 는 너무나 신성해서 "아도나이"라는 단어로 대체된다.)

영의 상태에서 다윗은 당신을 아버지라 부를 것이며, 이로써 당신은 시편 2편을 완성하게 될 것입니다. "내가 주님의 명령을 그대에게 선포하리라. 그분께서 나에게 이르시기를, '너는 내 아들이니, 오늘 내가 너를 낳았다.'라고 하셨다." 이 말을 한 이는 바로 다윗입니다. 언젠가 이곳에서의 시간이 무르익으면 당신은 깨어나 위에서 태어날 것입니다.

그 후 다윗이 나타나고, 성경의 드라마가 당신 안에서 펼쳐지면서 당신의 참된 모습이 드러날 것입니다. 그러면 당신은 함께 꿈을 꾸기로 한 신들 중 한 명임을 알게 될 것입니다. 지금 우리는 함께 꿈을 꾸면서 똑같은 건물 하나를 보고 있습니다. 당신은 그것을 소유하고 싶은 마음으로 볼 수도 있고, 저는 그저 감상하고 싶은 마음으로 볼 수도 있지만, 어쨌든 우리는 같은 건물을 보고 있습니다. 우리는 같은 거리를 보고, 같은 숫자를 인식하면서 우리가 가고 싶은 곳으로 갈 수 있습니다.

세상은 하나의 꿈이며, 우리는 혼란스럽지 않게 꿈을 협력하여 꾸기로 한 신들입니다. 우리가 제각각 꿈을 꾸기로 했다면 모두 자신의 역할만을 연기하느라 정말 제멋대로이면서 뒤죽박죽인 무대가 될 것입니다.

지금 전력을 다해 원하는 사람이 되었다고 상상해 보기를 바랍니다. 그러나 의심하지 마세요! 의심이 들어서는 순간 마음이 분열되기 때문입니다. 의심은 악마입니다. 세상 사람들이 무엇이라 말하든, 자신이 원하는 사람이 될 것이라 믿는다고 당신이 미쳐버릴 일은 없습니다. 오히려 당신은 그렇게 믿고 있는 모습이 될 것입니다.

당신이 개입하지 않아도 당신의 꿈의 세상은 그 이미지에 맞춰 스스로를 재배열해낼 것입니다. 가난하게 태어난 사람이 계속해서 큰 부를 가졌다고 꿈꾸고 그 꿈이 실현되면, 그의 꿈을 모르는 사람들에게는 그 부가 너무도 자연스러운 결과처럼 보일 것입니다. 지금, 당신은 꿈을 꾸고 있습니다.

만일 꿈이 이루어질지 의심하면서 꿈을 이루려고 한다면 신경 쇠약으로 가는 길을 걷고 있는 것입니다. 만약 온 마음을 다해 그 멋진 꿈을 믿는다면, 그 꿈은 반드시 이루어질 것입니다. 왜냐하면 당신은 성경이 말하는 바로 그 하느님이며, 하느님에게는 모든 것이 가능하기 때문입니다.

신들이 인간의 모습으로 내려왔을 때 어떤 이들은 여성의 옷을, 어떤 이들은 남성의 옷을 입었습니다. 신들은 죽음의 문을 통과하며, 영원의 비전을 간직한 채 무덤에 눕습니다. 그리고 예수 그리스도와 남자와 여자가 함께 짠 세마포를 볼 때까지 삶이라는 꿈을 꿉니다. 이들은 남성도 여성도 아닌 영혼의 발현입니다.

"모든 사람이 한 번 죽고 그 후에 심판을 받게 되어 있듯이, 그리스도께서도 많은 이들의 죄를 위해 한 번 희생되셨고, 죄와 관련 없이 그분을 간절히 기다리는 이들을 구원하기 위해 두 번째로 나타나실 것이다." [히브리서 9장] 누군가 죽었다고 말해지기도 하겠지만, 그것은 죽음이 아닙니다. 왜냐하면 모든 사람이 오직 한 번만 죽는다고 말해지기 때문입니다.

우리가 하늘나라의 집을 떠나 육신의 한계를 스스로 취했을 때가 진짜 죽음입니다. 그 순간 우리는 그리스도의 죽음과 같은 죽음 속에서 그리스도와 하나가 되었고, 또한 우리는 그리스도의 부활과 같은 부활 속에서 그분과 하나가 될 것이라는 약속을 받았습니다. 죽음은 이미 일어난 일입니다.

세상 사람들이 말하는 죽음이라는 문을 당신이 통과하게 되면, 죽는 것이 아니라, 즉시 젊고 설명할 수 없는 새로운 몸을 갖게 됩니다. 그 문을 통과하는 대부분의 사람들은 자신이 그런 죽음이라 불리는 것을 겪은 것조차 인지하지 못합니다. 그들은 젊은 몸을 너무 당연하게 여기면서 이곳에서 하는 것처럼 일상을 삽니다.

  당신의 몸에서는 하루 종일 기적이 일어나고 있습니다. 당신의 의식적인 마음은 알지 못하지만, 오늘 밤 먹은 저녁 식사는 혈액, 조직, 뼈로 변환되고 있습니다. 인간은 의식적으로는 피 한 방울, 새로운 심장, 심지어 머리카락 하나조차 만들 수 없습니다.

  얼마 전 한 의사가 환자에게 심장 이식 없이는 3주 이상 살 수 없다고 진단했다고 합니다. 의사는 환자를 수술하여 새로운 심장을 이식했고, 환자는 18일 더 살았을 뿐입니다. 의사가 아무리 애써도, 인간은 산상수훈에서 말씀하신 대로 정해진 시간을 넘어 한 시간도 더 살 수 없습니다. "누가 염려함으로 한 시간의 생명을 더할 수 있겠는가?" 그럼에도 인간은 자신이 그럴 수 있다고 맹목적으로 믿습니다.

  그 사람이 한 일은 단지 자신의 외과 의사와 의료계를 홍보하는 것에 불과합니다. 당신은 당신이 두르고 있는 그 육신이 아닙니다. 그래서 심장이나 간 혹은 폐가 닳아서 못 쓴다면 그저 그 육신에서 나와서 새 육신을 나타내면 됩니다. 하느님의 형상대로 창조된 당신은 아버지로부터 나온 하느님의 탕자입니다.

  당신은 당신이 두르고 있는 몸에 너무 집착하고 있습니다.

그래서 당신은 그것과 하나가 되어 그것이 다치면 당신도 고통을 느낍니다. 이것이 성경에 나오는 아담과 이브의 이야기이며, 이런 의미를 갖고 있는 성경은 신화가 아닙니다. 당신의 발현은 실제로 당신으로부터 나온 것이지만, 그것이 갈비뼈에서 비롯된 것은 아닙니다. 당신의 몸은 당신의 영혼과 별개로 존재하는 것이 아닙니다.

당신이 소위 몸이라고 부르는 것은 오감을 통해 인지되는 영혼의 일부이며, 그것은 이 시대에서 영혼이 세상과 소통하는 주요 통로 역할을 합니다. 당신은 지금 살아 있는 영혼이며, 생명을 주는 영이 될 운명입니다.

추락한 후, 당신은 이 세상에서 활동하기 위해 몸을 발현하였고, 그 몸은 하나도 빠짐없이 자동으로 기능하게 되었습니다. 저는 이 시공간을 떠난 사람들을 만나곤 하는데, 그들 중 대부분은 자신들이 죽었다는 사실조차 인지하지 못합니다.

지금 제가 당신에게 당신이 깊이 잠들어 있을 뿐만 아니라 이미 죽었다고 말한다면, 당신은 제가 미쳤고 악마에 씌었다고 생각할 겁니다. 그것은 사람들이 부활한 그리스도에게 했던 말과 같습니다. "왜 그의 말을 듣는가, 그는 미쳤고 악마에 씌었다." 그들은 돌을 들어 예수를 치려고 하며 말했습니다. "그대는 인간인데도 하느님이라고 주장하니, 신성모독인 그대를 돌로 치리라!"

그러자 예수는 대답했습니다. "너희의 율법에 '내가 너희를 신이라고 말한다'고 쓰여 있지 않느냐? 하느님의 말씀을 받은 자들을 신이라 부른다면, 아버지께서 거룩하게 하시고 세상에 보내신 나를 어찌 신성모독이라 할 수 있는가?"[요한복음 10장] 예수는 자신이 다른 사람들보다 더 위대하다고 주장한 적이 없습니다.

그의 말을 들은 사람들은 자신들이 신이라는 사실을 몰랐습니다. 예수는 단지 그들이 하늘에서 내려온 아들들이라는 기억을 깨우려고 했을 뿐입니다. 예수는 말했습니다. "가서 내 형제들에게, 나는 나의 아버지이자 너희의 아버지, 나의 하느님이자 너희의 하느님에게 올라가고 있다고 전하라."

예수는 자신의 아버지가 그들의 아버지와 다르다고, 자신의 하느님이 그들의 하느님과 다르다고 주장한 적이 없습니다. 하지만 사람들은 이 신비를 이해하지 못했습니다. 사람들은 이성으로 이해하려 했지만, 모든 일은 상상 속에서 일어났기에 그렇습니다. 그리고 상상은 하느님입니다.

"인간은 상상력 그 자체이고, 하느님은 인간이시며 우리 안에 존재하시고, 우리는 하느님 안에 있다. 인간의 불멸의 몸은 상상력이고 그것은 하느님 그분이다."(윌리엄 블레이크)

Chapter 7

Affirm the Reality of Your Own Greatness
최고의 나를 주장하라!

인간이 가장 크게 착각하는 것은 자신이 무엇이든 할 수 있다는 믿음입니다.
모두가 자신이 할 수 있다고 믿고, "무엇을 해야 할까?"라고 스스로에게 묻습니다. 그러나 실제로 어떤 것도 할 수 없습니다.

우리는 "되어야만(be)" 합니다.

스스로 어떤 것도 하지 않는다는 사실을 받아들이는 것은 어렵습니다. 이 사실이 진리이기 때문에 더욱 받아들이기 힘든 것입니다. 진리는 언제나 인간에게 받아들이기 어려운 법입니다.

CHAPTER 7 Affirm the Reality of Your Own Greatness
최고의 나를 주장하라!

새로운 삶을 살고자 한다면, 개인의 내면에서 변화가 일어나야 합니다. 정치 단체, 종교 단체, 사회 단체와 같은 조직을 세우는 것만으로는 부족합니다. 우리가 직면한 문제는 생각보다 훨씬 더 깊은 곳에 뿌리를 두고 있습니다. 진정한 혁명은 우리 내면에서 이루어져야 합니다.

모든 것은 우리 자신에 대한 우리의 태도에 달려 있습니다. 우리 내면에서 받아들이지 않은 것은 결코 우리 세상에서 드러나지 못합니다. 이것이 바로 우리의 종교입니다. 종교는 "자선이 집에서 시작되듯" 내면의 경험에서 시작됩니다.

"너희 마음을 새롭게 함으로 변화되라"는 격언은 고대부터 주어진 공식이며, 이것 외에는 변화를 위한 다른 방법이 없습니다.

모든 것은 인간이 자신을 어떻게 바라보는가에 달려 있습니다. 나에 대해 진실이라고 믿지 않거나 믿지 않으려는 것은 나의 세계에서 결코 나타날 수 없습니다. 우리는 끊임없이 세상을 바라보며 "무엇을 해야 하지? 무슨 일이 일어날까?"라고 묻지만, 사실 이 질문은 "나는 누구이지? 나는 나 자신을 어떻게 정의하고 있지?"라고 물어야 합니다.

세상을 더 나은 곳으로 만들고 싶다면, 우리 안에 있는 더 위대하고 고귀한 존재를 받아들여야 합니다.

제가 가르치고 있는 것의 궁극적인 목표는 이 완성에 이르는 길을 제시하는 것입니다. 저는 당신이 현재 인식하고 있는 차원에서 영혼을 내려놓고, 소망하는 높은 차원에서 자신의 영혼을 다시 발견하게 하기 위해, 내면 인간이 어떻게 스스로를 조정해야 하고, 삶에서 무엇을 새로운 전제로 삼아야 하는지를 보여주려 합니다.

인간은 자신의 의식 안에 담겨 있는 것 외에는 볼 수 없습니다. 우리가 어떤 것을 인식하지 않으면 그것은 우리에게 존재하지 않는 것이 됩니다. 이상적인 모습은 늘 태어나려고 하지만, 우리가 그 이상적 모습에게 인간의 혈통을 주지 않으면 태어나지 못합니다.

지금의 세상을 잔혹의 법칙에서 구원하기 위한 도구는 바로 우리 자신입니다. 우리 의식의 위대한 목적은 이 구원을 이루는 데 있습니다. 만약 우리가 이 짐을 거부하고 상상의 사랑으로는 세상을 구원하는 것이 불가능하다고 단언하며 자연 법칙을 그 증거로 삼는다면, 우리는 믿음 부족으로 인해 삶을 목적 없는 것으로 만들어버립니다. 우리는 구원의 과정을 이루는 유일한 수단을 거부하는 셈입니다.

종교의 가치를 평가하는 유일한 기준은 그것이 진정한가(trueborn) 여부입니다. 즉, 그것이 개인의 가장 깊은 확신에서 나왔는지, 내적 경험의 열매인지가 중요합니다. 진정한 종교는 외부적 상황과 무관하게 모든 것이 잘 되고 있다는 확신을 깊고 지속적으로 줄 수 있을 때에만 인간에게 가치가 있습니다.

정신적 앎과 영적 앎의 방법은 완전히 다릅니다. 우리는 정신적으로 어떤 것을 알기 위해 외부에서 바라보고, 다른 것들과 비교하며, 분석하고 정의합니다.

화이트헤드는 종교를 인간이 침묵 속에서 행하는 것이라고 정의했습니다. 저는 여기에 덧붙이고 싶습니다. 종교란 인간이 침묵 속에서 자신을 어떻게 인식하는지에 관한 것이라고 생각합니다.

침묵 속에서 우리는 주관적 경험을 하게 됩니다. 이때 우리는 세상에서 구현되기를 바라는 이상적인 모습이 된 자신을 상상해야 합니다. 우리가 목표를 이루었다면 현실에서 느낄 감정을 침묵 속에서 상상으로 경험한다면, 우리는 점차 그 이상적인 모습으로 변화하게 될 것입니다.

"너희 마음의 영을 새롭게 하여 새 사람을 입고, 모든 이웃에게 진리를 말하라."

"존재의 사실, 의식의 사실"을 만드는 과정은 "마음을 새롭게 하는 것"을 통해 이루어집니다.

우리는 사고방식을 바꾸라는 말을 듣습니다. 하지만 우리의 관념을 바꾸지 않는 한 생각을 바꿀 수 없습니다. 생각은 관념에서 자연스럽게 솟아나는 것이며, 가장 깊은 관념이 곧 그 사람 자신을 정의합니다. 언제나, 열망의 궁극적 목적지는 행하는 것이 아니라 그것이 되는 것에 있습니다.

"고요히 있으라 그리고 알라."

"나는 내가 원하는 바로 그것임을."

항상 이미 내가 원하는 그 존재라고 인식하십시오. 내면이 변화되지 않으면 외부의 변화는 아무 소용이 없습니다.

천국에 들어가는 문은 열정을 억누르는 것이 아니라, 덕을 계발함으로써 열립니다. 과거의 생각들은 스스로 사라지는 것이 아닌, 새로운 생각들에 의해 밀려나는 것입니다. 우리의 의식이 완전히 새로운 생각에 사로잡힐 때, 오래된 생각들이 사라집니다. 오래된 생각과 습관적인 감정은 죽은 참나무 잎처럼 새로운 것에 의해 밀려날 때까지 남아 있습니다.

창조는 본질적으로 더 깊은 수용성과 더 예리한 감수성을 필요로 합니다. 자신의 삶을 바꾸고자 하는 사람은 마음속에서 미래의 꿈을 현재의 사실로 만들어야 합니다.

깊은 몰입의 시간을 거친 후에야 그 내면의 이미지가 외부로 펼쳐집니다. 그 몰입이 우리의 가장 고귀한 이상으로 채워지고, 우리가 그 이상 자체가 될 때, 그것이 우리의 세계에서 실현되는 것을 보게 됩니다. 그때 우리는 현재가 과거로 사라지는 것이 아니라, 미래로 나아가고 있다는 것을 깨닫게 됩니다.

이것이 본질적으로 우리의 미래를 바꾸는 방법입니다. "다른 곳"에 있는 "지금"은 우리에게 아무런 의미가 없습니다. 우리는 "여기"에 있는 "지금"만을 인식합니다. 우리가 원하는 상태를 "지금" "여기" 느낄 때, 우리는 진정으로 미래를 바꾼 것입니다.

제 목표는 여러분이 더 높은 자아관념을 갖도록 영감을 주고, 이를 실현하는 방법을 명확히 설명하여, 강연을 마친 뒤 스스로를 변화된 존재라고 느끼며 떠나게 하는 것입니다.

낙담한 사람들에게는 위대한 법칙에서 나오는 영감이 절실히 필요합니다. 상상력을 불러일으키고 영혼을 깨우는 목소리를 내기 위해서는 기본 원칙으로 돌아가야 합니다. 다시 한 번 강조하지만, 새로운 삶의 방식을 창조하려면 개개인이 새롭게 되는 것에서부터 시작해야 합니다.

인간이 가장 크게 착각하는 것은 자신이 무엇이든 할 수 있다는 믿음입니다. 모두가 자신이 할 수 있다고 믿고, "무엇을 해야 할까?"라고 스스로에게 묻습니다. 그러나 실제로 어떤 것도 할 수 없습니다. 우리는 "되어야만(be)" 합니다. 스스로 어떤 것도 하지 않는다는 사실을 받아들이는 것은 어렵습니다. 이 사실이 진리이기 때문에 더욱 받아들이기 힘든 것입니다. 진리는 언제나 인간에게 받아들이기 어려운 법입니다.

하지만 이것은 정말 사실입니다. 그 누구도 어떤 것도 할 수 없습니다. 모든 일은 그저 일어날 뿐입니다. 인간에게 일어나는 모든 일, 그가 행하는 모든 일, 그로부터 나오는 모든 것은 단지 일어나는 것입니다. 이는 대기의 상층부의 온도가 변화하면 자연스럽게 비가 내리는 것처럼 일어납니다.

이것은 우리 모두에게 주어진 과제입니다. 우리의 영혼의 깊은 곳에서 우리는 자신에 대해 어떤 관념을 가지고 있습니까? 모든 것은 우리가 우리 자신을 바라보는 태도에 달려 있습니다. 내면에서 진실로 받아들이지 않는 것은 자신의 세상에서 결코 나타날 수 없습니다. 자아관념을 바꾸는 것은 인간의 표면과 깊은 곳 사이의 관계를 새롭게 조정하는 올바른 방법입니다.

계속해서 깊어지는 것은 원칙적으로 가능합니다. 왜냐하면 궁극적 깊은 곳은 모든 사람 안에 존재하며, 그저 그것을 의식적으로 깨닫는 문제일 뿐이기 때문입니다. 삶은 우리에게 우리가 죽고 다시 태어나기 위해 노력하라고 말합니다. 이는 육체적인 죽음을 의미하는 것이 아니라, 옛 사람의 정신에서 죽고 새로운 사람이 되라는 의미입니다. 그렇게 한다면 우리는 육체적으로도 새로운 사람이 된 것을 보게 됩니다.

"하느님의 뜻에 순종한다"는 표현은 오래된 것이지만, 이것보다 더 나은 표현은 없습니다. 우리가 표현하고자 하는 이상에 우리 자신을 내맡길 때 모든 갈등은 사라지고, 우리는 우리가 소망하는 이상적인 이미지로 변화됩니다.

결혼 예복 없이 교묘히 가장하여 왕국에 들어가려는 사람에 대한 성경 이야기를 아실 겁니다. 그는 외부에서 하는 것을 속으로는 믿지 않았습니다. 그는 선하고 친절하며 자비로운 사람처럼 보이고, 좋은 말을 하지만, 속으로는 아무것도 믿지 않습니다. 자신보다 훨씬 더 의식이 깨어난 사람들의 강한 빛 속에 들어갔을 때 그는 더 이상 속일 수 없게 됩니다.

결혼 예복은 하나 되고자 하는 열망을 상징합니다. 그는 자신이 가르치는 것이 진리라 할지라도, 그 진리와 하나 되려는 열망이 없다면 결혼 예복이 없는 것입니다. 우리가 진리와 하나가 된다면, 우리는 옛 본성을 벗어버리고 마음의 영 안에서 새로워질 것입니다.

진리는 교묘히 가장하는 사람들의 거짓된 우월감을 벗겨낼 것입니다. 진리는 결국 선함으로 가득 채워진 고귀함에 의해 정복되고 지배될 것입니다. 선함은 세상에서 유일하게 정복될 수 없는 본질입니다.

침묵 속으로 들어가겠습니다.

Chapter 8

ALL THAT YOU BEHOLD
그대가 보는 것은, 단지

만일 I AM이 일정한 상태를 상상하고 세상이 그 상상에 반응한다면, 그 세상은 나의 의지를 행하는 것이 아닌가요? 그 반응이 한 사람에게서 오든 수많은 사람에게서 오든 그들은 모두 다윗입니다.

"I AM"의 뜻을 늘 행하는 자들이기 때문입니다.

당신이 상상한 것을 현실로 드러내는 순간, 현재 당신이 이름, 피부색, 인종과는 무관하게 당신은 다윗입니다.
그리고 그 반응의 원인을 찾고자 한다면,
그 답은 결국 당신 안에서 발견하게 될 것입니다.

자신을 시험해 보세요.

그러면 상상이 당신과 관련된 세상의 변화를 이끌어내는 원동력임을 깨닫게 될 것입니다.

CHAPTER 8 ALL THAT YOU BEHOLD
그대가 보는 것은, 단지

"그대가 보는 것 모두는 외부에 나타난 것처럼 보이지만 실은 내부에 있는 것이며, 이 유한한 세상은 그저 그림자에 불과할 뿐이다." 만약 당신이 상상 속의 어떤 상태에 들어가 그것을 진실로 받아들인다면, 외부 세계는 당신이 그렇게 전제한 것에 반응할 것입니다. 왜냐하면 외부 세계는 당신의 그림자로서, 내면의 상상 활동을 끊임없이 나타내기 때문입니다.

시험해 보십시오. 만약 이를 확신하게 된다면, 당신도 사도행전 13장에서 사도들이 내린 결론과 같은 결론에 도달할 것입니다. 그러면 당신도 이렇게 말하게 될 것입니다.

"나는 이새의 아들 다윗을 발견했다. 그는 내 마음에 합당한 자로, 내 모든 뜻을 이룰 것이다." 만약 외부 세계가 당신의 상상 활동에 반응한다면, 이 세계가 당신의 뜻을 수행하는 다윗이 아니겠습니까?

주님은 다윗이 항상 자신의 뜻을 행한다고 하셨습니다. 만일 당신의 상상에 세상이 반응한다면, 당신이 바로 그 주님이 아닐까요? 당신이 무언가를 상상할 때면 그것은 마치 현을 타는 것과 같고, 그 현에 공명하는 모든 것이 당신 내면의 활동에 반응하며 이를 증명합니다.

만약 이 외부 세계가 당신이 상상하는 것에 반응하는 현이고, 다윗이 당신의 모든 뜻을 이뤄줄, 당신의 마음에 합당한 존재라면 다윗은 바로 이 외부 세계를 의미하지 않을까요?

이것은 사람들이 흔히 말하는 '의지'와는 다릅니다. 당신은 무언가를 억지로 이루려 하는 것이 아니라, 그것을 상상하고 내면에서 이미 이루어졌다고 확신하는 것입니다.

만약 지속적인 상상을 통해 외부 세계가 반응한다면, 당신은 다윗뿐만 아니라 당신의 경이로운 상상력이 바로 주임을 깨닫게 될 것입니다. 히브리인들은 역사를 "모든 세대의 사람들과 그들의 경험이 하나의 거대한 전체로 융합된 것"으로 봤습니다. 모든 세대가 합쳐지고 그로부터 새로운 세대가 나오게 되는, 하나로 응축된 시간을 '영원'이라고 말했습니다.

전도서에서는 이렇게 말합니다. "하느님은 인간의 마음에 영원을 두셨으나, 인간은 하느님이 처음부터 끝까지 행하신 일을 다 알 수 없게 하셨더라." 오직 마지막 순간에서야, 당신은 하느님이 당신의 마음에 무엇을 두었는지 진정으로 알게 될 것입니다. 전도서에서 사용된 히브리어 단어 "올람(o-LAWM)"은 "영원" 또는 "세계"로 번역되기도 하지만, 때로는 "젊은이", "소년", "청년"으로도 해석됩니다.

이것들은 이새의 아들 다윗에게 주어진 세 가지 칭호입니다. "이새(Jesse)"라는 이름은 "존재하다"라는 동사의 모든 형태를 의미하며, 즉 I AM을 뜻합니다. 이것이 바로 하느님의 이름이 아니겠습니까? 당신이 떠날 때가 되면, 인류는 더 이상 수많은 사람들의 집합체로 보이지 않을 것입니다. 그것은 오직 하나의 젊은이, 즉 다윗이라는 청년으로 나타날 것입니다. 영원이 다윗이라는 젊은이로 의인화되었기 때문입니다.

당신은 삶의 끝에 도달했을 때만 이것이 진실임을 깨닫게 될 것입니다. 이제 요한복음 20장의 말씀을 들어보세요.

"베드로가 무덤 안으로 들어가니, 세마포 옷이 놓여 있고, 머리에 덮여 있던 수건이 세마포와 함께 있지 않고, 따로 한쪽에 말려 있더라."

왜 이런 이야기가 적혀 있는지 궁금할 수 있습니다. 그러나 세마포 옷과 수건은 매우 중요한 의미를 담고 있습니다.

이 이야기를 주의 깊게 읽으면, 예수 그리스도가 십자가에 못 박히고 묻힌 무덤이 바로 "두개골"이라고 불리는 것임을 알게 될 것입니다. 이 이야기에서 베드로가 무덤에 들어갔을 때 세마포 옷과 수건은 보았지만 그곳에 누워 있는 사람은 볼 수 없었다고 합니다. 이 이야기는, 한 남자가 얼굴에 수건을 덮고 세마포 옷을 입고 죽었다가, 삼일 뒤에 무덤을 떠나면서 그 옷과 수건을 남기고 간, 이 세상의 이야기가 아닙니다.

그렇습니다. 성경은 상징으로 가득 찬 신성한 비전입니다. 세마포 옷은 당신의 육신을 상징합니다. 그것은 당신의 진정한 자아를 가리고 있는 이 세상의 육체라는 옷입니다. 이것은 죽음을 겪은 사람의 이야기가 아니라, 죽음에서 부활한 자의 이야기입니다.

고대에는 "수건(napkin)"이라는 단어가 오늘날보다 훨씬 폭넓은 의미로 사용되었습니다. 오늘날 우리는 식사용 수건, 칵테일 수건, 위생 수건 등을 떠올리지만, 여기서의 수건은 태반을 상징합니다. 태반은 새로운 생명이 태어날 때 함께 나오는 것으로, 이 수건이 몸에서 분리되어 나타남으로써 새로운 탄생이 이루어졌음을 의미합니다.

요한은 하늘나라의 왕국에 들어가기 위해서는 새로운 태어남이 필요하다고 하였는데, 바로 이 탄생이 일어난 것을 말해줍니다. 마태복음과 누가복음은 마리아라 불리는 한 여인의, 우리와 비슷하면서도 조금 남달랐던 출산 이야기를 전합니다. 그러나 신약성경 작가 중 가장 심오했던 요한의 기록을 읽어보면, 그 탄생이 어디서 일어났는지, 그리고 마리아가 누구인지 진정으로 알게 됩니다.

마리아는 두개골이며, 하느님이 들어가신 자궁입니다. 블레이크는 이렇게 말했습니다. "하느님은 직접 죽음의 문으로 들어가 죽은 자들과 함께 무덤에 누우셨다. 그리고 그들이 깨어나 예수와 여성이 그들을 위해 짠 세마포 옷을 볼 때까지 영원의 비전 속에서 함께 계셨다." 내 어머니는 내가 지금 입고 있는 이 육신의 옷을 지어줬습니다. 내가 그녀의 자궁에서 태어날 때, 태반도 함께 배출되었습니다. 태반은 이 세상에 속한 것이 아니었기에 배출될 수밖에 없었습니다.

이와 같이 수건은 두개골에서 일어난 비범한 탄생을 상징합니다. 이야기가 시작되고 끝나는 바로 그 두개골에서 새로운 생명이 태어났음을 의미합니다.

지난 일요일, 많은 사람들이 예배에 참석해 예수의 부활 소식을 들었을 것입니다. 그렇습니다. 그분은 부활하셨고, 당신 역시 그렇게 될 것입니다. 왜냐하면 당신 자신이 예수 그리스도임을 알게 하기 위해 하느님은 실제로 당신이란 존재가 되었기 때문입니다. 하느님은 당신의 두개골에 들어가서, 영원의 비전을 품고 있습니다.

전쟁, 기근, 혼란조차도 먼저 상상되었기 때문에 현실로 나타난 것입니다. 만일 그렇지 않았다면 어떤 일도 일어날 수 없습니다. 당신이 어떤 상태를 상상하고 그것이 외부 세계에서 실현되는 것을 경험한다면, 그 순간 당신은 하느님이 누구인지를 발견한 것입니다. 모든 것은 그분에 의해 창조되었기 때문입니다.

그분이 뜻하신 대로 세상이 이루어지지만, 그분의 의지 모두를 행할 존재가 있어야만 합니다. 당신의 상상에 응답하기 위해 오백 명의 남녀가 필요하다면 그들은 당신에게 와서 당신의 소망을 현실로 만들어내기 위한 일을 하게 될 것입니다. 인류 전체는 다윗이며, 언제나 당신의 뜻을 행하고 있습니다.

당신의 시간이 무르익을 때, 인류 전체는 하나의 젊은이로 모아져, 다윗이라는 모습으로 나타나게 됩니다. 신비롭게도 다윗은 당신 안에서 태어나 당신을 자신의 아버지로 밝힙니다. 경험을 통해 볼 때 당신은 그 순간 이렇게 말할 것입니다.

"나는 다윗을 찾았다. 그가 나를 향해 '당신은 나의 아버지이나이다'라고 외쳤다."

이제 당신의 여정이 끝났음을 직감하게 될 것입니다. 모든 세대의 사람들과 그들의 경험이 하나로 융합되어 다윗이라 불리는 한 젊은이로 나타나는 그 아름다운 광경을 당신은 마침내 마주하게 될 것입니다. 여성에게서 태어난 모든 아이는 결국 우주와 만물을 창조해낸 하느님이 자신임을 알게 될 것입니다.

이것을 깨달은 이는 모든 것을 용서할 것입니다. 왜냐하면 모든 이들이 단지 자신의 뜻을 수행하고 있었음을 깨닫게 될 것이기 때문입니다. 그리하여 모든 존재는 하나로 모여 다윗으로 나타날 것이고, 그는 말할 것입니다.

"나는 나의 아들 다윗을 찾았다. 그는 내 마음에 합당한 자로, 내 모든 뜻을 이룰 것이다."

이제 우리는 이 말에 이르렀습니다. "나 예수는 다윗의 뿌리이자 후손이다." 그렇습니다. 당신이 인류를 창조하고 그 안에 들어가 생명을 불어넣었음을 깨닫는 날이 올 것입니다. 그것이 바로 세상이 당신의 상상에 반응하는 이유입니다. 모든 세대를 거쳐 그들의 모든 경험을 해낸 뒤, 당신은 인류의 자손이자 뿌리, 즉 아버지임을 알게 될 것입니다. 그리고 당신은 <u>스스로</u> 약속했던 것처럼 아버지로부터 나올 것입니다.

당신의 날들이 무르익어 아버지와 함께 당신이 눕게 될 때 나는 당신의 몸으로부터 나오게 될 당신의 아들을 일으킬 것입니다. 나는 그의 아버지가 될 것이고, 그는 나의 아들이 될 것입니다.

의식은 인류를 창조한 후, 인류 안에 자신을 묻었습니다. 씨앗이 땅에 떨어져 죽어야 생명이 깃들 수 있는 것처럼 말입니다. 죽지 않으면 씨앗으로 남게 되지만, 죽으면 풍성한 열매를 맺게 됩니다.

하느님은 땅의 먼지로 빚어진 인류가 되기 위해 스스로 죽음을 택했습니다. 그분의 이름은 I AM입니다. 이것이 바로 씨앗입니다. 인간(Man)이라 불리는 땅에 떨어진 씨앗입니다. 인간은 모두, 남자든 여자든 관계없이 "나는(I AM)"이라고 말합니다.

만일 I AM이 일정한 상태를 상상하고 세상이 그 상상에 반응한다면, 그 세상은 나의 의지를 행하는 것이 아닌가요? 그 반응이 한 사람에게서 오든 수많은 사람에게서 오든 그들은 모두 다윗입니다. "I AM"의 뜻을 늘 행하는 자들이기 때문입니다. 당신이 상상한 것을 현실로 드러내는 순간, 현재 당신의 이름, 피부색, 인종과는 무관하게 당신은 다윗입니다.

그리고 그 반응의 원인을 찾고자 한다면, 그 답은 결국 당신 안에서 발견하게 될 것입니다. 자신을 시험해 보세요. 그러면 상상이 당신과 관련된 세상의 변화를 이끌어내는 원동력임을 깨닫게 될 것입니다. 그러면 당신은 아버지와 아들을 찾게 될 것이고, 여정은 끝자락에 도달하게 될 것입니다. 왜냐하면 당신은 이 죽음의 세상 안에서 이차적 원인의 속박에서 자신을 해방시킬 것이기 때문입니다.

그러면 당신의 여정은 다윗이라 불리는 한 젊은이 안에서 하나로 융합될 것입니다. 사무엘서에 묘사된 대로, 당신은 다윗을 바로 알아보게 될 것입니다. 당신은 하느님이 당신 마음속에 숨겨 두신 영원을 발견하게 될 것입니다. 그리고 이 몸을 창조하여 무대에 서고, 그 안에서 다양한 역할을 수행한 경험을 통해 더욱 고양된 존재로 성장하게 될 것입니다.

여러분이 이곳에 참석했다는 것은 이 모든 역할을 다 수행했다는 증거입니다. 왜냐하면 아버지가 부르지 않고서는 그 누구도 저에게 오지 않기 때문이며, 저와 저의 아버지는 하나이기 때문입니다. 여러분이 꾸준히 강의에 참석하며 제 말을 관심있게 듣는다는 것은 이 연극의 끝자락에 도달했다는 뜻입니다.

유명한 삶, 유명하지 않은 삶, 부유한 삶, 가난한 삶, 명예롭지 않은 삶, 자랑스러운 삶, 당신 안에 포함된 이 모든 것을 당신은 다 수행했습니다. 당신이 상상할 수 있는 모든 역할은 이미 당신 안에 현실로 존재하지만, 그 모든 것을 깨우고 살아가야 할 필요는 없습니다.

어쨌든 당신은 하나의 상태에 들어가서 단순히 그것을 사실로 받아들이는 것을 통해 그 상태에 생명을 불어넣을 수 있습니다. 그러면 세상 어떤 힘도 그것이 일어나는 것을 막을 수 없습니다. 당신의 상상이 현실이 되기 위해 수십 명 또는 수천 명이 필요하다 해도, 그들은 반드시 응답할 것입니다.

인류는 당신의 뜻을 이루고자 하는, 당신의 마음에 맞는 다윗이기 때문입니다. 당신이 내면에서 받아들인 것을 현실로 이루기 위해 필요한 사람들은 반드시 당신의 상상을 증거하기 위해 나타날 것입니다.

산헤드린의 일원으로 히브리 역사 사상을 잘 알았던 니코데모조차도 두 번째 탄생이라는 개념은 이해하지 못했습니다. 그래서 그는 이렇게 물었습니다. "어떻게 나이든 사람이 어머니의 뱃속에 들어가서 다시 태어날 수 있나이까?"

이렇게 답했습니다. "그대는 이스라엘의 선생이면서도 알지 못하더라. 그대가 위에서 태어나지 않으면 새 시대라 불리는 하늘나라의 왕국에 들어갈 수 없다."

이것은 한 존재가 먼저 인류를 창조하고, 그 후 스스로를 자신의 창조물 안에 제한한 후, 다시 자신을 확장하는 드라마입니다. 인류는 우주의 한 부분임에도 불구하고 죽은 상태입니다. 하느님은 그 안에 숨을 불어넣어 몸과 영혼을 자신의 것으로 삼고, 그것에 생명을 불어넣습니다.

이제 죽은 몸 안에서 하느님은 당신이란 꿈을 꾸고, 당신의 경험을 통해 여정의 고난들을 경험하게 될 것입니다. 그 여정은 그분이 꿈을 시작했던 곳인 당신의 두개골, 즉 그분의 무덤인 골고다에서 깨어날 때까지 진행됩니다.

하느님이 깨어나실 때, 당신도 함께 깨어나게 됩니다. 그 육신에서 빠져나올 때, 당신은 6천 년 동안 머물렀던 모습을 돌아보게 될 것입니다. 당신은 어머니가 자궁 안에서 짜주었던 세마포 옷을 보게 될 것이며, 몸에서 배출된 수건을 남겨둔 채 떠날 것입니다. 당신의 탄생을 증언하러 온 사람들은 버려진 몸과 당신이 위에서 태어난 것을 상징하는 표식만을 보게 될 것입니다.

저의 경험에 따르면, 당신의 드라마는 두개골에서 시작되어 두개골에서 마무리될 것입니다. 이 드라마는 모두 하느님에 관한 것입니다. 그분이 모든 것을 창조했기 때문입니다. 그 드라마의 모든 배역을 연기하는 것은 하느님이며, 마지막에 죽은 상태로부터 자신을 꺼내서 부활하는 것도 하느님입니다. 바로 이것이 부활입니다.

예수 그리스도를 하나의 작은 존재로만 본다면, 진리를 놓치게 됩니다. 예수 그리스도는 당신의 놀라운 상상력이며, 상상력은 곧 하느님, 그 자체이기 때문입니다. 당신이 하나의 상태를 상상한다면 하느님이 그것을 상상한 것입니다. 소리가 반응을 불러일으키듯이, 당신의 세상도 상상을 실현시키기 위해 반드시 해야 할 역할을 수행하며 응답할 것입니다. 당신이 해야 할 일은 오직 자신이 들어간 상태에 충실히 머무는 것입니다.

바울은 이렇게 말합니다. "내 복음에 따르면 예수 그리스도께서는 다윗의 후손임을 기억하라." 성서를 경험했던 바울은 그것을 "내 복음"이라고 부릅니다. 바울은 그리스도의 혈통을 부정하지 않으면서도, 다윗이 그리스도에 의해 창조되었음을 압니다. 하느님은 다윗 안에 자신을 묻고 자신을 잊음으로써 죽음을 맞이하셨습니다.

기억이 돌아오면서 다윗이 나타나고, 하느님은 그 몸에서 나와 자신이 이전보다 훨씬 더 빛나고 투명해졌음을, 그리고 능력과 지혜가 더욱 커졌음을 깨닫습니다. 왜냐하면 하느님은 진리이고, 진리는 끊임없이 확장되는 빛이기 때문입니다. 그 확장과 밝음에는 제한이 없습니다. 오직 수축과 불투명함에만 한계가 있을 뿐입니다.

부활은 단지 지금 당신이 갇혀 있는 죽음의 몸에서 일어서는 것입니다. 당신이 죽음의 세계에 들어가 그것을 극복하려는 의지로 인해 확장이 이루어집니다. 외부 세상에서 작은 수건을 찾으려 하지 마십시오. 그것은 단지 당신의 영적 탄생을 상징하는 표식일 뿐입니다. 그 비전이 당신에게 임하면, 당신은 무슨 일이 있었는지 깨닫게 되고, 왜 요한이 수건을 그토록 중요하게 여겼는지도 알게 될 것입니다.

위에서의 태어남을 강조한 이는 요한이었습니다. 오직 그런 탄생이 일어난 후에만 아버지와 자녀의 관계가 드러날 수 있기 때문입니다. 태반은 육체의 일부이지만, 자손이 태어난 후에는 배출됩니다. 그것은 눈으로 볼 수 있는 탄생의 표식입니다. 그러나 당신의 탄생은 영적인 것이기에, 누구도 그것을 육안으로 볼 수 없습니다. 그들은 와서 당신이 입고 남겨둔 흔적을 보게 되겠지만, 당신을 직접 보지는 못할 것입니다.

 성경의 상징을 직접 경험하게 될 날이 올 것입니다. 그때 당신과 나는 이 죽음의 육체로 내려오기 전 우리가 함께 가졌던 하나의 몸으로 다시 돌아가게 될 것입니다. 부활한 그리스도의 몸은 완성되어 끝마쳐진 것이 아니라 계속해서 만들어가고 있는 과정에 있습니다. 그렇게 함으로써 그 몸은 우리가 죽음의 창조물 속으로 내려오기 전보다 더 영광스럽고, 빛나고, 경이로운 존재로 거듭납니다.

 당신이 어떤 잘못을 저질러 인간이라 불리는 죽음의 몸에 들어오게 된 것이 아닙니다. 당신은 태초부터 하느님과 함께 있었으며, 곧 하느님 그 자체였습니다. 당신은 진흙에서 나온 작은 벌레가 새가 되고, 또 다른 존재로 진화하다가 인간이 된 존재가 아닙니다. 이 모든 것은 우주의 일부입니다. 당신은 인간으로 내려와 생명을 불어넣었을 때도 하느님이었습니다. 정해진 수의 하느님의 아들들만이 인간으로 내려올 수 있으며, 이 모든 아들들이 모여 하나의 하느님을 형성합니다.

"하느님"이라는 단어는 복수형입니다. "엘로힘"은 다른 존재들로 구성된 하나의 복합적 통일체를 의미합니다. 하느님의 아들 모두가 모여 "I AM"을 이룹니다. 따라서 이 세상에 하느님의 아들들의 수를 넘어서는 존재는 있을 수 없습니다. 여인에게서 태어난 모든 아이는 하느님의 아들(그 근원적인 존재)이 그 안에 있기에 살아 있는 것입니다. 그 존재는 그가 다윗이라는 몸, 즉 세상으로부터 분리될 때까지 그에게 생명을 주고 다양한 삶의 경험을 겪게 합니다.

감옥에 갇혀 학대받는다고 느끼는 사람은 증오의 이미지를 상상하며 세상에 혼란을 일으킬 수 있습니다. 세상에 이름조차 알려지지 않고 감옥에 갇혀 있어도, 그의 강렬한 상상은 세상의 많은 이들을 그 영향력 안으로 끌어들일 수 있습니다. 우리는 끊임없이 조언을 하지만, 성경은 그 조언이 좋든 나쁘든, 이에 대해 아무런 언급도 하지 않습니다. 성경은 그저 우리에게 가서 자신과 당신들 모두가 불멸임을 알리는 좋은 소식(복음)을 전하라고만 합니다.

당신이 창조한 세상에서 스스로를 분리했듯이, 그들도 할 수 있습니다. 그들에게 무엇을 해야 한다, 하지 말아야 한다고 조언하지 마십시오. 당신의 아들이 수염을 기르고 싶어 한다면 그대로 내버려 두세요. 아들이 기르길 원하지 않는다면 어떤 조언도 하려고 하지 마세요. 아들은 그냥 그대로 두고, 당신의 경이로운 방식으로 당신이 그 상황에서 벗어났다고 상상하세요. 왜냐하면 세상은 당신에게 속해 있고, 항상 당신 내면의 생각을 표현하고 있기 때문입니다.

어떤 상황을 외부적인 것으로 인식하면, 그 그림자에 사로잡히게 됩니다. 당신의 상상력에 반응하는 모든 이는 그림자에 불과할 뿐입니다. 그림자가 어떻게 당신의 세상에서 원인이 될 수 있겠습니까? 당신이 다른 사람에게 원인의 권위를 주는 순간, 본래 당신에게 속한 힘을 그에게 넘겨주는 것입니다. 다른 사람들은 단지 당신 안에서 일어나는 활동을 나타내는 그림자일 뿐입니다. 세상은 당신이 내면에서 하고 있는 것을 언제나 비추는 거울입니다.

이 진리를 깨닫는다면 당신은 자유를 얻게 됩니다. 그리고 당신 안에서 구원의 이야기를 드러내는 일련의 사건들이 펼쳐질 것입니다. 그때 당신은 형제들에게 이 진리를 전하며, 그들을 격려하라는 내적 충동을 느낄 것입니다. 왜냐하면 세상 모든 이가 당신의 형제이기 때문입니다. 가서 형제들에게 이렇게 말하십시오. "나는 나의 아버지이자 그대들의 아버지에게, 즉 나의 하느님이자 그대들의 하느님에게 올라가고 있다."

결국 우리는 하나의 경이로운 존재가 됩니다. 그 경이로운 존재의 몸은 구원받은 이들로부터 천천히 형성되고 있으며, 마침내 모든 이가 구원받게 될 것입니다. 만약 한 형제가 죽음의 세상에서 길을 잃었다면, 나는 아흔아홉을 뒤에 두고 그를 찾으러 갈 것입니다. 모두가 구원받아야 합니다. 그렇지 않으면 신전에 돌 하나가 부족하게 될 것입니다. 따라서 히틀러, 스탈린과 같은 세상의 괴물이라 불리는 자들마저도 구원받을 것입니다. 그들은 단지 사람들이 만들어낸 두려움과 끔찍한 생각에 반응한 존재일 뿐이기 때문입니다.

한 친구가 편지를 보내왔습니다. 평소 신문을 잘 사지 않는 그녀는 몇 주 전 일요일 신문을 구입했다고 합니다. 그 신문에는 자신을 위대한 영매라 주장하는 여성의 이야기가 실려 있었습니다. 친구는 캘리포니아가 태평양에 가라앉을 것이라고 믿고, 가족과 함께 스포캔으로 이사하기로 했습니다.

몇 주 후, 한 친구가 최근 신문 한 부를 가지고 왔습니다. 친구는 신문을 훑어보던 중, 스포캔에 도착한 뒤 심장마비로 사망한 29세의 영매에 대한 기사를 발견했습니다. 어쨌든, 그 영매에게는 캘리포니아가 실제로 사라진 셈이었습니다. 그녀는 지금 이곳과 유사한 세상에 있으며, 자신이 진정 누구인지를 깨닫게 하는 데에 가장 적합한 시간 속에 있습니다.

이렇게 어린 나이에 세상을 떠난 이 겁에 질린 작은 존재는, 살아있는 동안 많은 사람들을 두려움 속에 몰아넣었습니다. 제 조카의 친구들은 자신들의 신념과 두려움을 함께 가져간다는 사실을 깨닫지 못한 채 애리조나로 이사를 갔습니다. 여러분은 이곳에서 지구의 끝까지도 갈 수 있습니다.

당신은 하늘나라에서 혹은 지옥에서 잠자리를 마련할 수 있습니다. 하지만 그곳이 어디든 하느님이 있기 때문에 당신은 여전히 인식을 지니고 있습니다. 왜냐하면 하느님은 언제나 그곳에 계시며, 당신은 하느님으로부터 벗어날 수 없기 때문입니다. 당신은 자신이 누구인지 잊었을 수도 있지만, 이곳에서 두려움을 느낀다면 어디를 가더라도 그 두려움은 계속될 것입니다. 욥의 이야기처럼, 이 여성 역시 그녀가 품었던 두려움이 현실로 나타났습니다. 두려움에 사로잡힌 그녀는 스스로 재앙을 만들어냈습니다. 하지만 욥의 이야기의 마지막 부분에서 그 일을 초래한 것이 하느님이었다는 것을 알게 됩니다. 왜냐하면 여정의 끝에서만 우리는 하느님이 실제로 누구인지 깨닫게 되기 때문입니다.

귀를 통해 그분에 대해 듣고 나서 경험을 통해 진실을 우리 눈으로 확인하게 되면 우리는 비로소 이해하게 됩니다. 내가 두려움 속에서 바깥세상에 있는 하느님에게 기도했을 때 나의 모든 두려움이 나를 덮쳤습니다. 그런 후, 제가 아버지임을 나타내는 상징을 봤을 때 저는 말했습니다. "귀로만 당신에 대해 들었지만, 이제 제 눈으로 당신을 직접 봅니다."

하느님이 이 경이로운 경험에서 자신을 드러내실 때, 그분의 모든 것은 두 배가 됩니다. 그것이 욥의 이야기입니다. 욥은 아무런 잘못도 하지 않았습니다. 그는 단지 부정적인 상상을 했을 뿐입니다. 욥은 악마를 탓했지만, 악마는 인간 바깥에 존재하지 않습니다.

사탄은 의심하는 자입니다. 당신의 상상이 현실임을 의심하는 자, 바로 그가 사탄입니다. 보이지 않는 상상이 현실임을 믿지 못한다면, 외부의 누군가에게 의지하게 될지도 모릅니다. 그러나 기억하십시오. 당신은 언제나 상상하고 있습니다. 상상력은 곧 하느님이며, 상상하는 행위야말로 세상의 근원이자 힘입니다.

처음에는 귀로 듣기만 했던 것을, 내면에서 들은 결과가 눈앞에 나타나면 믿음이 생깁니다. 그리고 결국, 잃었던 모든 것은 백 배로 되돌아옵니다. 어제 전 세계가 부활절을 축하했지만 부활과 위로부터의 탄생은 동전의 양면이며 같은 날 밤에 일어납니다.

세상의 사제들은 그날을 양자리 보름달 이후의 첫 일요일로 정했지만, 부활은 반드시 그날에만 일어나야 하는 것은 아닙니다. 부활은 언제든 일어날 수 있습니다. 부활은 일어났었고 여전히 지금도 일어나고 있습니다. 사원은 계속해서 더 영광스러운 모습으로 재건되고 있습니다. 우리는 새 예루살렘을 만들고 있는 살아 있는 돌이기 때문입니다.

제가 여러분의 경이로운 상상력이 예수 그리스도라고 말할 때, 저를 믿으십시오. 상상력은 죽음의 문인 당신의 두개골로 들어가, 당신이 살고 있는 세상을 꿈꾸고 있습니다. 상상력이 깨어날 것이며, 그 순간 당신이 예수 그리스도가 됩니다. 그 외의 다른 그리스도는 없습니다.

내가 깨어날 때, 나는 곧 그리스도가 됩니다. 당신이 깨어날 때, 당신 역시 그리스도가 됩니다. 모든 이가 깨어날 때, 우리는 모두 그리스도가 되어, 함께 만물을 창조한 하나의 주 하느님을 이루게 됩니다. 누군가를 부러워하거나 비난하지 마십시오. 비난은 곧 판단이며, 판단은 당신의 상상력이 만든 반응일 뿐이기 때문입니다.

당신이 내리는 판단으로 인해, 당신 역시 판단 받고 그 결과를 맞이하게 될 것입니다. 사람들은 늘 당신이 누구를 어떻게 생각하는지에 대해 묻기를 좋아합니다. 우리 모두의 조상을 충분히 거슬러 올라간다면, 그곳엔 히피, 살인자, 도둑이 있었음을 발견하게 될 것입니다. 처음부터 왕으로 태어난 사람은 없습니다. 누군가는 왕이라는 자리를 꿈꾸고, 그것을 힘으로 얻어야 했습니다.

과거로 돌아가 누구도, 무엇도 바꿀 필요는 없습니다. 부러워할 필요도 없습니다. 누군가가 천 에이커 또는 십만 에이커의 땅을 원한다면, 그것을 가지게 하십시오. 당신이 멋진 아파트에서 살고 싶다면, 이미 그런 곳에 살고 있다고 주장하십시오. 당신은 원하는 것을 살 형편이 안 된다고 생각할 수 있지만, 그 생각도 그저 상상의 활동일 뿐입니다.

형편이 안 된다고 생각하는 대신, 오늘 밤 마음속으로 그 아파트에서 잠을 자며, 그것을 구매할 수 있는 충분한 자금을 가지고 있다는 것을 사실로 받아들여 보시기를 바랍니다. 계속 지속한다면 세상은 반드시 응답할 것입니다. 그곳에 살기 위해 필요한 돈이 자연스럽게 생길 것입니다.

세상은 원인이 되지 않으며, 당신의 상상에 반응할 뿐입니다. 왜냐하면 오직 하느님만이 활동하고 하느님은 당신 안에서 당신의 경이로운 상상력으로 존재하기 때문입니다. 자, 판단하지 말고, 그냥 시도해보십시오. 시도하면 실패는 없을 것입니다. 그리고 상상력을 시험하여 그 진실을 증명했다면, 그 기쁜 소식을 당신의 형제들과 나누십시오.

만나는 사람들에게 이 세상이 어떻게 작동하는지 알려주세요. 이 원리를 적용하기 위해 어떤 교육적, 사회적 배경이 필요하지 않습니다. 거짓이라 할지라도 계속 지속한다면 현실로 굳어질 것이기 때문입니다. 원하는 것이 무엇인지 안다면, 이미 그것을 소유하고 있다는 것을 사실로 받아들이십시오.

당신의 전제가 진실임을 믿으십시오. 내면의 눈으로 세상을 바라보며, 당신의 욕망이 이미 성취된 모습을 떠올리십시오. 이렇게 하면 당신의 생각에 반응이 시작되고, 머지않아 상상 속 상태를 현실로 경험하게 될 것입니다. 그런데 이렇게 상상으로 소망을 실현한 후에도, 다시 세속적인 방법으로 소망을 이루려고 계획하면서 이 현실이란 꿈에 사로잡혀 꿈의 세상에 도로 빠지지 마십시오.

이 점을 경고하는 비유가 바로 어리석은 부자의 이야기입니다. 부자는 "나는 필요한 모든 것을 갖추었고, 넘치게 가졌다. 내 헛간을 허물고 더 큰 곳을 지어 곡식과 재물을 쌓아두어야지. 그러고 나서 쉬며, 먹고 마시며 즐겁게 지낼 것이다"라고 말합니다. 그러자 주는 그에게 말했습니다. "어리석은 자여! 오늘 밤 네 영혼을 네게서 돌려받으리라."

외부의 그 무엇도 붙잡지 마십시오. 오직 상상력 속에서만 붙잡으십시오. 만약 당신이 무언가를 잃었다면, 그것은 당신이 이미 그것을 잃을 것이라고 생각했던 순간이 있었기 때문입니다. 그리고 잠시 동안 그 일이 일어난다면 어떻게 될지 생각했던 것입니다. 당신은 그 생각을 잊었을지 모르지만, 그 메시지는 이미 현실이 되기 위해 작용하고 있었습니다.

당신이 소유물을 지키고 싶다면, 그것들을 저장할 헛간을 짓지 말고 당신의 상상력 속에서 그것들을 지니고 있어야 합니다. 요한복음에 기록된 탄생의 이야기를 반드시 기억하십시오. 요한은 마태나 누가처럼 서술하지는 않았지만, 이 탄생이 새 시대에 들어서기 위해 필수적이라고 말했습니다.

요한복음의 마지막 부분에서 그는 죽음을 통해 이루어지는 탄생이라는 상징을 제시합니다. 진정한 삶은 죽음을 통해서만 가능하기 때문입니다. 씨앗은 새 생명을 얻기 위해 땅에 떨어져 죽어야 합니다. 그래서 하느님은 이렇게 말씀하시며 죽음을 맞이합니다. "내가 죽지 않으면 너는 살 수 없으나, 내가 죽으면 다시 일어나고 너도 나와 함께 일어날 것이다." 그리고 하느님은 일어났습니다!

침묵 속으로 들어가겠습니다.

Chapter 9

LIVE IN THE END
결과에서 살기

우리 중 많은 사람들은 분별력이 부족하여,
자신이 뿌린 씨앗에서 나온 결과물을 보고도
자신이 만든 것임을 깨닫지 못합니다.

우리는 우리가 어떤 이상한 방식으로 이러한 것들을 우리
안에 허용했다는 것을 이해하지 못합니다.
하지만 우리는 그렇게 했습니다!

**우리 안에 일어나는 어떤 일도
이것 외의 방식으로 일어날 수는 없습니다.**

CHAPTER 9 Live in the End
결과에서 살기

오늘 밤의 주제는 "결말에서 살기"입니다. 이 자리에 계신 모든 분들이 성경의 말씀인 "하느님과 함께라면 모든 것이 가능하다"[마가복음 10:27]라는 말에 "그렇다"고 자신 있게 답하리라 봅니다. 여러분이 하느님을 믿지 않고, 하느님께 모든 것이 가능하다고 믿지 않았다면 이 자리에 계시지도 않았을 것이라고 생각합니다.

하지만 우리는 여기서 더 나아가지 않고, 하느님과 인간을 분리하는 경향이 있습니다. 저의 목적은 우리가 둘이 아니라 하나임을, 그리고 인간이 하느님이 되게 하기 위해 하느님이 인간이 되셨음을 보여주는 것입니다. 그럼 이제 오늘 밤, 제 주장을 뒷받침하는 이유를 말씀드리겠습니다.

요한복음을 보겠습니다. 여기서 "말씀이 육신이 되어 우리 가운데 거하셨다"[요한복음 1:14]라고 말합니다. 그런데 이것은 오역입니다. "가운데(among)"로 번역된 단어는 사실 "안(in)", "내부(within)"라는 뜻의 그리스어 전치사입니다. "말씀이 육신이 되어 우리 안에 거하셨다." 또는 "우리 내부에 머무셨다"로 번역해야 합니다.

요한은 우리의 본성을 나타내기 위해 복수형 "우리(us)"를 사용했습니다. 성경에서 하느님의 창조의 권능과 지혜로 정의된 하느님의 말씀은 특정한 사람에게만 내재된 것이 아닙니다. 만일 그랬다면 그 한 사람만이 발전했을 것이고, 다른 이에게는 어떤 발전도 없었을 것입니다. 그러나 우리 모두를 구원하기 위해, 그리스도는 특정한 사람이 아닌, 우리 모두 안에 거하였습니다. 우주를 창조하고 유지하는 그 창조의 말씀이 바로 우리 안에 거하고 있습니다.

그러므로, "하느님과 함께라면 모든 것이 가능하다"[마가복음 10:27]는 말처럼, 인간에게도 모든 것이 가능합니다. 그래서 마태복음에서는 "하느님과 함께라면 모든 것이 가능하다"라고 명시되어 있지만, 마가복음에서는 "믿는 자에게는 모든 것이 가능하다"고 말합니다. 우리는 믿을 수 있나요?

이 창조의 말씀이 우리 안에 있습니다. 이 창조의 말씀은 무엇인가요? 그것은 바로 여러분의 경이로운 상상력입니다! 그것은 또한 인간 안에 있는 그리스도입니다. 인간은 상상력 그 자체이며, 하느님은 인간이며 우리 안에 있으며, 우리는 그분 안에 있습니다. 인간의 불멸의 몸은 상상력이며, 그것은 곧 그리스도이며 예수 그리스도의 신성한 몸입니다. 우리가 그분의 한 부분입니다.

그래서 여러분이 "나는(I am)"이라고 말할 때 그것이 바로 그분입니다. 지금, 당신이 되고자 하는 바로 그 사람이 되었다고 믿을 수 있습니까? 이성과 감각이 그것을 부정하더라도 말입니다. 여러분은 여러분의 꿈이 이루어졌다는 것을 나타내는 장면을 상상할 수 있습니까? 그것을 상상해 보십시오.

당연히 상상할 수는 있습니다. 하지만 문제는, 그것을 당신이 진정으로 믿을 수 있느냐는 것입니다. 상상한 것이 현실이라 믿을 수 있습니까? 이 순간에도 저는 제가 특정 상태에 있다고 상상하고 그 안에 머물 수 있습니다. 그런데 "그 안에 머문다"는 것은 정확히 무엇을 의미할까요? 바로 그 상상 속에 제가 머물고 있는 것입니다.

그것이 바로 그리스도입니다. 그것은 부활시키는 힘을 가진 우주의 권능입니다. 그러므로 내가 특정한 상태에 계속 머문다면, 그 상태를 부활시키고 나의 세상 속에서 그것을 현실로 만듭니다. 그러나 먼저, 어떤 상태를 고를지 선택하고 그 상태에 들어가야만 합니다.

상상력을 통해 이러한 상태들 중 하나에 들어갈 수 있다면, 깊은 사색의 불타는 전차를 타고 그 상태에 들어가는 것입니다. 만일 그것이 실제로 일어난다면, 어떤 모습일까요? 제가 원하는 사람이 되었다면, 저는 어떤 느낌을 받을까요? 제가 그런 사람이 되었다는 것을 어떻게 알 수 있을까요?

우선 그 일이 일어났을 때 저와 함께 진심으로 기뻐해줄 친구들을 생각해봅니다. 마음속으로 그들을 보고 있다고 상상해봅니다. 그들이 저를 어떻게 보고 있습니까? 제가 상상한 것이 현실이라면, 친구들은 제가 저 자신을 보는 것처럼 저를 보게 될 것이며, 저와 함께 기뻐할 것입니다. 이제 제가 상상했던 그 모습이 되었다면 친구가 저를 보고 짓게 될 얼굴 표정을 상상해 보세요. 만약 그 모습을 본다면, 그것은 친구가 제가 상상한 그대로 저를 보고 있다는 의미입니다. 이런 상상이 효과가 있을까요? 직접 해보세요. 제 개인적인 경험에 따르면, 실제 효과가 있습니다.

고린도전서에서는 이렇게 말합니다. "예수 그리스도께서 너희 안에 계신 줄을 너희가 알지 못하는가?" 모른다면 당신은 시험을 통과하지 못한 것입니다.

이제 우리 앞에 과제가 주어졌습니다. 예수 그리스도는 말합니다. "와서 너 자신을 시험해 보고 직접 확인하라." [고린도후서 13:5]

제가 스스로를 시험하는 방법은 이렇습니다. 그리스도가 내 안에 있고, 그에게 모든 것이 가능하다면, 나는 그리스도가 누구인지 반드시 알아야 합니다. 저는 그리스도가 저의 경이로운 인간의 상상력이란 것을 발견했으며, 저뿐만 아니라 우리 모두 안에 있으므로, 세상 모든 사람들에게 모든 일이 가능하다는 것을 압니다.

그래서 사람들에게 그리스도가 누구인지 알려주는 것이 그들을 돕는 최상의 방법입니다. 당신은 도움을 필요로 하는 사람에게 모든 것들을 줄 수는 있지만 그가 자신이 그리스도인지 모른다면, 그는 내일도 더 많은 것을 요구하러 돌아올 것입니다. 세상 모든 것을 그들에게 준다 해도 그들이 자신이 누구인지 모른다면 주어진 것들을 소비하고 낭비하게 될 뿐입니다.

이제, 그들에게 자신이 누구인지 알려주세요. 그 사람에게 필요한 것은 자신이 누구인지를 아는 것, 그리고 그 앎을 적용하는 것뿐입니다. 그 이상은 필요치 않습니다. 왜냐하면 우리가 그 앎을 작동시키는 주체이기 때문입니다. 그것은 저절로 작동하지 않습니다!

저는 당신의 상상력이 그리스도라고 말합니다. 아마 당신은 저를 믿을 것입니다. 하지만 당신이 실제로 그것을 적용하고 활용하지 않는다면, 아무 의미가 없습니다. 만약 오늘 밤 제가 그것을 진심으로 믿는다면, 소망이 이루어진 상태를 느끼기 전까지는 잠들지 않을 것입니다.

그 소망이 꼭 나 자신을 위한 것일 필요는 없습니다. 그것은 친구를 위한 것이거나, 세상 사람들 모두를 위한 것일 수도 있습니다. 왜냐하면 그리스도는 모든 사람 안에 거하고 있기 때문입니다. 그리스도는 모든 인간의 참된 모습입니다. 따라서 모든 사람은 나의 자아가 확장된 모습이라 할 수 있습니다.

하느님이 한 분이라면, 다른 존재는 있을 수 없습니다. 따라서 겉으로는 다른 사람처럼 보이는 나 자신에게 이렇게 말합니다.

"만일 내가 당신의 입장이었다면, 나는 무엇을 원할까?" 그가 필요로 하는 것을 직접 주는 것보다는, 그것을 스스로 얻는 방법을 가르쳐주는 것이 가장 좋습니다. 만일 당신이 되고 싶은 사람이 되었다면 어떤 느낌일까요? 당신이 원하는 대로 모든 것이 이루어진다면, 세상이 어떻게 보일까요? 이것이 제가 말하는 "결과에서 살기"입니다.

로버트 프로스트는 세상을 떠나기 1년 전, 라이프 매거진에 "미국 건국의 아버지들은 미래를 믿지 않았다"고 적었습니다. 얼마나 충격적인 말입니까? 미래를 믿지 않았다니! "그들은 그것이 존재한다고 믿었다." 그는 이렇게 말했습니다. "우리는 항상 증거가 나타나기 전에 상상을 한다."

그렇습니다. 인간에게 가장 창조적인 능력은 어떤 것이 실재한다고 믿는 것입니다. 건국의 아버지들에게는 그들이 주장하는 민주주의를 뒷받침할 증거가 어디에도 없었습니다. 왕의 지배를 받던 그들은 왕을 내쫓고 미래를 구상하기 시작했습니다. 그들은 단순히 시간이 지나가면 그 꿈이 저절로 실현될 것이라고 여기지 않았습니다. 그들은 하느님의 말씀을 무조건 믿어, 그것이 지금 실재한다고 믿었습니다. 그들은 기도할 때 자신이 원하는 바를 알고, 그것을 이미 받았다고 믿으면 실제로 받을 것이라고 믿었습니다.

그렇다면, 만약 그 원리가 문자 그대로 받아들여지고 실현되는 진리라면, 왜 제가 그것을 믿지 않고 있는 것일까요? 만약 진심으로 믿는다면, 나는 어떤 모습이 되고 싶은지 명확히 알아야만 하며, 그리고 지금 현재 보이는 것과는 다른, 앞으로 되고 싶은 모습이 무엇인지를 알고 나서 담대하게 내가 이미 그것이 되었다는 것을 사실로 받아들여야만 합니다. 그러면 그렇게 받아들인 것은, 비록 거짓일지라도, 끝까지 고집한다면 사실로 굳어질 것입니다.

저의 경험으로 알게 된 것이며, 이것이 법칙입니다. 그러므로 만약 누군가가 자신이 되고자 한 모습이 되지 못했을 때, 그들이 "저도 한때 상상해봤지만 효과가 없었어요"라고 말한다면, 그렇다면 그 말을 하는 그들은 지금 무엇을 하고 있나요? 지금은 그것을 상상하지 않는 것입니다.

상상이 현실을 창조한다면, 지금 당신이 상상하는 것은 무엇입니까? 만약 우주에서 그리스도만이 유일한 창조의 힘이고, 그리스도와 나의 상상력이 같은 것이라면, 나의 상상력이 현실을 창조하고 있는 것입니다. 그런데 나는 지금 무엇을 상상하고 있는 것인가요?

아침에 신문을 펼치면 제가 정말로 맛보고 싶지 않은 것들로 가득 차 있습니다. 세상의 모든 공포들, 세상의 모든 부정적인 상태들로 가득합니다. 한 시간 정도 그것을 읽고 난 후에 저에게는 두 가지 중 하나를 선택할 권리가 있습니다. 그것을 반복해서 되새김질하던가, 아니면 특별한 방법으로 그것을 지우던가 해야 합니다.

저는 그런 터무니없는 세상을 받아들이며 살아갈 수 없습니다. 만약 상상이 현실을 창조한다는 저의 가정이 타당하기만 한다면 제가 정말, 제가 원하는 것, 당신이 원하는 것, 우리가 원하는 것을 알고, 우리가 이미 그것을 가지고 있다고 저 자신을 설득했을 때 머지않아 당신이 저에게 그것이 효과가 있었다고 말하는 것을 저는 듣게 될 것이고, 또 다른 누군가도 저에게 말할 것입니다.

그러면 당신과 저는 이 경이로운 소식을 다른 이들과 나누며 살아가게 될 것입니다. 그러니, 이미 이루어진 것처럼 사십시오. 마치 이미 현실인 것처럼요.

셰익스피어는 이렇게 말했습니다. "그 사람은 옛날부터 꾸준한 바람이 있어서 마침내 그렇게 되었다는 것을, 우리는 알게 되었다." 여기서 우리는 시저의 말을 통해 알 수 있습니다. "현재의 그 사람은 꾸준한 바람이 있어서 그리 된 것이다." 그는 태어날 때부터 시저 왕이 아니었습니다. 하지만 이루고자 하는 야망이 있었습니다.

그것을 향한 간절한 바람이 그를 그 위치에 도달하게 했습니다. 그것을 소망했고, 그 상태 속에서 살았습니다. 그러자 만물은 스스로 재배열되어 그가 확고하게 했던 그 상태에 부합하게 되었습니다.

제 가까운 주변에서, 전혀 두각을 나타낼 것이라고 생각하지 않았던 사람들이 있지만, 그들 역시 두각을 나타내길 원하고 있습니다. 사람들마다 성공에 대한 의미가 다릅니다. 어떤 두 사람도 성공을 동일한 방식으로 보지 않습니다. 어떤 사람은 부를 통해 성공을 바라보고, 어떤 사람은 직업에서의 성공을 추구하며, 또 다른 사람은 자신만의 방식으로 성공을 정의합니다. 그들이 성공을 어떻게 생각하든 간에, 밤마다 자신이 되고자 하는 사람임을 받아들이며 잠든다면, 결국 그 성공을 실현하게 됩니다.

다시 돌아가봅니다. "태초에 말씀이 있었고, 말씀은 하느님과 함께 있었으며, 말씀은 하느님이었다."[요한복음 1:1] 만일 여기서의 말씀이 우리가 살고 있는 이 세상을 창조한 진짜 말씀이라면, 그리고 "그분을 통해 모든 것이 만들어졌고, 그분 없이 만들어진 것은 아무것도 없다"[요한복음 1:3]라고 한다면, 모든 것이 그분에 의해 만들어진 것이기 때문에 소위 사랑스럽지 않은 것들까지도 그분에게 책임이 있어야 합니다.

그래서 성경에서는 이렇게 말합니다. "나는 죽이기도 하고 살리기도 하며, 상처를 내기도 하고 치유하기도 한다."[신명기 32:39] 축복과 저주를 모두 창조하는 것은 나입니다. 이제 나는 생명을 선택해야 할 시기입니다. 사랑스러운 것들을 선택하십시오. 다른 창조주가 있다고 말하지 마십시오. 만약 다른 창조주가 있다면, 우리는 혼돈 상태일 겁니다.

나의 상상력은 내가 집중하는 것에 따라, 사랑스럽지 않은 것들을 불러올 수도 있고, 사랑스러운 것들을 불러올 수도 있습니다. 두 명의 신이 있는 것이 아닙니다. 창조주가 두 명일 수는 없습니다. 만약 제가 창조주를 발견하고 그분을 제 경이로운 인간 상상력과 동일시한다면, 제 세상에서 일어나는 어떤 일도 다른 사람이나 외부에 책임을 떠넘길 수 없습니다. 제 인생에서 일어나는 일들에 대해 그 무엇도 탓할 수 없습니다.

우리 중 많은 사람들은 분별력이 부족하여, 자신이 뿌린 씨앗에서 나온 결과물을 보고도 자신이 만든 것임을 깨닫지 못합니다. 우리는 우리가 어떤 이상한 방식으로 이러한 것들을 우리 안에 허용했다는 것을 이해하지 못합니다. 하지만 우리는 그렇게 했습니다! 우리 안에 일어나는 어떤 일도 이것 외의 방식으로 일어날 수는 없습니다.

만일 제가 이 진리를 믿고 받아들인다면, 저는 그것에 따라 살아야 할 것입니다. 이 진리는 이 세상의 모든 것에 적용되기에, 제가 다른 이들을 위해 원하는 것을 알게 되었을 때도 마찬가지입니다. 예를 들어 당신이 결혼해서 행복한 생활을 원한다고 해보겠습니다. 당신은 "그런데 적당한 사람을 못 찾겠어요"라고 말합니다. 당신은 그 누구도 찾을 필요가 없습니다. 당신이 해야 할 전부는, 무엇을 원하는지를 스스로 결정하는 것뿐입니다. 그 원하던 것이 현실이 되었다면 무엇을 할 것인가요? 사랑하는 사람이 당신의 손가락에 반지를 끼워주지 않을까요? 자, 그것을 끼세요. 물질 세상의 반지는 아닙니다. 그 사람이 손가락에 끼워 놓은 것처럼 그것을 끼고, 그렇게 느끼고 있는 것이 현실이라는 느낌으로 잠드십시오.

"이건 상상일 뿐이야!"라고 말하지 마세요. 모든 상상력은 그리스도이고, 따라서 그것은 현실이기 때문입니다. 그러니까 "그건 단지 내 상상일 뿐이야!"라고 말한다면 "그것은 단지 그리스도라고 불리는 것일 뿐이야!"라고 말하는 것과 같습니다.

이 세상에서 먼저 상상되지 않았는데 생겨난 것이 있을까요? 지금 현실이라 여겨지는 것 중 처음에는 상상이 아니었던 것을 하나라도 꼽아보세요. 지금 나타난 모든 것은 한때 상상에 불과했던 때가 있었습니다. 따라서 다음의 말은 참된 진리입니다. "모든 것은 그분에 의해 만들어졌다." [요한복음 1:3] 그리고 그분은 바로 당신의 경이로운 인간의 상상력입니다.

객관적 세상 모두는 오직 상상을 통해 창조됩니다. 여러분이 입고 있는 옷, 여러분이 앉아 있는 의자, 우리가 지금 있는 이 곳, 모든 것은 한때 상상에 불과했습니다.

자, 오늘 밤 당신이 정확히 무엇을 원하는지를 알아내 보십시오. 다른 사람들이 당신이 원해야 한다고 말하는 것이 아니라, 당신이 스스로 결정한 소망입니다. 누구의 허락도 구하지 마십시오. 누구의 허락도 필요 없습니다. 오직 당신 자신의 결정만 필요할 뿐입니다. "내가 원하는 것은 무엇일까?" 자, 그것이 사실이라면 어떤 모습이겠습니까?

이제 그 기분을 포착해서, 그 기분에 현실의 모든 감각적 생생함과 현실이란 분위기를 부여해주고, 그것이 사실인 것처럼 그 상태에서 잠드세요. 그리고 이제 일어나야만 할 일을 기다리십시오. 그 일어나야만 할 것, 당신은 그것을 부활시켜서 공간의 스크린 위에 모습을 나타나게 할 것입니다. 그때 세상은 그것을 현실이라 부를 것입니다.

하지만 그것을 보고도 사람들은 당신의 말을 믿지 않을지도 모릅니다. 그것은 정말 중요하지 않습니다. 당신은 상상을 통해 그 일들이 일어났다고 말하지만 그들은, "아니에요. 그것들이 일어난 것은 이러이러해서 일어난 것뿐이에요"라고 말하면서 그것에 이르게 된 일련의 사건들만 말할 것입니다. 이런 식으로 그들은 당신이 상상한 상태가 실현되기 위해 건너간 다리만을 보면서 그것을 원인이라 말할 것입니다.

그것은 원인이 아닙니다. 원인은 보이지 않는 곳에 있습니다. 왜냐하면 원인은 하느님이고, 하느님은 세상의 눈에는 보이지 않기 때문입니다. 상상은 그 누구의 눈에도 보이지 않습니다. 하지만 언제든지 원할 때면 상상을 할 수 있고, 그 상상한 상태에 현실이라는 느낌을 줄 수도 있습니다. 이것을 막을 수 있는 사람은 어디에도 없습니다.

만일 그렇게 상상하기만 한다면 당신의 상상이 실현되는 곳까지 연결된 사건들의 다리가 당신의 세계에 나타날 것이며, 그것을 건너 가게 될 것입니다. 하지만 그렇게 내딛은 어떤 물질적 사건의 다리에도 "원인"이라는 이름을 부여하지 마십시오.

멋진 사업체를 운영하고 있다고 상상합니다. 그러던 어느 날 당신이 봐뒀던 건물이 매물로 나오게 되었는데, 그것을 살 재정적 여력이 전혀 없습니다. 그냥 얼굴만 알고 지내던 한 남자가 찾아와 친근한 말투로 당신에게 묻습니다. "그것을 사려고 하나요?" 당신에게는 돈이 없었기에 마치 친구에게 할 법한 말투로 그에게 "제가 무슨 돈으로요?"라고 말합니다.

그러자 그는 "저에게는 돈이 있어요. 그저 은행에 맡겨두고 아무것도 하지 않는 돈이죠"이라고 말합니다. 당신은 자신에게 담보가 없다고 말합니다. 그런데도 그는 "저는 당신을 쭉 지켜봤는데 정직한 사람이었어요. 당신의 가족도 마찬가지고요. 제가 당신을 위해 그 건물에 입찰하도록 제 변호사에게 말해도 되겠습니까?"라고 말합니다.

"만일 그들이 입찰하고 있는 사람이 저인 줄 안다면 더 높은 금액을 받기 위해 가격을 올릴 겁니다. 그래서 여러 명의 클라이언트를 대리하는 변호사를 고용하려고요. 그러면 그가 대리하는 사람이 누구인지 모르기 때문에 가장 낮은 가격에 살 수 있을 겁니다. 가격에 상관없이 제안을 받으시겠습니까?" 그러자 당신은 "네, 하겠습니다. 하지만 담보가 없어요"라고 말합니다.

"제가 요구하는 건, 가격이 얼마든 간에 당신이 6퍼센트만 지불하고, 원금을 10년 동안 갚아나가는 것에 서명하는 것뿐입니다. 동의하시나요?"

"네."

"자, 그럼 이것에 서명하세요. 이제 우리가 그것을 살 수 있는지 봅시다."

그렇게 건물을 소유하게 된 날, 그에게는 동전 한 푼도 없었습니다. 오직 서명한 종이 한 장이 전부였습니다. 10년이 지날 때까지 원금을 갚으면 됩니다. 매년 원금을 갚아나가면서 남은 원금에 대한 6퍼센트 이자만 지불하다가, 10년이 끝날 때 전부 갚는 계약입니다."

그 남자는 20년 후에 사망했을 때 세금이 붙지 않는 현금 150,000달러와 몇 채의 집, 많은 개인적 자산들을 남겼습니다. 그 사이에 당신은 그 사업을 계속하면서 규모는 몇 배로 불어나게 됩니다. 지금은 1968년입니다. 1924년 취득했던 그 건물은 이제 없습니다.

취득했을 때의 가격은 단지 50,000달러였습니다. 그 허름하게 된 건물은 3년 전 은행에 840,000달러에 매각됐습니다. 한편 사업 규모는 점점 확대되어 다른 섬들로 진출했고, 오늘날에는 15,000,000달러의 규모를 넘어서게 됐습니다.

이 일은 모두 상상력의 산물입니다! 이 남자가 건물을 사기 훨씬 전에 상상은 시작됐습니다. 한 젊은 남자는 이 건물을 보면서, 자신의 아버지가 그 건물의 소유자들에게 속아 동업 관계가 파기되었다고 생각했습니다. 그리고 그는 움직였습니다. 복수를 위해서가 아니라, 이런 속임수에도 불구하고 자신 내면에서 무언가를 지닌다면 성공할 수 있다는 것을 증명하기 위해서였습니다.

그래서 그는 매일 그 건물의 간판을 볼 때면 그들의 이름이 아니라 자신의 가족 이름이 있는 것을 마음의 눈으로 보았습니다. 실제로 그 간판을 가져와서 자신들의 이름으로 바꿀 수는 없었지만 상상으로는 할 수 있었습니다. 마음의 눈을 통해 건물의 간판을 바꿔, 자신의 가족이 이 건물을 소유했다는 것을 받아들였습니다.

그는 하루에 두 번, 2년 동안 매일 그렇게 했고, 그러던 중

갑자기 아무것도 없는 상황에서 이 모든 일이 가능해졌습니다. 그 후 그의 사업은 주변 섬들로까지 진출할 정도가 됐습니다. 그들은 가족 외에는 회사의 주식을 나누지 않았습니다. 이것들은 모두 상상력으로 이루어진 일입니다!

이것은 바로 제 가족의 이야기입니다. 아마 소문으로만 들으셨을 건데, 그건 사실입니다. 저의 둘째 형 빅터의 상상력 안에서 이 모든 것이 피어나기 시작했습니다. 그는 여전히 상상력으로 모든 일을 처리하고 있습니다. 빅터 형은 "그게 바로 사업에 도움이 되는 내가 원하는 것이다"라고 자신이 무엇을 원하는지를 스스로 결정한 후에 마음의 눈으로 그것을 자신의 것으로 만들어서, 그 일이 일어나게끔 합니다.

성경에서는 이렇게 말합니다. "그 비전은 그것만의 정해진 시간이 있으니, 무르익어서 피어날 것이라. 만일 지체된다면 그래도 기다려라. 왜냐하면 반드시 이루어지며 지체되지 않으리라."[하박국 2장 3절] 하박국의 내용입니다. 이 구절의 참된 의미는 다음과 같습니다. 당신이 무엇을 원하는지 알게 된다면 그것이 이루어졌다는 전제 속에서 충실하게 사십시오. 당신의 이성과 감각이 그렇게 전제한 것을 부정할지라도 계속 고수한다면 그 전제는 현실로 굳어질 것입니다.

"하느님이 보이지 않는 것을 마치 보이는 것처럼 부르시니,

보이지 않던 것이 보이게 되더라." [로마서 4:17 참조] 그분은 이 간단한 방식을 통해 보이지 않는 모든 것을 보이는 것으로 부릅니다. 왜냐하면 그분이 바로 부활의 권능이기 때문입니다.

그래서 제가 "나는(I AM)"으로 받아들인다면 그것을 뒷받침할 증거가 필요하지 않습니다. "나는" 뒤에 무엇을 붙이나요? 저는 그 뒤에 명칭을 붙입니다. 그래서 그것에 형태를 주고, 그것을 정의합니다. 그리고 "나는 무엇이다"라는 것 안에 머물면 그렇게 머문 것을 부활시킵니다.

만일 그 일이 이 세상에 나타나는 데에 천 명의 사람이 필요하다면, 제 형 빅터가 투자자를 찾아 나설 필요가 없었던 것처럼 천 명의 사람을 설득하기 위해 나설 필요가 없습니다. 그들은 스스로 각자의 역할들을 할 것입니다. 그 건물이 매물로 나왔을 때 형은 어디를 가야 투자자를 찾을 수 있는지 몰랐을 것입니다. 형은 마음의 눈을 통해 이미 그 건물을 자신의 것으로 보았고, 모든 일이 일어나도록 허용했습니다. 그러자 투자자는 마치 농담처럼 나타났습니다.

형은 그 투자자의 이야기를 정말 농담이라 생각하면서 이렇게 말했습니다. "지금 저를 놀리시는 거죠?" 그 남자는 "아니요!"라고 답했습니다. 형은 이렇게 말했습니다. "그럼 기다려보세요. 아버지가 점심을 드시고 계시니, 전화를 해보겠습니다." "아버지, 올라와보세요. 급하니 다 놔두고 이쪽으로 오세요." 그리고 아버지가 오자 형은 "자! 이제 제게 말했던 것을 제 아버지에게도 말해주세요"라고 말했습니다.

아버지 성함은 조셉인데, 아버지는 "정말 진심이에요?"라고 되물었다고 합니다. "네. 물론 진심입니다. 오늘 변호사에게 입찰하게 할 겁니다. 여기에 당신과 빅터씨만 서명을 한다면요. 그게 전부입니다." 그렇게 평생을 함께 할 우정이 만들어졌습니다.

그 투자자 분이 사망했을 때 제 형 빅터에게는 어떤 빚도 없었습니다. 품격 있던 그분은 사망 당시, 형에게 150,000달러와 집들까지 주었습니다. 세금도 면제되었습니다. 그가 50,000달러에 구입한 건물은 3년 전 노바 스코샤 은행에 팔렸습니다. 은행에서는 그것을 철거하고 멋진 건물을 지었습니다. 우리에게는 840,000달러를 지불했고 양도소득세마저 없었습니다.

제가 여러분에게 요구하는 것은 이 법칙을 받아들이라는 것입니다. 여러분은 이 법칙을 믿을 것인가요? 하느님과 함께라면 모든 것이 가능하다는 것을 믿겠습니까? [마가복음 10:27] 모든 것이 우리 인간에게도 가능하다는 것을 믿으시나요? 당신이 가까운 시일 내에 그것을 증명할 수 있지만, 당신이 그 힘을 작동시키는 주체입니다. 저절로 작동되지 않습니다.

만일 오늘밤 당신이 현재 가지고 있는 직업보다 더 좋은 직업을 가지고 있다고, 혹은 더 많은 수입을 가지고 있다고 담대하게 받아들일 수만 있다면 어쩌면 내일 해고될 수도 있습니다. 하지만 조금도 걱정하지 마십시오! 나중에 돌이켜보면, 당신이 상상한 것을 현실로 만들기 위해 당신을 그렇게 만들 필요가 있었다는 것을 알게 될 것입니다.

해고될 수도 있습니다! 그러면 아마 그 다음 날 저를 찾아와서는, "당신이 하라는 대로 했어요. 무슨 일이 일어났는지 아세요? 해고됐어요!"라고 말하겠지만 저는 눈 하나 깜짝하지 않을 것입니다. 더 좋은 직업으로 가기 위해 당신을 해고할 사람이 필요합니다. 저는 그런 것을 여러 번 봤습니다.

그렇다고 섣불리 직장을 그만두지는 마세요. 당신은 현재의 직장에서 승진할 수도 있고, 또는 다른 경쟁 회사로부터 이적 제안을 받을 수도 있기 때문입니다. 그것이 어떻게 일어나는지는 저도 모릅니다. 제가 알고 있는 것은 단지, 만약 당신이 자신이 생각한 전제에 충실하다면, 그것은 반드시 일어날 것이며, 담대하게 전제한 바로 그 상태를 실현하는 방향으로 나아가게 될 것이라는 것뿐입니다.

이런 식의 이야기가 무수히 많습니다. 그래서 이렇게 말하겠습니다.

"결말에서 사십시오!"

그 결말이 우리가 시작하는 곳입니다. 왜냐하면 나의 이름이 간판에 보이는 것, 그것이 결말이기 때문입니다. 저는 그 결말에 이르는 무수한 단계들이 제 세계에서 일어나는 것을 기다리지 않습니다. 그저 결말에 머물 뿐입니다.

만일 제가 그 결말에 도착했다면, 만일 제가 그곳에 있는 것이 사실이라면 어떤 모습이겠습니까? 건강을 예로 들어보면, 상대방을 어떻게 낫게 할 것인지가 아니라, 그저 결말로 가서 건강을 잃었다고 생각하는 사람에게 마음의 눈을 통해 이렇게 말합니다. "당신이 지금처럼 건강해 보인 적이 없네요." 그리고는 그 사람도 당신에게 이렇게 말하게 하십시오. "이렇게까지 건강했던 적이 없네요."

지금 잘 들어보세요. 당신은 휘파람으로 멜로디를 낼 수 없을지도 모릅니다. 멜로디를 만드는 것이 당신에게는 힘든 일일 수 있습니다. 그런데 '공화국의 전투 찬가'를 듣고 있다고 상상해 보세요. 들어보세요! 들리지 않나요?

TV를 통해 케네디 상원의원의 장례식에서 그 노래를 들어

본 적이 있으시죠? "공화국의 전투 찬가"가 나왔을 때 거의 모두가 눈물을 흘렸을 겁니다. 당신은 오늘밤 제 목소리를 상상 속에서 들을 수 있습니다. 제 목소리로 당신이 듣고 싶은 것을 만들어낼 수 있습니다.

당신은 이 힘을 선한 일을 위해서도, 악한 일을 위해서도 사용할 수 있습니다. 저는 당신이 선을 위해 사용했으면 합니다. 당신은 상처를 줄 수도 있고, 축복을 줄 수도 있지만, 상처 주지 않는 결정을 했으면 합니다. 언제나 다른 이들을 위해 상상력을 사랑스러운 방향으로 사용하기를 바랍니다.

당신이 상처를 줄 수 없다고 말하는 것은 어리석습니다. 당신은 상처를 줄 수 있습니다. 전적으로 당신의 결정에 달린 일입니다. 그러니 당신이 원하는 것을 상상하십시오. 그것을 이미 가졌다고 믿으십시오. 그리고 이런 상상과 믿음이 세상에 어떻게 작동되는지 보십시오.

지금 이 말을 비웃는 사람들이 있을 것입니다. 그냥 비웃게 놔두세요. 5년 후, 당신이 성공의 정점에 있을 때 그렇게 비웃던 사람들은 당신을 위해 일할지도 모릅니다. 당신이 지금 청중석에서 듣고 있을 때 그들도 이 자리에 있었을 수도 있습니다. 그들은 들었지만 믿지 않았기에 뒤쳐졌고, 당신은 믿었기에 앞으로 나아갈 수 있습니다.

우주에는 오직 하나의 창조의 힘만이 있습니다. 성경은 그 힘을 하느님, 예수 그리스도, 주라고 말합니다. 오직 하나일 뿐이고, 두 명의 하느님, 두 명의 주는 없습니다. 그리고 그 하나의 그리스도가 우리 안에 거하고 있습니다. 세상의 사제들이 가르치는 것처럼 어떤 특정 인물을 말하지 않습니다.

우리 안에서 십자가에 못 박히고 우리들 안에서 계속 깨어나고 있는 그 그리스도 이외에 어떤 다른 그리스도가 있겠습니까? 있다면 거짓된 그리스도입니다. 우리 안의 그리스도입니다. 우리 바깥의 그리스도가 아닙니다. 우리 안의 그리스도는 영광의 희망입니다.

여기서 말하는 "말씀"의 진정한 의미는 바로 "의미"입니다. 태초에 모든 것은 의미를 지니고 있었고, 그 의미는 하느님과 함께였으며, 하느님 그 자체가 의미였습니다. [요한복음 1:1] 모든 것 배후에는 목적과 계획이 존재합니다. 하느님은 모든 것이 이루어지고 완성될 것을 계획했습니다.

그 모든 것의 목적은 우리 안에 잠재된 신성을 깨우고, 우리와 하느님이 하나 되는 것입니다. 우리가 하느님이 되기 위해 하느님은 우리가 되었습니다. 믿기 어렵겠지만 진실입니다. 이것이 바로 인생의 목적입니다. 하느님과 하나가 되기 위해 인류를 고양시켜 하느님에 이르게 하는 것입니다.

이제 오늘 밤, 이 법칙을 자신에게만 국한하지 마세요. 친구의 동의나 인지 여부와는 상관없이, 친구를 고양시키십시오. 실직 중인 친구가 있나요? 그렇다면 그 친구가 이미 성공적으로 취업했다고 상상하세요. 그에게 그런 상상을 했다고 자랑하지 말고, 그저 그 친구가 이미 고용된 것을 마음으로 보는 일만 하십시오.

LA에 있는 어떤 분은 상사들에게 심하게 꾸중을 듣고 심지어 쓸모가 없다는 말마저 들으며 해고될 위기에 처했습니다. 이분은 가족을 부양해야 했는데, 그 일 외에는 수입처가 없었습니다. 그는 제 친구에게 자신의 상황을 이야기했습니다. 제 친구는 이 법칙을 믿고 있었기에 그에게 "괜찮아. 신경쓰지 말고 그냥 네 할 일을 하면 돼!"라고 말했습니다. 그리고 친구에게 자신의 계획을 말하지 않았습니다.

그는 조용히 책상에 앉아 상상 속에서 그 남자가 하는 말을 들었습니다. 상사가 자신이 한 일을 극찬했다고 말하는 것을 들었습니다. 상사들의 태도가 바뀐 것은 채 48시간도 걸리지 않았습니다. 그가 한 일을 칭찬하기 시작한 것입니다. 하지만 남자가 상사들로부터 받았던 상처는 쉽게 치유되지는 않았습니다.

그는 친구에게 털어놓았습니다. "그 사람들 태도가 완전히 바뀌긴 했지만 마음은 편하지 않아. 그들이 한 불쾌한 말들을 잊을 수 없어. 언젠가는 그런 말들을 다시 하게 될 테니, 아무래도 그만둬야겠어. 돈이 없어서 문제지만, 2주간의 통보를 하고 그 중 1주일은 휴가를 받도록 요청할 거야. 그 시간 동안 내 생각을 정리하고 다시 시작할 준비를 해보려고."

2주 후, 그는 여전히 일자리를 찾지 못했습니다. 친구는 그의 어려움을 알고 있었습니다. 친구는 그가 이미 성공적인 직업을 얻고 현재보다 25% 더 많은 돈을 벌고 있다고 상상했습니다. 그는 둘째 주에 휴가를 냈습니다. 첫째 주가 끝났을 때 제 친구의 사무실로 와서 이렇게 말했습니다. "어제 제안을 받아서 월요일부터 새 직장에 출근하게 됐어! 하루의 월급도 손실 없이 이직을 한 거고, 이전보다 25% 더 높은 급여를 받게 됐어."

무엇이 이런 일을 가능하게 했나요? 제 친구의 상상력, 친구를 위해 사랑스럽게 사용한 상상력입니다. 어떤 곳을 방문하기 전에 성공한 자신의 모습을 상상한다면, 그곳의 사람들은 당신을 당신이 상상한 그대로 바라보게 될 것입니다.

인간이 할 수 있는 가장 위대한 주장은 자신이 하느님과 하나라는 선언입니다. 요한복음 10장에서 예수는 이렇게 말했습니다. "너희 율법에 기록된 바, '너희는 신이며, 지극히 높은 자의 아들들이다.' 하지 않았느냐?"[요한복음 10:34] 예수는 하느님의 말씀이 임한 자들을 신이라 불렀다면, 기름부음을 받고 세상에 보내진 자를 두고 신성모독이라 말할 수 있겠습니까?

자신과 하느님을 하나라고 여기고, 마치 그러한 것처럼 행동하며, 그것을 담대하게 인정하는 것보다 더 위대한 주장은 없을 것입니다. 친구는 그것에 대해 자랑하지는 않지만 마음속에서는 자신과 하느님이 하나라는 것을 알고 있습니다. 왜냐하면 만약 그의 상상력이 하느님이라면, 그가 상상하는 것이 바로 하느님의 창조이기 때문입니다.

그렇게 상상한 것이 현실로 이루어진다면 그는 그 상상행위가 하느님의 창조의 힘임을 알게 됩니다. 자랑하거나 혹은 부끄럽게 여길 필요도 없습니다. 고귀한 상태에서 잠들며, 하느님과 하나라는 사실을 마음 깊이 알고 있으면 됩니다.

모두가 이런 태도를 취한다면 세상은 변할 것입니다. 강압적으로 세상을 바꾸는 것이 아니라 저절로 바뀔 것입니다. 하지만 스스로를 노예로 여기는 사람들에게 세상을 준다면, 그들은 내일 또 다른 세상을 원할 것입니다. 자신의 위대함을 모르는 사람에게 세상의 모든 부를 준다 해도, 그것은 아무 의미가 없습니다.

이는 개인뿐 아니라 가족, 인종, 그리고 국가에도 똑같이 적용됩니다. 작고한 하버 대통령의 말처럼 "사상의 흥망이 인간의 흥망, 국가의 흥망, 공동체의 흥망을 결정"지을 것입니다. 하나의 공동체가 어떤 생각을 갖고 있는지 안다면 그 공동체가 어떤 모습이 될지 말할 수 있습니다. 그 공동체가 스스로에 대한 생각을 바꾼다면 그 공동체는 바뀔 것입니다.

가족이 중요하다고 그 구성원들이 느끼게 해보세요. 별다른 족보나 배경이 없어도 됩니다. 도대체 누가 완벽한 배경을 가지고 있습니까? 먼 과거로 돌아가면, 지금 자신이 대단하다 주장하는 사람들조차도 그 배경을 부끄러워할 것입니다.

과거로 갈 필요 없습니다. 그냥 지금 당신의 가족에서부터 시작하면 됩니다. 한 가족의 중요성을 증명하기 위해 누군가에게 돈을 줘서 가계도를 찾아달라고 하지 마세요. 결국 그걸 지워달라고 또 돈을 쓰게 될 테니까요. 단지 지금 이 자리에서, 하느님과 하나라는 가장 거대한 존엄성을 받아들이십시오.

이것이야말로 진짜 혈통이며 배경입니다. 당신의 진짜 혈통과 배경은 하느님입니다. 이제 그 사실을 받아들이십시오! 만일 아이가 있다면, 이 진정한 혈통과 배경을 아이의 마음에 심어주십시오. 당신 주변 모든 사람들에게 이것에 대한 믿음을 심어주고, 스스로를 중요한 존재로 여기게 하십시오.

저는 세상의 기준으로 봤을 때 어떤 배경도 없습니다. 지적인 측면, 재정적 측면 모두요. 하지만 우리는 스스로 새로운 배경을 만들어냈습니다. 어머니는 우리에게 그 정신을 심어주었습니다. 우리가 어떤 부끄러운 짓을 할 때마다 어머니는 항상 "너희가 고다드라는 것을 잊었니?"라고 말씀해주시곤 했습니다.

그 당시 우리는 어머니 말씀이 얼마나 중요한지 몰랐습니다. 하지만 지금은 압니다. 어머니는 늘 이렇게 말씀하셨죠. "너희가 고다드라는 사실을 잊었니?" 우리 가족이 특별한 배경을 가졌다는 이야기를 들은 적은 없지만, 어머니의 말씀을 들을 때마다 내가 중요한 존재라는 느낌이 들었습니다.

어머니는 우리 마음에 고다드라는 성에 중요한 의미를 부여했습니다. 어머니 덕분에 고다드라는 이름은 오늘날 저에게도 중요한 의미를 갖게 되었습니다. 현재 우리 가족이 하고 있는 사업적인 측면을 포함한 모든 면에서 그 이름은 의미를 갖습니다. 어머니가 그렇게 만든 것입니다. 어떤 특별한 혈통을 지닌 남자와 결혼해서 받은 성은 아니지만 어머니는 스스로 그것을 중요한 것으로 만들었습니다.

솔직히 말해, 누가 정말 대단한 배경을 가졌나요? 저는 세상에서 주장되는 어떤 귀족적 배경도 중요하다고 생각하지 않습니다. 진정 중요한 것은 바로 "영의 존엄성"입니다. 어떤 다른 배경이 필요한가요? 오직 영의 배경만을 말하세요. 어떤 육체적 혈통을 주장하면서 저에게 오지는 마십시오.

저는 동물이 아닙니다. 말처럼 혈통으로 가치를 이어받는 존재가 아닙니다. 저는 하느님입니다. 우리 모두 하느님입니다. 우리는 하느님 이전의 과거로 돌아갈 수 없습니다. 그것이 우리 모두의 시작이며, 뿌리이기에 이제는 그것을 주장하십시오.

그 신성의 근원을 주장한다면 당신이 어떤 혈통이라고 주장하던 것에서 깨끗이 벗어날 것입니다. 당신에게는 그런 세속적 혈통이 없습니다. 참된 이스라엘인은 어떤 인종적 혈통이 아니라, 그런 것과는 관계없는 하느님에게서 선택된 자를 말합니다. 이스라엘인은 하느님의 사람입니다. 그러니 하느님의 사람이라는 것을 담대하게 받아들이십시오.

그리고 오늘 밤 제가 드린 말씀을 삶에 적용하기 바랍니다. 먼 미래가 아닌, 바로 지금 당장 삶에서 변화가 일어날 것입니다. 하느님의 자녀임을 믿고 그것에 걸맞게 행동한다면, 분명히 당신의 삶은 변할 것입니다. 흔들리지 않고 당신이 사실로 받아들인 것을 바꾸지 않는다면 그것은 현실이 될 것입니다. 왜냐하면 상상이 현실을 창조하기 때문입니다.

자, 이제 침묵 속으로 들어가겠습니다.

Chapter 10

THE LIGHT OF THE WORLD
나, 세상의 빛

우리를 기다리는 모든 위대한 계시 중,

우리 안에 그리스도가 드러나는 것만큼
위대한 것은 없다는 것을 말입니다.

세상이 모든 추악한 행위를 저지를 수도 있습니다.
그러나 이 땅에 있는 모든 이의 가면 뒤에는 깨어나서 나아올
존재가 묻혀 있음을 기억하십시오.

깨어나는 순간, 자신이 여러 가면을 쓰고 추악한 행동을 저질
렀던 존재임을 깨닫게 될 것입니다.

이로 인해 모든 것은 용서받을 것입니다.

CHAPTER 10 THE LIGHT OF THE WORLD
나, 세상의 빛

당신에게 주어질 모든 계시 중에서, 예수 그리스도에 관한 계시만큼 근본적이고 중요한 것은 없습니다. 예수 그리스도는 외부적인 방법으로 알 수 있는 존재가 아닙니다. 오직 내면에서 스스로를 드러낼 때에만 우리는 그를 알 수 있습니다.

당신의 불멸의 눈이 내면을 향해 열리며 영원과 사념의 세계를 바라보게 될 때 이 경험이 찾아올 것입니다. 당신 안에서 깨어나는 이는 주 예수 그리스도이지만, 인간의 유한한 눈으로는 볼 수 없습니다. 세상은 당신의 기록으로 당신을 정의합니다. 사람들은 당신의 생년월일과 부모, 형제자매를 알고 있습니다. 당신의 친구들은 당신의 나약하고 한계에 갇힌 모습을 알 뿐입니다. 그들에게 계시가 이루어지기 전까지는 당신 안에서 깨어나는 존재를 알지 못합니다. 오늘 밤, 저는 여러분에게 주 예수 그리스도를 보여주고자 합니다. 왜냐하면 예수 그리스도가 곧 여러분의 진정한 존재이기 때문입니다.

"나는 세상의 빛이다"라는 예수 그리스도의 놀라운 선언은 한 개인의 입에서 나온 말이 아니라, 여인에게서 태어난 모든 사람의 생명인 보편적 존재로서의 선언이었습니다. 유한한 인간의 마음은 이 말을 이해하지 못하고 예수에게 진실로 당신이 누구냐고 묻자, 그는 "처음부터 너희에게 말했던 그대로이다"라고 대답했습니다.

시작은 언제부터였을까요? 기원후 1년? 아닙니다. 세상이 존재하기도 전부터 우리는 죽음을 경험하기 위해 내려갈 것이라고, 그리고 그 후 경험을 통해 더 높아져서 돌아올 것이라고 말해졌습니다. 저를 알고 계시고, 제가 불과 수십 년 전에 이 육신으로 태어났다는 것을 알고 계신 분들은 제 말을 믿지 못할 수도 있습니다. 하지만 제가 말씀드리는 것은 육체적인 존재에 대한 이야기가 아닙니다.

주 예수 그리스도는 제 안에서 자신을 드러냈습니다. 하지만 저는 은줄(silver cord)이 끊어질 때까지 이 육신에 머물러 있는 중입니다. 오직 그때가 되어야만 세상이 존재하기도 전에 제 것이었던 세상으로 돌아가, 죽음을 경험하기로 했을 때 약속 받았던 영광들 모두를 되찾을 수 있습니다.

나로 알게 될 이 존재는 누구일까요? 주 예수 그리스도이며, 우리 모두는 그 안에서 하나입니다. 이렇게 말해집니다. "예수 그리스도의 부활을 통해 그대는 죽음으로부터 새롭게 태어나더라." 이 말씀은 우리의 탄생이 예수 그리스도의 부활에 의해 이루어진다는 것을 보여줍니다.

예수 그리스도의 부활을 2천 년 전에 일어난 일이라고 생각할 수도 있습니다. 그러나 요한은 계시록에서 "예수 그리스도는 신실한 증인이자 죽음에서 태어난 첫 번째 존재"라고 말합니다. 이것을 시간의 관점이 아닌 사건의 순서로 봐야 합니다. 우리가 다루고 있는 것은 신비이기 때문입니다.

자신을 알파이자 오메가, 시작이자 끝이라 선언하는 유일한 신실한 증인은 오직 한 명뿐입니다. 그 증인은 예수 그리스도이며, 그는 아버지로부터 나와 세상에 들어가, 여인에게서 태어난 모든 아이 안에 자신을 묻었습니다. 그는 지금 당신 안에 있으며, 당신 자신으로 존재하고 있습니다.

그가 당신 안에서 깨어날 때, 첫 번째 일어나는 사건은 죽음에서의 부활입니다. 그다음은 위로부터의 탄생이 이어집니다. 그리스도의 이야기가 당신 안에서 깨어난다 해도, 그것이 나중에 깨어날 사람보다 당신이 앞섰다는 것을 의미하지는 않습니다. 왜냐하면 그의 이야기는 시간의 흐름 속에서 일어나는 것이 아니기 때문입니다.

제가 말하고 있는 것은 사건의 순서입니다. 다음 말씀을 주의 깊게 들으십시오. "예수 그리스도는 신실한 증인이자 죽음에서 첫째로 태어난 자이다." 여기서 두 가지 사건이 동시에 일어납니다. 우리는 예수 그리스도의 죽음에서의 부활을 통해 새롭게 태어납니다. 그리스도는 먼저 당신 안에서 깨어나야만 하며, 그 후에 그가 죽었다는 꿈에서 자신을 부활시켜야만 합니다. 그래야만 위에서부터 태어날 수 있습니다.

그리스도는 당신 안에 있습니다. 그는 2천 년 전에 살았던, 당신을 구원하기 위해 나무 십자가에 못 박히고 죽음에서 부활한, 어떤 한 사람이 아닙니다. 그리스도는 모든 사람들 안에 묻혀 있습니다. 지금은 깨어남의 시대이며, 모두가 깨어날 것입니다.

이곳에서 우리가 무엇을 했든 우리는 용서받습니다. 왜냐하면 하느님이 그 모든 역할을 하셨던 것이고, 모든 것이 미리 정해진 목적지를 향해 나아가고 있기 때문입니다. 고린도전서 15장 51절은 이렇게 말합니다. "우리 모두가 순식간에, 눈 깜짝할 사이에 변화될 것이다. 왜냐하면 나팔 소리가 울리면 우리는 죽음으로부터 일어날 것이기 때문이다."

당신의 길고 긴 여정의 끝자락에 결국 변화될 것입니다. 저는 경험을 통해 이것이 진실임을 압니다. 당신은 매우 유일무이한 존재이기 때문에 당신만이 당신을 깨우고 당신의 본래 모습인 무한한 존재로 돌아가게 하는 나팔 소리를 듣게 됩니다. 당신에게는 그 누구도 대신하지 못하는 당신만의 고유한 역할이 있습니다.

우리 모두, 단 한 사람의 예외도 없이, 눈 깜짝할 사이에 변화될 것입니다. 나팔 소리가 울리면 우리는 깨어나 죽음에서 일어날 것입니다. 그런데 "나팔"이 무엇인가요? 그 단어는 "진동"을 의미하며, 당신이 경험해 본 것 중 가장 독특한 진동이라고 말씀드릴 수 있습니다.

누구나 그렇듯이, 저도 수없이 많은 진동을 경험했습니다. 콘서트는 조화로운 음의 진동이 계속 펼쳐지는 것입니다. 피아노, 바이올린, 첼로 등 모든 악기는 진동을 만들어냅니다. 그러나 바울이 언급한 나팔 소리는 머리 중심에서 일어나는 멈출 수 없는 독특한 진동입니다.

그 진동은 제가 두개골 안에 있다는 사실을 깨닫게 될 때까지 멈추지 않았습니다. 제가 그곳에 얼마나 오래 있었는지는 알 수 없습니다. 저는 블레이크의 견해에 동의하지만, 경험을 통해 알게 된 것은 아닙니다. 저는 특이한 진동이 저를 깨웠다는 것만 압니다. 그 후에 저는 위로부터의 탄생을 경험했습니다.

나팔 소리가 울리고 제 안의 그리스도가 깨어나기까지는 아주 짧은 시간이 걸렸습니다. 그렇습니다. 그리스도가 첫째로 태어난 분입니다. 그 탄생은 42개월 동안 이어지는 일련의 사건들의 시작을 알립니다. 당신 안에서 계시가 완성된 후에도, 당신은 여전히 은줄로 육체와 연결되어 있을 것입니다.

이렇게 은줄이 연결되어 육체에 있는 동안에는 다른 이들에게 이 깨어남을 독려하기 위해 당신의 경험을 이야기해야 합니다. 이 세상에서 진정 중요한 것은 아무것도 없습니다. 이 세상의 모든 것은 그저 헛된 것임이 증명될 것입니다.

사람들은 실재하지 않는 것을 발견했다는 이유로 노벨상과 부, 명예를 얻습니다. 그 누구도 실험실에서 생명을 찾지 못합니다. 생명은 오직 각 개인의 내면에만 존재하기 때문입니다. 내면에서 일어나는 활동을 느끼고 그것을 멈췄을 때, 세상이 정지하는 것을 보게 될 날도 올 것입니다. 그때 당신은 자신이 바로 생명 그 자체임을 알게 될 것이며, 당신이 알고 있는 생명은 그 어떤 시험관에서도 찾을 수 없음을 깨닫게 될 것입니다.

예수 그리스도는 외부적인 방법으로 알거나 증명될 수 없습니다. 오직 내면을 본 자만이 예수 그리스도를 알 수 있습니다. 오직 불멸의 눈이 사념의 내면 세계로 열린 자만이 제가 말하는 진리를 볼 수 있을 것입니다. 저는 삶이란 꿈에서 깨어나 제가 세상의 빛임을 알게 되었습니다.

이것은 믿기 어려운 주장일지 모르지만, 당신은 반드시 이 경험을 하게 될 것입니다. 당신은 세상의 빛일 뿐만 아니라,

끝없이 맥동하는 무한한 생명의 빛을 발산하는 존재임을 깨닫게 될 것입니다. 다른 어떤 것도 섞여 있지 않은 순수한 빛으로서, 세상도, 태양도, 행성도 없이, 오직 당신만이 무한한 빛으로서 홀로 존재합니다.

당신은 저를 빛으로 보겠지만, 우리는 서로를 사랑의 존재로 알아보게 될 것입니다. 왜냐하면 하느님은 사랑이며, 우리는 그 인식 안에서 하느님과 하나이기 때문입니다. 당신은 성경에 예수 그리스도에 대해 기록된 모든 것을 경험하게 될 것입니다. 그리고 내면의 눈이 열린 자들은 당신이 사랑과 권능, 지혜와 빛의 옷을 입고 있는 모습을 볼 것입니다.

결국 우리는 각자의 개별성을 유지한 채 하나의 존재로 돌아가게 될 것입니다. 이는 흡수가 아니라, 사랑과 권능, 지혜와 빛의 존재와 하나 되는 것입니다. 이 존재가 바로 성경에 나타난 그리스도입니다. 다시 강조합니다. 우리를 기다리는 모든 위대한 계시 중, 우리 안에 그리스도가 드러나는 것만큼 위대한 것은 없다는 것을 말입니다.

세상이 모든 추악한 행위를 저지를 수도 있습니다. 그러나 이 땅에 있는 모든 이의 가면 뒤에는 깨어나서 나아올 존재가 묻혀 있음을 기억하십시오. 깨어나는 순간, 자신이 여러 가면을 쓰고 추악한 행동을 저질렀던 존재임을 깨닫게 될 것입니다. 이로 인해 모든 것은 용서받을 것입니다.

지난 일요일, 뉴욕 타임즈 매거진에서 히틀러의 오른팔로 활동했던 인물이 쓴 이야기를 읽었습니다. 그는 이렇게 적었습니다. "설명하기 어렵지만 히틀러는 모든 사람을 자신의 뜻에 따르도록 만드는 능력을 가지고 있었습니다. 그는 중심을 잃지 않고 자신을 완벽히 통제했기에, 우리는 그에게 마치 인형처럼 조종당했습니다."

히틀러는 수백만 명을 학살하고도 성공하지 못하자 자신의 국민을 비난했습니다. 그는 "더 강력한 세력이 승리했다. 이제 그들이 지배할 차례다. 내 국민이 마땅히 받아야 할 대가다"라고 말했습니다. 이것은 끊임없이 자기 정당화를 일삼는 지옥의 목소리입니다.

결국 히틀러는 실패했고, 오랜 세월 자신이 지배했던 사람들을 탓했습니다. 히틀러는 자신이 영원히 지배할 수 있을 거라 믿었지만, 하느님은 모든 일이 드러나고 완성되도록 계획하셨기에 그의 지배는 끝날 수밖에 없었습니다. 히틀러는 어떤 목적을 위해 사용되었습니다. 우리에게는 그것이 끔찍하게 보이지만, 창세기의 "너는 악을 의도했으나, 하느님은 그것을 선으로 바꾸셨다"라는 말처럼 이루어진 것입니다.

당신 안에 있는 꿈꾸는 자, 요셉은 노예로 팔렸습니다. 하느님은 요셉을 자신의 목적을 이루는 도구로 사용할 수 있음을 아셨습니다. 형제들은 요셉에게 해를 끼치려 했지만, 하느님은 그 일을 선으로 바꾸어 요셉을 파라오의 지위까지 올리셨습니다. 그로 인해 요셉은 백성을 기근에서 구해냈습니다.

욥의 이야기를 읽어보십시오. 순수한 존재가 이용당하는 이야기를 다시 한 번 보게 될 것입니다. 우리 모두는 욥입니다. 결국 내면에 묻혀 있는 것을 드러내게 되며, 즉 구원의 계획을 성취하며 욥처럼 말하게 됩니다. "나는 그대에 대해 귀를 통해 들었으나, 이제 내 눈이 그대를 보나이다."

모든 시련의 용광로를 통과한 후, 당신 안에 묻혀 있는 그분(당신의 진정한 실체이자 존재)이 꽃이 피는 나무처럼 드러나며 열매를 맺을 것입니다. 첫 번째 열매는 당신의 깨어남과 위로부터의 태어남입니다. 두 번째 위대한 사건은 당신이 아버지임을 깨닫는 것입니다.

세 번째는 당신이 내려오기 전에 있던 하늘나라로 다시 올라가면서 일어납니다. 하늘나라로 돌아가는 이는 오직 하늘나라에서 내려온 사람, 즉 인간의 아들밖에 없기 때문입니다. 당신은 하늘나라로부터 내려왔습니다. 그래서 이 지옥 세상의 경험을 통해 더 성숙해져 돌아갈 것입니다.

네 번째 사건은 당신의 귀환에 승인의 인장이 찍히는 영광스러운 순간입니다. 그때 당신은 구원받고, 이 세상을 떠나 형제들과 합류하여 위에서 지켜보는 자가 됩니다. 그리고 다른 이들의 귀환을 사랑으로 기다리며 인내하게 될 것입니다.

그 누구도 길을 잃지 않을 것입니다. 명심하십시오. "모두가 변화될 것이다." 바울은 "보라, 내가 너희에게 신비를 알리리라"라고 말하며 이야기를 시작합니다. 그 신비는 우리 모두가 변화한다는 것입니다. 오랜 시간이 걸리지 않습니다. 순식간에, 눈 깜짝할 사이에 당신은 깨어나 위로부터 태어나게 될 것입니다.

인간의 유한한 눈으로는 영을 볼 수 없지만, 당신의 영적 탄생을 목격한 이들은 그 표식을 보게 될 것입니다. 그 표식은 성경을 성취하는 아이입니다. "너희에게 한 아이가 태어났더라." 이런 당신의 영적인 태어남은 곧 하느님의 탄생을 말합니다. 그 순간 그분은 그분의 아들(바로 당신)을 데려오는데, 당신은 이 세상으로 내려오기 전보다 확장된 존재로 돌아오게 됩니다.

당신은 탄생의 증인들을 보고 그들의 생각을 읽게 될 것입니다. 실제로 그들의 생각은 이곳에서 당신의 생각이 객관화되어 나타나는 것처럼 나타날 것입니다. 당신이 생각할 때 하느님은 당신의 생각을 보고 그것들을 객관적인 실체로 만듭니다. 하느님은 당신이 생각하는 모든 것과 계획하는 모든 것을 보고, 비록 당신이 하느님을 볼 수 없더라도 그것을 당신에게 실현시킵니다.

제 메시지를 마음에 새기고, 세상이 생기기 전 당신에게 전해졌던 말씀을 기억해 보십시오. 전도서 마지막 장에서 설교자는 먼지가 땅으로 돌아가기 전에 은줄이 끊어지고 황금 그릇과 항아리가 깨지는 것에 대해 언급합니다. 이어서 그는 "지혜로운 자의 말씀은 채찍과 같고, 모아진 말씀은 단단히 박힌 말뚝과 같으니, 이는 한 목자에게서 나온 것이다"[전도서 12:11]라는 구절을 깊이 생각하라고 합니다.

약속을 경험한 이들이 경험을 전하면, 그것은 많은 이들의 마음속에 단단히 박힌 말뚝이 됩니다. 그리고 그는 이것을 넘어서는 것에 대해서는 생각하지 말라고 경고합니다. "글을 쓰고 많은 책을 만드는 것에는 끝이 없기 때문[전도서 12:12]"입니다. 저는 여러분이 제가 경험한 것에 대해 깊이 생각해 보셨으면 합니다.

내일이 되면 또 내일의 뉴스에 휩쓸릴지도 모릅니다. 그 뉴스가 매우 흥미로울 수 있지만 전혀 중요하지 않습니다. 누군가가 무엇을 했는지는 중요하지 않으며, 그 이유도 관심을 가질 필요가 없습니다. 오히려 여러분은 성경에 기록된 지혜로운 이들의 말씀, 즉 한 목자에 의해 전달된 말씀에 관심을 가져야 합니다. 그곳에 기록된 말씀을 깊이 생각하고, 그것이 전하려는 의미를 찾아내려고 노력하십시오.

"당신은 누구십니까?" 사람들이 물었습니다. "나는 처음부터 그대들에게 말한 그대로이다." 그렇습니다. 저는 우리 모두가 영원 속에서 함께 모였을 때 말씀드렸던 바로 그 존재입니다. 우리가 이곳으로 내려오기 전, 여러분과 저는 하나였습니다. 저는 여러분을 지극히 높으신 분의 아들들, 즉 신들이라고 부르며, 우리가 한 사람으로 죽고 추락하는 경험을 할 것이라고 말했습니다.

그 후에 저는 여러분을 왕자들이라고 불렀습니다. 그리고 언젠가 여러분은 성경에 기록된 모든 것을 경험하게 될 것입니다. 그러면 여러분은 자신이 빛의 왕자, 사랑의 왕자, 그리고 권능의 왕자임을 알게 될 것입니다. 이것이 바로 여러분의 운명입니다.

제 불멸의 눈을 여기 계신 분들에게 전해드린다면 정말 기쁘겠지만, 지금 이 차원에서는 그렇게 할 수 없습니다. 그것은 지금 여기보다 더 높은 차원에서, 이미 이 세상에서 구원된 영원의 감시자들의 승낙을 받아야만 가능합니다.

나약하고 한계에 갇힌 이 보잘것없는 인간이 무한하고 살아 있는 맥동하는 빛이라 주장하는 것은 어리석어 보일 수 있습니다. 하지만 제가 불멸의 눈을 전해준 이들은 저를 빛의 왕자, 사랑의 왕자, 그리고 권능과 지혜의 왕자로 보았습니다. 저는 제가 주 예수 그리스도임을 알고 있습니다. 하지만 은줄이 끊어지고 황금 그릇과 항아리가 깨지기 전까지는 이 유한한 육신에 계속 머무르게 될 것입니다. 오직 그때, 저는 죽음의 세상에서 돌아와 저를 항상 알고 있던 이들과 다시 만날 수 있습니다.

따라서 이렇게 육신을 벗고 그들에게 돌아간다는 것은 죽음에서 생명으로, 어둠에서 빛으로, 속박에서 자유로의 전환입니다. 우리는 스스로 이곳에 내려와, 육신의 속박을 기꺼이 받아들였습니다. 어둠의 세상에 들어서며, 우리는 우리가 세상의 빛임을 잊었습니다. 영원한 생명을 살고 있는 우리는 죽음의 세상으로 들어왔습니다. 우리는 다시 돌아갈 힘과 지혜를 가지고 있다는 확신으로 이 길을 선택했습니다.

이 땅의 모든 사람들은 그들이 이곳에서 무엇을 했든, 지금 무엇을 하고 있든, 무엇을 계획하고 있든 상관없이 모두 돌아갈 것입니다. 히틀러와 스탈린을 포함한 역사의 모든 악인들도 구원될 것입니다. 그들은 하나의 목적을 위해 이용되었기 때문입니다. 그렇다고 그 역할을 했던 사람을 사랑하라는 것은 아닙니다. 그 육신의 가면 너머에 하느님이 있으니, 그분을 사랑하라는 것입니다.

어느 날 내면을 향한 눈이 주어질 때, 당신은 그 가면 뒤에 존재하는 주 예수 그리스도를 보게 될 것입니다. 예수의 존재는 어떠한 외부적인 수단으로도 증명될 수도, 알려질 수도 없습니다. 어디를 뒤져보든, 사제들이 무엇이라고 말하든, 예수 그리스도의 계보를 외부 세상에서 찾을 수는 없을 것입니다. 그는 바깥세상에서 찾을 수 있는 존재가 아니기 때문입니다.

오직 사념의 세상을 향해 불멸의 눈이 열린 이들만이 찾을 수 있을 뿐입니다. 그들은 경험을 통해 예수 그리스도에 대한 진리를 알고 있으며, 인간 세상에서 듣고자 하는 사람들에게 자신들의 이야기를 전할 것이고, 그 이야기를 전해 들은 사람은 믿거나 믿지 않을 것입니다.

요한이 자신의 이야기를 전하며 "나는 내가 직접 듣고 내 눈으로 본 것, 그리고 생명의 말씀에 관해 내 손으로 만진 것에 대한 증인이다"라고 말했습니다. 요한은 사람들에게 설득력 있는 논리를 제시하는 교수가 아닙니다. 그는 이성으로 설명할 수 없는 영역에서 듣고 본 것을 전할 뿐입니다. 그는 자신의 구원의 이야기를 듣는 모든 이들에게 자신을 믿으라고 하지만, 그것을 받아들일지 여부는 개개인이 결정하도록 합니다. 저도 그렇게 하고 있습니다.

믿음으로 받아들이게 되는 그리스도는 알 수 없는 존재로 다가오지만, 신비한 방법으로 그리스도가 누구인지를 경험하게 해줍니다. 갈라디아서에서 바울은 이렇게 질문합니다. "그대가 영을 받은 것은 율법의 작용인가, 아니면 믿음으로 들어서인가? 믿음으로 영을 받은 후에, 이제 육신으로 마치려 하다니 어리석지 않은가?"

당신은 육신과 피로는 하늘나라의 왕국을 상속받을 수 없다는 것을 알면서도, 예수 그리스도를 육신과 피의 존재로 생각하고 있습니까? 육신의 구원자로 생각하고 있습니까? 당신은 이야기를 듣고 믿음으로 받아들임으로써 영을 받지 않았습니까? 당신이 받아들인 것이 바로 영입니다.

이 놀라운 이야기를 듣고 믿는다면, 그 믿음에 따라 살아가십시오. 그러면 그 진리는 당신 내부에서 펼쳐질 것입니다. 하지만 거부한다 해도 단지 그 경험이 늦춰질 뿐입니다. 당신은 언젠가는 이 부패의 족쇄로부터 해방될 진리를 알게 될 운명입니다.

인간이 지금 생명의 비밀이라 생각하는 것들은 사실이 아닙니다. 여러분은 세상의 빛입니다. 어느 날 당신은 어떤 장면을 보게 될 것이고, 그 안에서 그것을 붙잡아서, 그곳의 모든 것들의 의도를 멈추게 할 것입니다. 그러면 당신은 모든 사람이 죽어 있고, 오직 당신만이 살아 있는 생명 그 자체임을 깨닫게 될 것입니다.

그리고 당신 안에서 그들의 활동을 재개하게 해주면 그 장면은 다시 생명을 얻게 될 것이고, 그때 당신은 경험을 통해 당신이 세상의 빛임을 확신하게 될 것입니다.

침묵 속으로 들어가겠습니다.

Chapter 11

GOD PLAYS ALL THE PARTS
인간이란 가면 뒤에는

모든 것을 담고 있는 인간은 하느님의 방주이며,
그 방주 바깥에는 아무것도 없습니다.

한 개인에게 내려오는 마지막 축복은 비둘기로 상징되는 영의 강림입니다. 그러면 당신은 노아처럼 영적인 손을 뻗어 평화의 상징을 자신 안으로 받아들입니다.

영은 우리 주변의 모든 환상 속에 깃들어
그것들을 현실처럼 보이게 만듭니다.

**그러나 그것들은
우리에게 깨어나라고 속삭이는 상징에 불과합니다.**

당신이 깨어나면 홍수는 잠잠해지고 비둘기는 하느님의 방주인 당신에게 돌아옵니다.
그렇기에 앞서 말한 연극에 관한 이야기는 진실입니다.

CHAPTER 11 GOD PLAYS ALL THE PARTS
인간이란 가면 뒤에는

오늘 밤의 주제는 '하느님이 모든 역할을 한다'입니다. 이 말은 결코 비유가 아닌, 문자 그대로의 사실입니다. 모세는 말했습니다. "이스라엘 백성들에게 가서 그들이 나를 보낸 사람이 누구인지 물으면, 내가 무엇이라고 대답해야 하나이까?" 그러자 주께서 이렇게 대답하셨습니다. "I AM이 그대에게 나를 보냈다. 이것이 나의 영원한 이름이고, 모든 세대에 걸쳐 나를 이 이름으로 알게 되리라."

자, 제가 집에 돌아가서 아내에게 이렇게 말한다고 상상해 보세요. "지난주 우리가 본 연극 기억나? 내가 그 연극의 모든 출연진을 저녁 식사에 초대했어. 맞이할 준비를 하자고." 그날 저녁 배우들이 도착했을 때, 저는 아내가 그 사람들을 알고 있을 거라고 당연하게 생각했는데 알지 못합니다.

완벽한 여주인으로서 아내는 각 사람에게 다가가 "저는 고다드 부인입니다. 당신은 누구세요?"라고 말합니다. 한 사람이 대답합니다. "저는(I am) 이 연극의 작가입니다." 또 다른 사람은, "저는(I am) 연극의 주인공입니다." 또 다른 사람은, "저는(I am) 연극의 악역입니다." 그럼 당신은요?

"저는(I am) 고소자입니다." "저는(I am) 피고입니다." "저는(I am) 재판관입니다." 아내는 말합니다. "여러분을 봤던 기억이 있고 모두 인상 깊었어요." 그리고는 또 다른 그룹을 향해 돌아서며 묻습니다. "그런데, 여러분은 낯선데요. 누구시죠?" "저는(I am) 무대 직원입니다." "저는(I am) 의상 디자이너입니다." "저는(I am) 목수입니다." "저는(I am) 조명 담당자입니다." "저는(I am) 음향 담당자입니다."

연극에서 각자 맡은 역할의 이름을 밝히기 전에 모두 자신을 I AM이라고, 즉 하느님이라고 선언합니다. 작가도 하느님이며, 작가가 구상한 모든 것도 하느님입니다. 오직 하느님만이 이 모든 역할을 하고 있습니다. 오늘 밤 집에 가서 욥기 12장을 꼭 읽어보시기 바랍니다. 속이는 자와 속는 자 모두가 그분의 역할임을 알게 될 것입니다. 그분은 왕들의 띠를 풀어 그들의 허리에 매어 주십니다. 그분은 제사장들의 옷을 벗기고 그 권력을 끌어내립니다. 그분은 나라를 세우기도 하고 파괴하기도 합니다.

욥은 모든 것을 다했는데도 자신이 무슨 잘못을 해서 이런 벌을 받는지 궁금해합니다. 그는 자신의 죄가 얼마나 많은지, 또 왜 하느님이 얼굴을 돌리셨는지 묻습니다. 그리고는 이렇게 말합니다. "이것은 나의 구원이나이다. 불경한 자가 하느님 앞에 설 수 없다는 것을 아나이다." 부당하게 고난을 겪고 있다고 느끼는 욥은, 하느님이 자신의 얼굴을 볼 때면 그분은 오직 그분 본인만을 볼 수 있다는 것을 압니다.

이제, 이번 주에 저에게 도착한 멋진 경험담 하나를 여러분과 공유해보겠습니다. 한 여성분은 이렇게 적었습니다. "어느 날 밤 잠자리에 들었을 때, 저는 완전히 의식이 깨어 있는 상태였습니다. 제가 잠에 빠져들 때 '너는 내 눈의 사과야(You are the apple of my eye. 내 눈에 넣어도 아프지 않다는 관용표현)'라는 소리가 계속해서 들려왔습니다."

히브리어에서 '사과'라는 단어는 '눈동자에 비친 작은 사람'을 의미합니다. 다른 사람의 눈동자를 들여다보면 그 안에서 자신을 발견하게 됩니다. 그러므로 당신이 하느님을 마주 보게 될 때, 그분이 당신의 눈을 들여다보면 결국 그분 자신을 보게 될 것입니다.

모든 권능과 지혜는 하느님에게서 비롯됩니다. 속이는 자도, 속는 자도 모두 그분의 역할일 뿐입니다. 하느님 외에 다른 이는 없습니다. 당신을 속이는 자의 눈을 들여다보면, 그 안에서 당신 자신을 발견하게 됩니다. 혹은 속은 자의 눈을 들여다보면, 그곳에 비친 이가 바로 당신임을 깨닫게 됩니다.

이 세상에서 당신이 분명히 볼 수 있는 유일한 사람은 바로 당신 자신입니다. 당신이 곧 하느님이며, 하느님이 모든 역할을 연기하고 계시기 때문입니다. 이틀 후, 그녀는 잠이 들며 이런 말을 들었습니다. "하느님 안에는 흑인도 백인도, 기독교인도 유대인도 존재하지 않는다."

그녀가 잠에 빠질 때, 같은 목소리가 그 말을 계속해서 반복했습니다. 그녀는 이렇게 말했습니다. "우리 벤이 나타나서 '나는 내가 지금 두르고 있는 이 검은 피부가 아니야. 나는 하느님이야.'라고 말하고 사라졌어요." 잠시 후, 이웃인 프리다가 나타나 말했습니다. "나는 유대교 신앙으로 태어났지만, 나는 하느님입니다." 이곳에서 저는 흑인도 백인도 아니고, 기독교인도 유대인도 아닙니다. 아이엠(I AM)입니다.

다음 날 또 다른 편지가 도착했습니다. "꿈에서 매우 겁에 질려 있는 검은 피부의 흑인을 봤습니다. 가죽 승마 스커트와 검은 모자를 쓰고, 손목에 채찍을 맨 스페인 여성이 나타났습니다. 그 여성이 무표정한 얼굴로 남자에게 다가가 그를 때리기 시작했습니다. 이 무자비한 구타에 제가 항의했을 때 어떤 목소리가 들려왔습니다. '그것이 어둠에서 빛으로 나아가는 방법이다.'"

욥기 12장에서도 이렇게 말합니다. "그분은 짙은 어둠을 빛으로 이끄시더라." 그리고 사도행전 26장에서 부활한 그리스도가 나타나자, 바울은 묻습니다. "당신은 누구시나이까?" 이렇게 대답합니다. "네가 박해하고 있는 나는 예수다. 일어나 발을 딛고 서라. 나는 너를 보내어 사람들의 눈을 뜨게 해서 그들을 어둠에서 빛으로 인도하게 할 것이다."

이번 주에 또 다른 편지가 왔습니다. 편지에서 그녀는 말했습니다. "중고 장터의 보석 코너에서 시계를 찾고 있었지만, 마음에 드는 것을 찾지 못했습니다. 그때 한 여성이 새로 들어온 물건을 가리키며 말했습니다. '네빌이 이 향수를 기부했어요.' 당신의 것이라는 걸 알고 저는 그것을 받기로 했습니다. 그러면서 그 여성분은 이렇게 덧붙여 말했습니다. '그것을 들여다보면 당신의 눈이 드러날 거예요.' 그래서 저는 당신의 향수가 제 영적 눈을 열어주었으면 하는 바람을 간직한 채 잠에서 깼습니다."

히브리어에서 "향수"라는 단어는 불에 의해 만들어진 향기, 즉 밀폐된 방에서 피워지는 향처럼, 그 안에 있는 머물러 있는 것들을 떠나게 하는 것을 의미합니다. 만약 눈이 멀거나 어떤 한계에 갇혀 있다면, 자유의 향기를 들여다보세요. 그 향기는 방 안에 남아 있는 원치 않는 모든 것을 깨끗이 비워낼 것입니다. 그것이 바로 눈이 열리는 방법이고, 당신은 어둠에서 빛으로 인도됩니다.

기억하십시오, 하느님은 모든 역할을 맡고 계십니다. 흑인이 백인이 되는 것도, 백인이 흑인이 되는 것도 아닙니다. 하느님이 그 모든 역할을 연기하고 계시는 것입니다. 외형은 모두 상징에 불과합니다. 진화론자들이 말하듯 벌레가 진화해 인간이 된 것이 아닙니다.

진화는 오직 인간의 활동 영역에만 해당됩니다. 인간은 화살 대신 수소폭탄과 같은 대량 파괴 수단을 개발하여 수백만 명을 죽일 수 있게 되었습니다. 과거 쟁기로 밭을 갈았던 것이 이제는 가솔린 트랙터로 대체되었고, 미래에는 핵 에너지로 구동되는 트랙터가 등장할 것입니다. 인간은 걷는 것에서 말을 타는 것으로, 더 나아가 기차와 자동차를 타는 것으로 진화했습니다. 이제는 비행기를 타고 나라 사이를 가로질러 날아가고 있으며, 미래에는 빛의 속도로 여행하게 될 것입니다. 하지만 작은 새는 지구가 시작할 때 그랬던 것처럼 오늘도 둥지를 짓고 있습니다. 하느님의 창조에는 진화가 없기 때문입니다. 모든 것은 깨어난 하느님의 상징일 뿐입니다.

모든 것을 담고 있는 인간은 하느님의 방주이며, 그 방주 바깥에는 아무것도 없습니다. 한 개인에게 내려오는 마지막 축복은 비둘기로 상징되는 영의 강림입니다. 그러면 당신은 노아처럼 영적인 손을 뻗어 평화의 상징을 자신 안으로 받아들입니다.

영은 우리 주변의 모든 환상 속에 깃들어 그것들을 현실처럼 보이게 만듭니다. 그러나 그것들은 우리에게 깨어나라고 속삭이는 상징에 불과합니다. 당신이 깨어나면 홍수는 잠잠해지고 비둘기는 하느님의 방주인 당신에게 돌아옵니다. 그렇기에 앞서 말한 연극에 관한 이야기는 진실입니다.

누구에게든 그가 누구인지 물어보세요. 그러면 누구나 자신이 맡은 역할을 말하기 전에 자신의 신성을 주장할 것입니다. 나는(I am) 작가입니다. 나는(I am) 악당입니다. 나는(I am) 피고입니다. 나는(I am) 재판관입니다. 이렇게 우리 모두는 하느님의 이름을 먼저 부른 후에 지금 맡은 역할의 가면을 말합니다. 세상의 모든 것은 하느님입니다. 하느님 외에는 아무것도 없습니다.

제 오랜 친구 압둘라의 강의는 보통 15명을 넘지 않았으며, 대부분이 흑인이었습니다. 어느 날 밤 그는 강연에서 이렇게 말했습니다. "여러분의 사랑하는 어머니가 그 흑인의 몸에서 나와 금발에 푸른 눈을 가진 백인의 몸에 들어간다고 상상해 보세요."

이번에는 저를 바라보며 말했습니다. "자네의 백인 어머니가 그 몸에서 나와, 매우 검은 피부에 묻혔다고 상상해 보게.

자네는 그 몸 안에 있는 이가 자네가 사랑하는 어머니라는 것을 알고도 그녀를 껴안을 수 있겠나?" 그 질문은 청중들 모두에게 충격을 주었습니다.

압둘라는 항상 신체적 제스처를 통해 충격적인 방식으로 가르쳤습니다. 온몸을 활용해 하느님의 일체성과 단일함을 보여주곤 했습니다. 그의 모임은 항상 "우리 모두가 하나인 그 하나됨을 찬양하라!"라는 말로 시작되었습니다. 그는 우리가 어떤 외형을 가지고 있든 우리는 하나라는 것을 가르쳤습니다.

저도 말씀드립니다. 하느님만이 유일한 존재입니다. 오직 하느님만이 모든 역할을 연기하고 있을 뿐입니다. 그 외에는 그 누구도 없습니다. 그 여성은 자신이 하느님의 눈의 사과라는 것을 알았습니다. 하느님은 광야에서 야곱을 발견하고 포옹하며 돌봤습니다. 하느님은 야곱을 자신의 눈의 사과처럼 소중하게 여겼습니다. 왜냐하면 하느님은 야곱의 눈을 보면 자신만을 볼 수 있었기 때문입니다. [신명기 32장 참조]

당신의 눈이 열려 바라보는 자를 비출 때, 그때 비로소 당신은 스스로를 보고, 스스로를 품게 됩니다. 이 사실을 알게 된 욥은 이렇게 외칩니다. "제 죄를 세어보소서. 제가 무엇을 했길래 당신께서는 저를 적으로 여기는 것처럼 얼굴을 감추

셨나요? 만일 제가 당신의 얼굴을 볼 수만 있다면 저는 제 구원을 알게 될 것이나이다. 왜냐하면 하느님은 불경한 자를 보시지 않기 때문이나이다."

그리고 산상수훈에서는 이렇게 말해집니다. "마음이 순수한 자는 복이 있나니, 그들이 하느님의 얼굴을 보게 될 것이기 때문이다." 제가 부름을 받아 하느님 앞에 섰을 때 저는 제가 그분의 왕국에 들어선 것은 은총의 조건을 만족해서가 아니라, 그분의 은총의 결과였다고 확신했습니다. 제 마음은 결코 순수하지 않았기 때문입니다.

저는 그런 부름을 받을 자격이 있다고 느끼지 못했습니다. 하지만 제가 그분 앞에 서서 그분이 제 눈을 바라볼 때, 저는 그분이 오직 그분 자신만을 볼 수 있을 뿐이라는 것을 알게 되었습니다.

그분의 탕자였던 저는, 제 마음이 순수해서가 아니라 그분의 부름으로 돌아왔습니다. 모든 것은 하느님으로부터 나옵니다.

"우리가 사랑할 수 있는 것은 그분이 먼저 우리를 사랑했기 때문이다."

우리가 그분 앞에 오는 것은 그분이 먼저 우리를 부르셨기 때문입니다. 저는 고난 속에서 길을 잃은 탕자와 같았습니다.

분명히 하느님 앞에 설 자격은 없었습니다. 하지만 아직까지도 설명할 수 없는 방식으로 그분은 제 눈을 열어주셨고, 그분의 사랑을 비출 수 있게 해주셨습니다.

그분은 사랑이 가득한 얼굴로 저를 바라보며 포옹해주셨고, 우리는 하나로 융합되었습니다. 그 순간, 저의 보잘것없는 몸은 그분의 찬란한 몸과 하나가 되어 고양되었습니다. 하지만 분명히 저는 그 자격을 스스로 얻은 것이 아닙니다. 누구도 스스로 얻을 수 없었기에, 누구도 자랑할 수 없습니다.

하느님의 은총이 당신에게도 곧 임해지기를 바랄 뿐입니다.

Chapter 12

THE SECRET OF PRAYER
진정한 기도의 비밀

압둘라는 저에게 이것을 연습해보라고 했습니다.
매일 저는 복도에 있는 전화기를 볼 수 없는 거실에 앉았습니다. 눈을 감고 제가 전화기 옆 의자에 앉아 있다고 받아들였습니다. 그런 다음 다시 거실로 돌아온 것을 느꼈습니다. 저는 이동되었다는 것을 느낄 때까지 계속해서 이 연습을 반복했습니다.

이 연습은 저에게 매우 큰 도움이 되었습니다. 만약 당신도 시도해본다면, 이 연습을 통해 몸과 마음이 점점 더 자유로워지는 것을 느끼게 될 것입니다.

이동의 기법을 연습하십시오.

그러다 보면 어느 날, 상상만으로도 당신이 물리적 몸에서 분리되어, 당신이 상상하고 있는 바로 그 장소에 있게 된 것을 발견하게 될 것입니다. 심지어 그곳에 있는 사람들이 당신을 실제로 보게 될 것입니다.

CHAPTER 12 The Secret of Prayer
진정한 기도의 비밀

기도의 비밀은 성경에서 비유의 형태로 전해지며, 그 핵심을 결코 낙심하지 않고 기도하는 것으로 말합니다. 비유를 통해 과부가 판사를 끊임없이 찾아가 자신의 뜻을 들어달라고 요청하는 이야기에도 이 내용이 나옵니다. 처음에 판사는 응답하지 않았지만, 결국 그는 이렇게 말했습니다.

"나는 하느님을 두려워하지 않고 사람도 존중하지 않지만, 저 여인이 계속 찾아와 귀찮게 하니 이 여인을 풀어주리라."

비유는 꿈과 마찬가지로 하나의 진리를 전달해주고 있습니다. 이 비유는 기도의 기술을 익히기 위한 끈기의 중요성을 강조합니다. 이를 마스터하면 감사의 상태에서 살게 되며, 하루 종일 스스로에게 "감사합니다, 아버지"라고 반복하게 될 것입니다.

가장 효과적인 기도는 요한복음 11장에 나옵니다. "아버지께서는 언제나 제 말을 들어주고 계십니다. 아버지시여, 제 말을 들어주심에 감사드립니다."

이 장에서는 누군가가 죽어 세상에서 사라진 것처럼 보이는 이야기가 전해집니다. 그러나 기도의 방법을 알게 된 당신에게는 그 누구도 진정 죽은 사람이란 없습니다. 육체적인 감각으로 사랑하는 이를 더 이상 만지거나 보거나 들을 수 없을지라도, 감사드리는 법을 알게 된다면 어둠의 몸에서 빛의 세계로 이동하여 그들과 만날 수 있습니다. 그러므로 기도의 방법을 배운 사람은 충만하고 행복한 삶의 위대한 비밀을 발견하게 됩니다.

창세기 33장에서는 예루살렘을 "세겜"이라고 부릅니다. "야곱이 가나안 땅에 있는 세겜 성에 안전하게 도착하였다. 그는 거기서 제단을 세우고 그것을 엘 엘로헤 이스라엘이라 불렀으니, 이는 '이스라엘의 하나님'이라는 뜻이다"라고 기록되어 있습니다. 야곱은 세겜(진정한 방향)을 향하고는 엘 엘로헤 이스라엘에 머물렀는데, 이는 "마음과 몸, 혹은 재산에서 안전하다"는 뜻입니다.

다니엘은 열린 창문으로 가서, 예루살렘을 바라보았다고 합니다. 또한 이슬람 문화권에서는 메카를 향해 기도합니다. 그런데 그리스도는 내면에서 이루어지므로, 성경에서 말하는 예루살렘은 외부의 예루살렘이 아닌 내면의 예루살렘을 의미합니다. 기도할 때 땅에 엎드려 동쪽의 특정 지점을 바라보는 것이 아니라, 자신의 마음을 원하는 것이 이미 이루어진 상태로 변화시키는 것입니다.

이 기법은 단순하지만, 숙달하려면 연습이 필요합니다. 당신의 진정한 방향은 원하는 것을 아는 데 있습니다. 자신의 욕망을 알게 되면, 그것이 성취된 상태를 상상하며 그 앞에 자신을 놓으십시오. 모든 생각을 멈추고 마음의 문을 열도록 하십시오. 그런 다음 자신의 성취된 욕망 속으로 들어가십시오. 상상력을 동반자로 삼고 상상력과 함께 머물러 보십시오. 처음에는 상상력을 자신과는 분리된 존재로 생각하기 시작하지만, 결국에는 자신이 이전에 상상력이라 불렀던 것임을 알게 될 것입니다.

　손, 다리, 혹은 몸의 어떤 부분도 절단될 수 있지만, 상상의 주체는 절단될 수 없습니다. 왜냐하면 상상력은 당신의 영원한 자아이기 때문입니다!

　이것이 무엇을 의미하는지 보여드리겠습니다. 제가 지금 로스앤젤레스에 서 있지만, 다른 곳에 있고 싶다고 해봅시다. 시간과 돈이 허락하지 않을 수도 있지만, 상상 속에서는 이미 그곳에 있다고 가정할 수 있습니다. 제가 단순히 그렇게 가정하는 순간, 하느님은 이 몸을 떠납니다. 제가 뉴욕에 있다고 가정하면, 로스앤젤레스에 있는 사람들은 이제 저로부터 3천 마일 떨어진 곳에 있어야 합니다. 더 이상 그들이 길 건너편에 있거나 서쪽 언덕에 있다고 생각할 수 없습니다. 이것이 저의 시험입니다.

"기도"라는 단어는 "~을 향한 이동, 접근, 행위, 혹은 그 주변에 있음"을 의미합니다. 제가 뉴욕을 향했을 때, 저는 움직임을 만들고, 접근을 이루어 냈습니다. 제가 그곳 근처에 있는 것처럼 행동할 때, 저는 뉴욕으로부터 제 친구들을 보게 됩니다. 이렇게 하고 나면, 그 움직임을 만든 존재가 바로 상상력임을 알고, 제 상상력에 대해 완전한 믿음을 갖습니다.

블레이크의 말은 진리입니다. "인간은 상상력 그 자체이며, 하느님은 인간이고 우리 안에 계시며 우리는 하느님 안에 있다. 인간의 불멸의 몸은 상상력이며, 그것이 곧 하느님 자신이다."

당신은 공간뿐만 아니라 시간 속에서도 이동하면서 당신의 모든 욕망을 성취할 수 있습니다. 기도의 대상은 나 자신이라 불리는 것에 국한될 필요가 없습니다. 당신은 누군가가 과거에 원했던 것을 그가 이제 가지고 있다고 느끼는 것만으로 그를 위해 기도할 수 있습니다. 왜냐하면 느낌은 움직임이기 때문입니다. 성경에 기록된 첫 번째 창조 행위는 움직임이었습니다. "하느님이 수면 위에서 움직이셨더라."

최근 한 친구가 놀라운 비전을 경험했습니다. 그 비전 속에서 그는 제게 "제가 무엇인가를 배웠습니까?"라고 물었고, 저는 "네, 당신은 움직이는 법을 배웠습니다"라고 대답했다고 합니다. 그러자 모든 것이 바뀌었습니다. 갈등은 사라지고, 오두막은 성으로 변했으며, 전쟁터는 익은 밀밭의 바다가 되었으며, 그리고 그는 그의 영원한 집으로 안내되었습니다.

기도는 움직임입니다. 그것은 당신의 은행 잔고, 결혼 상태, 혹은 사회적 세계에서 변화를 향해 나아가는 법을 배우는 것입니다. 움직임의 기술을 마스터하십시오. 당신이 움직인 후에는 깊은 곳에서 변화가 솟아나기 시작할 것입니다. 기도의 기술은 내면의 움직임을 마스터하는 것입니다. 만약 당신이 변화시키고 싶은 것을 보고 있다면, 상상 속에서 변화가 이루어진 후 자신이 있을 위치로 이동하십시오.

당신의 세계에 존재하는 모든 것과 모든 사람은 당신 자신이 바깥으로 드러난 것입니다. 다른 사람의 도와달라는 목소리를 듣게 된다면 무시해서는 안 됩니다. 왜냐하면 그것은 바로 당신 자신으로부터 온 것이기 때문입니다!

당신은 빛의 세계에서 내려와 이 어둠의 몸에 스스로를 구속시켰습니다. 이제 무한한 빛의 세계에서 온 불꽃으로서, 언젠가 당신은 그 세계를 기억하고 깨어날 것입니다. 하지만 그때까지는 마음의 힘을 사용하는 법을 배워야 합니다. 제가 빛의 무한한 세계를 기억했을 때, 모든 것이 나 자신이며, 모든 것이 내 안에 존재한다는 것을 깨달았습니다.

기도는 마음의 움직임입니다. 그것은 문제에서 해결된 것으로 이동하는 기술입니다. 친구가 전화를 걸어 문제를 이야기하면, 전화를 끊고 저는 문제의 상태에서 해결의 상태로 이동합니다. 마치 같은 여성이 이제 "문제가 해결되었어"라고 말하는 것을 듣는 것처럼 말입니다.

최근 한 친구가 자신이 꾼 꿈을 저에게 이야기해줬습니다. 꿈에서 우리는 정원에 있었고, 그가 자신의 모든 욕망을 제게 말했습니다. 그때 제가 말했습니다. "그것을 욕망하지만 말고, 이루어진 듯 사세요!" 바로 이것이 진리입니다. 욕망은 그것을 생각하는 것이고, 이루어진 듯 사는 것은 그것으로부터 생각하는 것입니다!

욕망만 하며 살지 마십시오. 당신의 욕망이 이루어진 채로 사십시오. 그것이 이미 성취되었다고 생각하십시오. 그것이 사실임을 믿으십시오. 왜냐하면 비록 거짓된 가정이라 할지라도, 지속하면 결국 그것은 사실로 굳어지기 때문입니다.

기도의 기법을 배우는 과정에서는 끈기가 필요합니다. 이는 한 남자가 밤중에 찾아와 "친구여, 빵 세 덩이를 빌려주게"라고 말한 이야기에서 드러납니다. 그의 친구는 이렇게 대답했습니다. "이미 늦었고, 문은 닫혔으며, 내 아이들은 잠들었으니, 내려가서 당신을 도울 수 없소." 그러나 그 남자의 끈질긴 요청 때문에 친구는 그가 원하는 것을 주었습니다. "끈질김"이라는 단어는 뻔뻔스러운 대담함을 의미합니다. 그 남자는 거절을 받아들이지 않고 요청을 반복하고 또 반복했습니다. 과부의 이야기에서도 마찬가지입니다. 이 비유들은 기도를 설명하기 위해 전해지는 것입니다.

주기도문은 우리 모두가 하나라는 것을 가르칩니다. 이렇게 시작됩니다. "우리 아버지." 만약 하느님이 우리의 아버지라면, 우리도 하나가 아닌가요? 인종이나 피부색에 상관없이, 우리가 공통된 아버지를 가지고 있다면, 우리는 공통된 형제애를 나누어야 합니다.

더 나아가, 결국 우리가 아버지임을 알게 될 것입니다. 하지만 그때까지는 끈기가 삶의 변화를 이루는 열쇠입니다. 더 많은 수입, 더 큰 인정, 혹은 어떤 욕망이라도 말입니다. 오늘, 내일, 다음 주, 혹은 다음 달에 당신의 욕망이 이루어지지 않더라도 끈질기게 계속하십시오. 끈질긴 태도는 반드시 결실을 맺을 것입니다. 당신의 모든 기도는 포기하지 않는다면 반드시 응답받을 것입니다.

제 오랜 친구 압둘라는 저에게 이것을 연습해 보라고 했습니다. 매일 저는 복도에 있는 전화기를 볼 수 없는 거실에 앉았습니다. 눈을 감고 제가 전화기 옆 의자에 앉아 있다고 받아들였습니다. 그런 다음 다시 거실로 돌아온 것을 느꼈습니다. 저는 이동되었다는 것을 느낄 때까지 계속해서 이 연습을 반복했습니다. 이 연습은 저에게 매우 큰 도움이 되었습니다. 만약 당신도 시도해 본다면, 이 연습을 통해 몸과 마음이 점점 더 자유로워지는 것을 느끼게 될 것입니다.

이동의 기법을 연습하십시오. 그러다 보면 어느 날, 상상만으로도 당신이 물리적 몸에서 분리되어, 당신이 상상하고 있는 바로 그 장소에 있게 된 것을 발견하게 될 것입니다. 심지어 그곳에 있는 사람들이 당신을 실제로 보게 될 것입니다.

당신은 상상력 그 자체이기 때문에 상상 속에 있는 곳에 당신이 있는 것입니다. 상상 속에서 움직이는 동안, 당신은 자신의 욕망이 성취될 장소를 준비하고 있는 것입니다. 그런 다음, 당신은 돌아와 상상 속에서 준비한 그 장소로 자신을 이끌어 줄 일련의 사건들을 따라 걸어가게 됩니다.

상상 속에서 저는 제가 있고 싶은 장소에 저를 둘 수 있습니다. 저는 그곳으로 이동해 그곳에서 세상을 바라봅니다. 그런 다음 다시 이곳으로 돌아오며, 모든 것을 할 수 있고 모든 것을 아는 존재가 알 수 없는 방식으로 저를 사건들의 다리를 건너 제가 두었던 그곳으로 물리적으로 이끌어 줄 것이라는 확신을 갖게 됩니다.

당신은 상상 속에서 어느 장소든, 어느 시간이든 이동할 수 있습니다. 마치 그것이 사실인 것처럼 그곳에 머무르십시오. 그러면 당신은 기도의 비밀을 배우게 될 것입니다. 제 아내는 경이로운 비전을 보았는데, 나무 숲 속에 자신이 있는 장면이었습니다. 아내가 깨끗한 길을 따라 걸어가고 있을 때 제단 주위에 모인 사람들을 보았습니다. 한 여성이 다가왔는데, 그녀는 "유대교에 따른 신앙적 믿음과 죄의 용서"라는 제목의 책을 들고 있었습니다. 그녀는 제단에 도착하여 그 책을 큰 소리로 읽기 시작했습니다.

곧이어 또 다른 여성이 나타났습니다. 그녀는 "기독교에 따른 신앙적 믿음과 죄의 용서"라는 제목의 책을 들고 있었습니다. 제단에 다가가 그녀 역시 책을 펴고 읽기 시작했습니다. 제 아내는 그것을 듣고, 기독교인이 되는 것이 유대교인이 되는 것보다 훨씬 더 어렵다는 것을 깨달았습니다. 그녀는 이 모든 것이 마음에 관한 것임을 알았습니다. 외부에서 이루어지는 것은 아무것도 없으며, 모든 것이 내면에서 비롯된다는 것을 알게 되었습니다.

브라우닝은 그의 멋진 시 "부활절"에서, "기독교인이 된다는 것은 얼마나 어려운 일인가"라는 말로 시작했습니다. 채

프먼은 "기독교는 실천했다가, 부족하다고 입증된 것이 아니라, 실천해 본 결과 너무 어렵게 여겨져 포기된 것이다"라고 말했습니다. 왜 그럴까요? 기독교인은 책임을 전가하거나 다른 사람을 비난할 수 없기 때문입니다. 기독교는 모든 것이 하나라는 기초 위에 세워졌습니다. 인간은 항상 자신 내면에서 한 행동을 나타내기에, 당신의 세계는 당신이 자신에게 하고 있는 일을 증명해줍니다.

이 받아들이기 어려운 진리를 말하는 것이 바로 기독교입니다. "나를 보내신 아버지께서 그를 부르지 않으시면 그 누구도 내게 올 수 없다." 아버지와 하나인 내가 상상 속에서 하고 있는 것을 통해 내 삶에 들어오는 모든 사람을 부르고 있습니다.

기도하는 법을 배우십시오. 그 기법을 마스터하여 당신의 세계가 당신이 경험하고 싶은 이상에 부합하도록 하십시오. "소망을 생각하기(thinking of)"를 멈추고, "소망이 이루어진 상태로부터 생각하기(thinking from)"를 시작하십시오. 소망이 성취된 상태로부터 생각한다면, 그것을 단순히 생각하는 동안에는 결코 경험할 수 없는 것을 자각하게 됩니다. 소망이 성취된 상태에 자신을 두고 그것으로부터 생각하기 시작할 때가 비로소 기도를 하는 것입니다. 이성적 마음이 알지 못하는 방식으로 당신의 소망이 당신의 세계에서 현실로 나타나게 될 것입니다.

기도하는 법을 알게 되면, 당신은 원하던 사람이 될 수 있습니다. 믿는 자에게는 모든 것이 가능하므로, 믿음의 기술을 배워서 소망하는 것이 진실이라고 스스로에게 납득시키십시오. 그러면 어느 날, 상상 속에서 원하는 시공간을 차지했던 당신은 현실에서 누군가의 편지와 전화를 통해 그 상상 속 방문이 진실이었음을 입증하게 될 것입니다. 저는 이것을 경험을 통해 압니다.

성경은 단순히 아름다운 시가 아니라, 하느님의 영감을 받은 말씀입니다. 시인들에 의해 쓰인 성경은 일반적인 단어에도 깊고 넓은 의미가 부여되어 있습니다. 당신이 침대에 몸을 눕히고 자신이 침대가 아닌 다른 곳에 있다고 상상할 때, 당신이 바로 그 상상 자체가 아닌가요? 상상을 할 때 당신은 이 어둠의 몸의 동굴을 떠나 당신이 상상하는 그곳에 나타나게 됩니다. 왜냐하면 당신이 불멸하는 하느님이며, 상상력 그 자체이기 때문입니다.

불멸의 존재인 당신이 영원한 죽음을 겪을 수는 없습니다. 이 불멸하는 존재는 당신의 상상력입니다! 당신이 성경의 주인공, 예수 그리스도라고 불리는 존재입니다. 그분은 주 여호와 하느님이며, 일정한 목적을 위해 이곳에 내려왔습니다. 이 땅에 머무는 동안, 당신의 삶에 필요한 값들을 치러야 합니다. 당신이 정치인들을 비판하거나 세금 인상에 항의할 수도 있지만, 세금은 계속 부과될 것입니다. 그래서 당신은 기도의 기법을 배워서 돈을 벌어야 합니다.

고(故) 케네디 대통령과 관련된 이야기가 떠오릅니다. 그의 아버지는 한 세대 만에 약 4억 달러를 벌었지만, 그의 아이들이 돈을 너무 많이 쓴다고 불평했습니다. 만찬을 하는 중에 케네디 대통령은 이렇게 말했다고 합니다. "이 문제를 해결할 유일한 방법은 아버지가 더 많은 돈을 버는 겁니다."

한 친구는 이렇게 말을 했습니다. "네가 단 1달러만 가지고 있고 그것을 써야만 한다면, 마치 끝없는 숲을 소유한 사람이 마른 잎사귀 한 장을 쓰는 것처럼 해!" 기도의 기법을 제대로 안다면 1달러를 쓰지만 다시 그것을 또 만들어낼 것입니다. 보세요! 이 세상은 인간의 상상력이 창조한 것입니다. 그러니 우리가 기도의 비밀을 반드시 알아야만 합니다.

아직도 욕망만을 하고 있다면, 지금 당장 멈추십시오! 당신의 욕망이 이미 현실이 되었다면 어떨지 스스로에게 물어보십시오. 당신이 되고 싶은 사람이 이미 되었다면 어떤 기분일까요? 그리고 그 감정을 붙잡는다면, 당신은 그것으로부터 생각하고 있는 것입니다. 기도의 위대한 비밀은 "소망하는 것을 생각하는 것"이 아니라, "소망이 이루어진 상태로부터 생각하는 것"에 있습니다.

당신은 현재 이 상태에 정박해 있으면서 자신이 살고 있는 곳, 은행 잔고, 직업, 채권자, 친구들, 사랑하는 사람들을 인식하고 있습니다. 이는 당신이 이 상태로부터 생각하고 있기 때문입니다. 그러나 기도의 위대한 비밀을 발견하고 그것을 연습하면, 당신은 다른 상태로 이동하여 지금 이곳에서 느끼는 것과 같은 현실감을 똑같이 부여할 수 있습니다.

제가 드린 말씀을 마음에 새기고 그것에 따라 사십시오. 매일 기도의 기술을 연습하십시오. 그러면 어느 날, 가장 효과적인 기도가 "감사합니다, 아버지"라는 것을 발견하게 될 것입니다. 당신은 당신 안에 있는 이 존재를 당신 자신으로 느끼게 될 것입니다. 당신은 그 존재를 타인처럼 부를 수 있지만, 그것이 곧 "나"임을 알게 될 것입니다. 그러면 당신은 "그분과 나"의 하나 된 관계를 가지게 되고, 자신에게 "감사합니다, 아버지"라고 말하게 될 것입니다.

제가 무엇인가를 원한다면, 저는 그 욕망이 아버지로부터 온 것임을 압니다. 왜냐하면 모든 생각은 그분으로부터 비롯되기 때문입니다. 그분이 저에게 그 열망을 주셨기에, 저는 그것을 이루어주심에 감사드립니다. 그런 다음 저는 믿음으로 걸으며, 그 욕망을 통해 그것을 주신 그분이 그것을 물질적 형태로 입혀 저로 하여금 실제로 그것을 만나게 하실 것임을 확신합니다.

보기 싫은 것들만을 애써 쳐다보면서 판단하거나 비판하는 습관에 빠지지 마십시오. 당신에게는 인생이 있습니다. 삶을 고귀하게 사십시오. 고귀하고, 관대하며, 사랑이 넘치고, 친절하게 사는 것이 판단하고 비난하는 것보다 훨씬 더 쉽습니다. 다른 사람들이 그렇게 하고 싶다면, 그렇게 하도록 두십시오. 그들은 당신이 아직 극복하지 못한 당신의 한 측면일 뿐입니다. 그러나 그 습관에 빠지지는 마십시오.

단순히 하늘의 아버지께 감사하고, 또 감사하십시오. 왜냐하면 결국 이 멋진 드라마의 막이 내릴 때, 최고의 배우가 만물 안에서 일어날 것이며, 당신은 자신이 바로 그 존재임을 알게 될 것이기 때문입니다.

침묵 속으로 들어가겠습니다.

Chapter 13

THE TWO SIDES OF THIS TEACHING
물질적 풍요, 영적 풍요

저는 당신에게,
당신은 영원한 존재이며 불멸이라고 말합니다.
세상이 있기도 전에 당신이 존재했습니다.
당신은 우주가 생기기 훨씬 전부터 하느님의 아들이었으며, 이 위대한 실험을 위한 무대에 세워졌습니다.

그런 후 당신은 스스로 빛을 발산했습니다.
당신은 그 존재에서 나온 한 줄기의 빛이며,
그 빛나는 존재와 실제로 하나입니다.
그리고 그분은 그 빛을 발산하며, 영원히 당신을 버리지 않습니다. 그 빛은 그분 자신입니다.

그분은 당신을 온갖 과정을 거치게 하여 자신의 모습으로 빚어냅니다.
그리고 그분은 당신이 겪은 모든 경험을 받아들이며, 이 경험들로 인해 더 높아지고 영광스러워집니다.

CHAPTER 13 The Two Sides Of This Teaching
물질적 풍요, 영적 풍요

오늘 밤, 우리는 이 가르침의 두 가지 측면을 살펴볼 것입니다. 하나는 우리가 살아가는 이 차원에 적용되는 측면이고, 다른 하나는 우리 존재의 참된 목적과 연결되는 측면입니다. 우리가 살아가는 이 차원에서는 전쟁과 혁명, 격변과 평화와 같은 일들이 일어나고 있습니다. 세상에서 일어나는 모든 일들은, 우리가 보통 알고 있는 원인이 아닌, 더 깊은 숨겨진 원인에 의해 발생된다고 말합니다.

전쟁이 일어나면 언론, 라디오, TV 등에서 그 이유를 설명하지만, 실제로 우리는 그 숨겨진 근본 원인을 알 수도, 볼 수도 없습니다. 그 숨겨진 원인은 인간의 상상력 안에 있습니다. 따라서 모든 사건들은, 아무리 명백하게 보이는 원인이 있다고 해도, 실제로는 그 표면적인 원인에서 비롯된 것이 아닙니다. 최근 애틀랜틱 4월호에서 전 해병대 사령관 데이비드 M. 쇼우프가 매우 과감하고 대담한 주장을 펼쳤습니다.

그가 해병대 사령관이었다는 사실을 기억하시기 바랍니다. 그는 우리나라를 군사적이고 공격적인 국가로 만들려는 야심 찬 고위 장교 집단이 존재한다고 주장합니다. 그들은 평화보다는 전쟁을 선호합니다. 전쟁을 통해서만 승진과 영광, 그리고 자신들이 원하는 모든 것을 얻을 수 있다고 생각하며, 평화로운 시대의 군대 생활은 그들에게 지루하고 답답한 것입니다.

자신들의 이론들과 새로운 도구를 시험하기 위해 전쟁을 계획하고 구상하며, 오직 전쟁만이 그들의 꿈이자 의미가 됩니다. 그는 이런 일이 우리나라의 엘리트 고위 장교 집단에서 일어나고 있다고 주장합니다. 이 주장을 하는 사람은 데이비드 M. 쇼우프 장군입니다. 그는 이렇게 말했습니다.

"우리 시민들은 이런 일을 이해할 수 없을 것입니다. 그리고 우리를 지키기 위해 이 땅에서 훈련받은 사람들이 이런 계획을 세우고, 자신의 야망과 명예를 위해 우리를 전쟁에 몰아넣을 것이라고는 믿지 못할 것입니다. 그럼에도 불구하고 이런 일이 지금 우리 땅에서 일어나고 있습니다."

애틀랜틱 4월호에서 이 기사를 읽을 수 있습니다.

이런 일의 숨겨진 원인은 어디에 있습니까? 그것은 인간의 상상력 안에 있습니다. 당신은 그 상상력을 저들처럼 지옥 같은 방식으로 사용할 수도 있고, 하늘나라를 향한 방식으로 사용할 수도 있습니다. 여기 앉아 도움이 필요한 사람을 마음속에 떠올리고, 당신이 원하는 그들의 모습을 상상해 보세요.

그 상상이 현실임을 스스로 확신한 후 마음에서 내려놓으세요. 그러면 그들은 당신의 상상대로 변화할 것입니다.

아니면 그들이 엉망이 된 모습을 상상할 수도 있습니다. 그러면 그들은 또한 당신의 상상에 맞춰 변화될 것입니다. 이렇게 당신은 당신 안의 그리스도라는 창조의 힘을 지옥처럼 사용할 수도, 가장 고귀한 축복의 방식으로 사용할 수도 있습니다. 전적으로 당신에게 달려 있습니다.

해병대에서는 사령관보다 더 높은 위치가 없습니다. 그런데 이 말은 해병대 사령관의 입에서 나온 말입니다. 지금 그가 우리의 야망 있는 엘리트 장교들은 자신들이 받게 될 영광, 명성, 진급 때문에 평화보다 전쟁을 더 선호한다고 말하고 있습니다. 그들에게 평화의 시기는 답답하고 지루한 것이기에 전쟁만을 계획하며 준비한다고 말합니다. 그러면서 베트남 전쟁의 개입이 그런 자들의 야망 때문에 일어났다고 주장합니다. 그는 자신의 모든 것을 걸고 이런 말을 합니다.

소수의 집단에 의해 수행되고 있는 이 계획을 위해 당신과 저는 이 엄청난 세금 부담을 지고 있습니다. 그런데 시인들은 오랜 세월 동안 이 진리를 말해왔습니다. 시인들과 예언자들은 마치 같은 곳에서 영감을 받은, '시대를 앞서가는 선구자'처럼 보입니다.

예이츠는 말했습니다. "사람들의 마음에 미묘한 변화를 일으킨 것이 포도주를 밟던 여인이 아니었다고 나는 확신할 수 없으며, 수많은 나라를 전쟁으로 몰아넣은 격정이 어떤 목동의 마음속에서 순간적으로 번쩍였다가 사라지며 시작된 것이 아니라고 확신할 수 없을 것이다."

오늘 밤 포도주를 밟고 있는 사람이 있는지 누가 알겠습니까? 외딴 곳에 갇힌 사람이 상상력이라는 세상 유일한 힘을 악마처럼 사용하고 있을지, 아니면 축복처럼 사용하고 있을지 누가 알겠습니까?

저는 여러 가지 이유로 당신이 이 힘을 축복의 형태로 사용하기를 권합니다. 세상이란 당신이 내면에서 펼쳐낸 것만이 존재하기 때문입니다. 제 경험으로 볼 때, 감정을 가지고 강렬하게 상상하는 한 명의 사람은 수많은 사람들에게 영향을 줄 수 있으며, 수많은 사람들을 통해 행동하고, 수많은 목소리로 말할 수 있습니다. 세상에는 알려지지도 않은 누군가가 수많은 사람들에게 영향을 미치고 그들을 통해 활동할 수 있습니다. 마치 이 소수의 그룹이 자신들의 승진과 영광을 위해 행동하는 것처럼 말입니다.

모든 것이 끝나는 날이 분명 올 것입니다. 스탈린처럼 훈장을 온몸에 두른 사람에게도, 히틀러처럼 자신이 스스로에게 부여한 훈장을 더 이상 둘 곳이 없었던 사람에게도, 이 지상의 모든 것이 끝나는 날이 올 것입니다. 살인자들이 두르고 있는 의상은 하느님이 두르고 있는 의상 중 가장 터무니없는 것입니다.

물론 그것을 입은 것도 하느님입니다. 하지만 그것은 하느님의 힘인, 상상력의 힘을 가장 오해한 것입니다. 저는 삶이란 꿈에서 깨어나는 경험을 한 상태에서 말하고 있습니다. 그러니 여기 계신 여러분이 제 말을 믿어주시기 바랍니다. 저는 성경의 전체 이야기를 경험했기에 내용의 처음부터 끝까지 모두 진실임을 압니다.

복음서의 모든 내용은 이 세상의 모든 이들 안에서 언젠가 반드시 일어나게 되는 본보기입니다. 여성에게서 태어난 모든 아이들 뒤에는 모든 것을 이끌고 공급하는 근원의 자아, 즉 천상의 자아가 존재합니다. 그 존재는 성서에서 "나는 그대를 영원히 버리지 않을 것이다"라고 말한 그 존재입니다. 왜냐하면 여성에게서 태어난 사람은 하느님의 아들인 근원의 자아가 드러난 존재이기 때문입니다.

그래서 신명기 32장 8절에서는 "그분은 하느님 아들의 수에 따라 사람들의 경계를 설정했다"라고 말합니다. 따라서 태어난 모든 사람들 배후에는 하느님의 아들, 불멸하는 자아,

근원의 자아가 존재합니다. 그분은 결코 당신을 버리지 않을 것입니다. 그러니 그분의 눈에 당신이 얼마나 소중한 존재인지 잊지 마십시오.

그분은 모든 권능 중의 최고 권능입니다. 그 힘을 남용하지 말고, 오직 사랑으로 사용하세요. 이 세상 어디를 가든, 누구를 만나든 피부색, 민족, 성별에 관계없이 그 사람 배후에는 당신과 같은 불멸의 존재이자 시작과 끝이 없는 근원적 존재가 있음을 기억하세요. 그리고 그 존재는 그 사람을 자신과 하나 되게 하기 위해 필요한 경험을 겪게 하며, 결국 모든 존재는 그 근원으로 돌아가게 될 것입니다.

누가복음 9장 27절에는 예수님이 제자들에게 "여기 서 있는 사람들 중에는 하느님의 나라를 보기 전에 죽음을 맛보지 않을 사람들이 있다"라고 말하는 내용이 기록되어 있습니다. 어떤 학자들은 제자들이 이미 다 죽어 하느님의 왕국을 보지 못했기 때문에 그 예언이 실패했다고 주장합니다. 그들은 하느님의 왕국이 무엇인지 모르기 때문에 이런 주장을 하는 것입니다. 누가복음 17장 21절에서 예수는 "하늘나라는 너희 안에 있다"라고 말했습니다. 그렇다면 하늘나라에 들어가는 것을 볼 수 있는 이는 자기 자신밖에 없습니다.

당신이 그들에게 당신이 하늘나라에 들어갔다고 말한다면,

그들은 그것이 그들의 생각하던 것과 다르다는 이유로 부정할 것입니다. 그래서 그들은 당신이 그곳에 들어간 것이 아니라고 주장하겠지만, 약속은 이루어졌고 하느님의 말씀은 결코 깨지지 않습니다. 결코 그 약속은 깨지지 않습니다.

"여기 서 있는 사람들 중에는 하느님의 나라를 보기 전에 죽음을 맛보지 않을 사람들이 있더라." 그렇습니다. 하느님의 왕국을 보는 것과 하느님의 왕국에 들어가는 것은 같습니다. 당신은 하느님의 왕국을 보고, 그 왕국에 들어갑니다. 하지만 이 모든 것은 당신 안에 있습니다.

그렇다면 어떻게 그곳에 들어갈 수 있을까요? 육신이라는 장막이 갈라지고 그 밑바닥을 바라볼 때, 저를 위해 죽음으로써 저 자신이 된 근원 존재의 피를 보게 됩니다. 그 피 속에서 생명을 보게 되면, 저는 그 피와 하나가 되어 마치 나선형의 불꽃처럼 천국으로 들어갑니다. 왜냐하면 이 드라마의 시작과 끝은 모두 제 두개골이라는 성스러운 무덤에서 일어나기 때문입니다.

저는 불꽃 뱀처럼 제 두개골로 올라가고, 그 안에 들어가는 순간 마치 천둥소리처럼 울려 퍼집니다. 마치 마태복음 11장 12절의 "폭력적인 것이 그것을 강제로 취한다"는 말씀처럼 됩니다. "폭력적"이라는 단어는 사실 "생명"을 의미합니다.

이는 "자신을 밀어 넣어 내면에 자리를 차지한다"는 뜻이기도 하지만, 궁극적으로 "생명"을 뜻합니다. 왜냐하면 피 안에 생명이 있기 때문입니다. "생명은 피 안에 있다"는 성경의 기록처럼, 그것은 하느님 그분의 피였습니다.

그것을 생각했을 때 저는 그것과 융화되었습니다. 그리고 제가 바로 그것이 된 순간, 저는 제 안에 생명을 갖게 되었습니다. "아버지께서 자신 안에 생명을 가지고 계시듯이 아들도 자신 안에 생명을 갖게 하셨다"[요한복음 5장 26절]라고 말씀하신 것처럼, 그 순간 저는 제 안에 생명을 갖는 권리와 저를 나타내신 아버지와 하나가 되는 권리를 부여받았습니다.

그리고 나서 나선형 불꽃처럼 자신을 엮어, 이 전체 드라마가 시작된 바로 그 거룩한 무덤 안으로 들어가게 됩니다. 그러므로 "이곳에 서 있는 자들 중 일부는 하느님의 나라를 보기 전에 죽음을 맛보지 않으리라"는 말은 진실이며, 이는 변하지 않는 사실입니다. 그런데 과연 누가 그것을 알게 될까요? 오직 그것을 경험한 사람만이 알 수 있습니다. 이 경험은 모든 이들 안에서 계속 진행되고 있습니다.

만일 외부에서 왕국을 찾는 일을 하고 있다면 절대 찾을 수 없을 것입니다. 왜냐하면 "하느님의 왕국은 너희 안에 있다"

[누가복음 17:21]고 말해지기 때문입니다. 그것이 내 안에 있다면 어떻게 외부에서 들어갈 수 있겠습니까? 내 안에서 하늘나라에 들어가는 것 외에 다른 방법이 있을 수 있겠습니까?

당신도 마찬가지입니다. 마태복음 16장에서는 인간의 아들이 왕국에 들어가는 것으로 말하고, 마가복음 9장과 누가복음 9장에서는 그것을 하느님의 왕국이라고 말합니다. 이 말을 한 후 예수는 베드로, 요한, 야고보 세 제자를 데리고 높은 산에 올라갔습니다. 그리고 그들 앞에서 모습이 완전히 변했습니다. 이것을 외부의 사건으로 생각할 수 있지만, 그렇지 않습니다. 이것 또한 내면에서 일어나는 일입니다.

하지만 복음서 저자들은 이 부활의 모습을 사람들에게 익숙한 형식에 맞춰서 표현했습니다. 이 이야기를 예수의 외부적인 사역으로만 해석한다면, 그것은 옳지 않습니다. 이것은 내면에서 일어난 일을 외부적 상징으로 표현한 것입니다. 그래서 복음서 저자들은 외부 세상에서 세 명의 사람을 데려갔다는 식으로 마치 이 땅에서 일어난 사건처럼 표현했지만, 실제로 일어난 일은 아닙니다.

한 여성분이 저에게 편지를 보냈습니다. 그녀는 자신이 동굴 안에 있었고, 금으로 새겨진 세 남자와 아이를 품에 안은 여성을 보았다고 했습니다. 그녀는 이 모든 것을 관찰하는 입장이었다고 말합니다. 그녀는 출구가 하나뿐인 동굴 안에 있었고, 그곳에는 금으로 새겨진 세 남자와 아기를 안고 있는 한 여성이 있었습니다.

이것은 어떤 의미 없는 경험이 아닙니다. 이것은 그 여성에게 일어날 일을 암시하는 완벽한 전조입니다. 세 사람이 등장하는 것은 창세기에서 처음으로 나옵니다. 아브라함이 무더운 낮에 천막 문에 앉아 있을 때 세 명의 남자가 갑자기 나타났습니다. 그리고 베드로후서 1장에서 베드로는 세 사람이 예수의 장엄함을 직접 목격했던 것을 기억합니다. 그리고 그는 베드로, 야고보, 요한이 예수의 장엄함을 목격하도록 부름 받았던 순간을 회상합니다. 항상 세 명입니다!

그래서 그녀도 자신이 동굴 안에 있는 것을 발견합니다. 그 동굴은 신성한 무덤이자, 당신의 두개골이며, 모든 드라마가 시작되고 절정에 이르며 완성되는 곳입니다. 그녀는 이제 세 사람을 봅니다. 그녀가 그들을 불렀습니다. 그리고 아이를 안고 있는 한 명의 여인이 있었습니다. 그것은 그녀에게 이제 일어나게 될 일, 즉 탄생의 징조입니다. 그러나 그녀의 탄생을 증언할 세 명이 반드시 있어야 합니다.

그녀는 그 드라마 안에서 깨어나게 되고, 깨어난 후에 밖으로 나오게 될 때, 세 명이 그녀의 탄생을 증언할 것입니다. 그 탄생은 하느님의 탄생입니다. 근원 존재의 발현체인 그녀는 깨어났습니다. 이는 그녀가 근원 존재로 돌아간다는 의미이며, 그분은 그녀를 영원한 하느님의 아들로서의 지위로 높여줍니다. 그녀는 근원 존재와 하나입니다. 하지만 이 시저의 세상에 있는 동안 우리는 그것에서 분리되어 길을 잃은 듯 보입니다.

그래서 저는 여러분 모두에게 말합니다. 여러분의 것인 이 경이로운 힘, 즉 여러분의 경이로운 상상력을 가지고 세상 모든 사람들을 위해 아름답게 사용하십시오. 오늘 밤에도 전쟁과 더 큰 전쟁을 꿈꾸는 장교들이 있는 것이 무슨 의미가 있겠습니까? 우리는 이미 세계를 멸망시킬 만큼의 무기를 가지고 있지만, 그들은 더 많은 무기를 만들기 위해 우리에게 짐을 지웁니다. 그들이 더 많은 훈장을 받고, 대위에서 장군으로, 그리고 어쩌면 대통령이 되기 위해서 말입니다.

그래서 뭐가 달라지나요? 결국 그들은 멋진 곳에 묻혀 사람들이 찾아올지 모르지만, 두 세대가 지나면 아무도 그들이 존재했는지조차 모르게 될 것입니다. 세상의 묘지를 둘러보며, 자신을 대단하다고 여겼던 사람들을 보십시오. 아무도 그들이 누구였는지 기억하지 못합니다.

그 시대에는 스스로를 그렇게 중요하게 여겼던 이름들이었지만, 이를 기억하는 사람은 역사가이거나 이런 것에 관심이 있는 사람들뿐입니다. 그러니 세상을 다 가진다 해도 생명을 잃으면 무슨 소용이 있겠습니까? 여기서 폭력이라고 쓰인 단어는 "생명"과 "힘"을 의미합니다. 당신은 이 세상의 사람들에게는 알려지지 않은 힘을 얻게 됩니다. 세상의 원자폭탄과 수소폭탄은 당신이 상속받게 될 이 힘에 비하면 아무것도 아닙니다.

세상을 내려다보고 그 움직임을 멈출 수 있는 힘이 있다고 상상해 보십시오. 물론 사랑이 당신을 인도하지 않는다면 그런 힘을 절대 가질 수 없을 것입니다. 만일 사랑에 의해 인도되지 않는 사람이 그런 힘을 가졌다고 상상해 보세요. 나라 전체를 멈추게 한 후, 사람들을 바다로 일렬로 몰아놓고 익사하게 만들 수 있습니다. 물론 할 수 있지만, 이 힘은 당신이 가진 사랑의 크기만큼 얻게 될 것입니다. 경험으로 말하는 겁니다.

제가 신성 사회로 이끌려갔을 때 저를 처음 안았던 것은 사랑이었습니다. 그런 후 저를 세상에 보낸 것은 권능(힘)이었습니다. 어쨌든 저를 처음 감싸 안았던 것은 사랑이었습니다. 이 세상의 어떤 힘도 사랑에서 비롯되지 않으면 저는 사용할 수 없었습니다. 왜냐하면 사랑이 저를 감싸 안았었기 때문입니다.

사랑의 굴레 없이 존재하는 그 막대한 힘과 전능함을 상상해 보십시오. 재앙입니다. 우리 인간에게 알려진 어떤 힘도 그 힘과 비교할 수 있는 것은 없습니다. 세상의 어떤 존재라도 당신의 뜻에 따라 멈추게 하고, 그들이 가던 길을 완전히 다른 방향으로 돌려놓을 수 있다는 것을, 게다가 그 사람은 자신 안에서 변화가 있었다는 사실조차 모른다는 것을 상상해 보십시오.

당신이 가진 그 힘으로 그 사람의 의도를 바꿔 놓았기 때문에, 그는 원래 하려던 일을 하지 못하게 됩니다. 일주일 후 재연될 위대한 드라마에서 이렇게 말합니다. "나에게는 그대를 십자가에 못 박을 힘도, 그대를 해방할 힘도 있다는 것을 그대는 알지 못하는가?" 그러자 예수는 대답했습니다. "위로부터 주어지지 않았다면 그대는 나에 대해 어떤 힘도 갖지 못하더라." [요한복음 19:10] 어떤 힘도 행사하지 못한다고 합니다.

예수가 위로부터 주어진 그 힘을 갖고 있다고 상상해 보세요! 하지만 그는 자신에게 주어진 역할을 처음부터 끝까지 완벽하게 수행하고, 인류를 위해 그 전체 드라마를 재연했습니다. 모든 사람은 예수 그리스도의 이야기를 다시 한 번 겪고, 자신의 내면에서 재현하게 될 것입니다. 당신이 할 수 있는 것은 단지 그 이야기를 전하는 것뿐입니다. 왜냐하면 그 일은 하늘에서 일어나고, 하늘나라는 당신 안에 존재하기 때문입니다. [누가복음 17:21]

그 이야기를 들은 사람들은 믿을 수도 있고, 믿지 않을 수도 있습니다. 당신은 그들을 설득하여 믿게 만들 수는 없습니다. 그들은 믿거나, 믿지 않을 것입니다. 그것을 믿지 않는 사람들이 재판관처럼 앉아 쇼프가 말한 대로 전쟁을 꿈꾸고 있습니다. 읽어보세요. 최근 호에 실려 있습니다. 여섯 페이지를 읽어 내려가면서 당신은 세상에서 무슨 일이 일어나고 있는지 혼란스러워할 것입니다.

평범한 사람이 쓴 글이라면 별일 아니지만, 이 글은 해병대 사령관 데이비드 쇼프 장군이 쓴 글입니다. 그는 이미 사임하여 은퇴했기 때문에, 그 누구도 그에게 어떠한 제재도 가할 수 없습니다. 그리고 그는 여전히 해병대 최고의 장군으로서 받았던 급여를 계속 받고 있습니다. 그들은 그에게서 그 자유를 빼앗을 수 없습니다. 그러니 그는 자신이 목격한 사실을 솔직하게 이야기할 수 있습니다.

그는 우리 나라의 야심찬 고위 장교들이 개인의 출세와 영광, 명예를 위해 평화보다 전쟁을 선호하고, 우리나라를 침략 국가와 군사 국가로 만들어 가고 있다고 말합니다. 평화로운 시기에 임무를 수행하는 것은 그들에게 가장 짜증 나고 지루하며 불쾌한 일로 여겨집니다. 그는 이렇게 말했습니다.

"민간인들은 이해할 수 없습니다. 왜냐하면 우리는 그들이 우리를 보호할 것이라 믿으며, 그들에게 급여와 모든 혜택을 제공했기 때문입니다. 누가 그 비용을 지불하는 것이라고 생각하십니까? 바로 일하는 시민들이 지불하는 것입니다. 국가 자체는 돈이 없습니다. 모든 돈은 일하는 사람들의 주머니에서 나옵니다."

그러니 장교들이 받는 모든 것은 일하는 사람들의 희생으로 이루어지는 것입니다. 우리는 그들이 우리를 보호하기 위해 훈련받는다고 생각하고, 그것이 군대의 목적이라고 믿습니다. 하지만 그것은 전혀 그들의 목적이 아닙니다. 그들의 목적은 우리를 도구로 삼아 자신들의 작은 관점에서 자신들이 더 영광스럽게 빛나는 존재로 보이는 것입니다.

하지만 저는 여러분에게 말씀드립니다. 여러분은 이미 진실을 알고 있습니다. 하느님의 아들이라 불리는 당신의 근원의 존재는 실제로 여러분을 위해 피를 흘렸습니다. 저는 경험으로 알고 있습니다. 이 육신이 위에서 아래로 두 동강이 났을 때 저는 그것을 보았고, 그것은 하느님의 피였습니다. 그렇습니다. 하느님은 저의 경이로운 근원의 자아, 즉 다른 누구도 아닌, 저라는 자아가 확장된 존재입니다.

그것은 세상에서 가장 위대한 창조의 힘이 될 것입니다. 제 경험에 따르면, 그분이 입으셨던 가장 아름다운 몸은 사랑의 몸이었습니다. 그분이 저를 안아주셨을 때 저도 그 몸을 함께 입었으며, 그 사랑의 몸으로 영원히 돌아가 다시 그것을 입게 될 것입니다. 우리는 분리되어 있지 않습니다. 저는 단순히 그분에게서 나온 존재이며, 그 후에 다시 그분에게 돌아갈 것입니다. 그러면 그때 우리는 하나이면서도 더욱 영광스럽고, 더욱 빛나고, 더욱 투명하고, 더욱 창조적이게 됩니다. 왜냐하면 그분이 확장되어 제가 이 세상에서 제 역할을 연기한 덕분에 우리는 더욱 거대한 창조의 힘을 갖게 되었기 때문입니다.

제가 여전히 여러분과 함께 있는 동안, 여러분이 해야 할 일을 전하고자 합니다. 여러분의 상상력을 세상 모든 사람을 위해 사랑으로 영원히 사용하고, 여러분의 상상 속 행위가 현실임을 믿으십시오. 오늘 처음 참석하신 분들을 위해 이것이 어떻게 작동하는지 설명해 드리겠습니다. 만약 실직한 친구가 있다면, 오늘 밤 그 친구가 안정된 직업을 가지고 있는 모습을 마음속으로 그려보십시오. 그런 다음, 마치 친구의 목소리를 실제로 듣는 것처럼 주의 깊게 귀를 기울이세요.

당신이 알고 있는 그의 목소리에 온전히 집중하십시오. 친구의 악수하는 느낌을 떠올리고, 그 감각도 상상에 활용하세요. 친구의 외모를 기억하며 그 이미지도 상상에 더해보세요. 상상의 장면에 당신이 사용할 수 있는 모든 감각을 동원하세요. 그리고 그 친구의 소망이 이루어졌음을 나타내는 장면을 생생하게 재현해보세요. 상상 속에서 강렬한 짜릿함을 느꼈다면, 이제 그것을 놓아버리세요. 완전히 내려놓고 성경의 "하늘나라는 작은 씨앗과 같아, 겨자씨처럼 자란다"라는 구절처럼 씨앗을 땅에 내려놓으세요.

그것을 다시 꺼내려고 하지 말고, 그대로 두십시오. 그러면 씨앗은 자라서 꽃을 피우고, 결국 당신이 상상한 대로 이루어질 것입니다. 직접 해보세요! 판단하기 전에 시도해보세요. 그러면 이 원리가 어떻게 작동하는지 깨닫게 될 것입니다. 이것이 작동하게 될 때 당신 안에 창조의 힘이 있다는 것을 알게 될 것입니다. 그 힘은 성경에서 예수 그리스도라 불립니다. 고린도전서 1장에서는 "그리스도는 하느님의 힘이고 하느님의 지혜더라."[고린도전서 1:24]고 말합니다.

자, 이제 당신은 상상력을 통해 이 구절을 증명합니다. 그리고 친구의 삶에 이 변화를 정말 창조했다는 것을 증명합니다. 그러면 당신은 그리스도의 존재를 입증한 것입니다. 그렇습니다. 그것은 당신 안에 있는 경이로운 불멸의 존재, 결코 당신을 떠나지도 버리지도 않을 그리스도입니다. 그것은 히브리서 13장에서 말해집니다. "나는 결코 그대를 떠나지 않을 것이며, 결코 그대를 버리지 않을 것이라."[히브리서 13:5]

무슨 일이 일어나든 당신 안에는 그리스도라는 힘이 있습니다. 누군가 불쾌한 것을 상상해서 당신이 그 상태에 휩쓸려 지옥을 맛보더라도, 당신 안에는 언제나 당신을 떠나지도 버리지도 않을 그리스도가 있습니다. 이 원리를 알고 있다면 언제든지 자신을 속박하던 상황에서 자신을 분리해서 벗어날 수 있습니다. 저는 그런 상황에 끌려갔었고, 그곳에서 나왔습니다. 총을 쏜 것도 아니고, 어떤 행동을 한 것도 아니지만 그 상황에서 벗어났습니다.

오늘 4월호에 실린 그의 글은 태초의 시간부터 쓰여질 수도 있었습니다. 왜냐하면 인류 역사상 최초로 끔찍한 행위는 카인이 자신의 형제 아벨을 살해한 사건이었기 때문입니다. 이런 일이 끊임없이 반복됩니다. 그러나 인간은 그 소용돌이에 휘말릴 필요가 없다는 사실을 깨닫는다면, 제가 했던 것처럼 당시의 법을 무시함으로써 그곳에서 벗어날 수 있습니다.

사람들은 "넌 그곳에서 나갈 수 없어"라고 말했습니다. 맞습니다. 저는 그곳에서 나갈 수 없었습니다. 그래서 저는 제가 이미 그곳에서 나왔다는 것을 담대하게 받아들였고, 마음속에서 제가 그곳에서 나왔다면 했었을 행동을 했습니다. 저는 9일 동안 이 상태를 고집했습니다. 9일째 되는 날, 제가 나가는 것을 거부했던 사람이 제 자유를 허락했고, 저는 명예제대를 하게 되었습니다.

당신이 어떻게 그것에 끌려갔든, 모든 것을 끌어당기는 카리브디스(거대한 소용돌이를 일으키는 전설 속 바다 괴물) 같은 이 소용돌이에서 당신은 벗어날 수 있습니다. 오늘날에도 대공황을 계획하는 사람들이 있다는 것을 알고 계십니까? 그들은 오직 개인의 이익을 위해 그런 일을 꾸미고 있습니다! 자신들의 이익을 위해 공매도를 하려는 사람들이 있습니다. 그들은 자신들이 신문에 억만장자로 나올 수 있게끔, 이 하찮은 순간의 작은 영광을 위해 그런 종류의 일들을 합니다.

그들은 이제 억만장자가 되었다는 사실에 만족해합니다. 오늘 밤 그들의 이름은 칭송받지만, 시간이 지나면 사람들은 그들이 살았었는지조차 기억하지 못할 것입니다. 그들의 조카와 친척들은 그 돈을 탕진할 것이고, 그들은 여전히 다른 큰 재산을 위해 열심히 일하고 있을 것입니다. 그들은 이 세상과 똑같은 다른 세상으로 가게 됩니다.

그래서 여기 있는 사람들 중 죽음을 맛보지 않을 사람들이 있다고 말해질 때, 저는 그 어떤 사람도 이 땅을 떠나지 않는다고 말합니다. 여기서 사람이란 일반적인 사람을 말합니다. 어떤 사람도 깨어날 때까지 이 땅을 떠나지 않습니다. 이 땅은 지금의 감각이 인식을 멈출 때 끝나는 곳이 아니기 때문입니다. 오늘 밤 당신이 죽더라도 여전히 이 땅에 있을 것입니다. 지금의 당신과 비슷하지만, 젊고 활기차며, 이상적인 젊은 몸을 가진 상태로 말입니다. 그런데 당신에게 새롭게 주어진 환경은 당신이 남겨 놓은 억만 달러가 있던 곳이 아닙니다.

억만 달러를 남겨놓고 죽고 난 후, 당신은 생계를 위해 구두를 닦는 일을 해야 할지도 모릅니다. 당신 안의 근원의 존재는 당신을 그분의 모습과 같게 만들기 위해 어떤 것이 필요한지 가장 잘 알고 있습니다. 그렇기 때문에 이 땅에서 당신이 한 것에 따라 내일 당신의 역할을 정할 것입니다. 그 목적은 그분이 완벽한 것처럼 당신도 완벽하게 만드는 것입니다. 당신이 정말 그분의 이미지와 겹쳐져서 딱 맞을 때까지 당신은 끝나지 않을 것입니다. 그렇게 딱 맞을 때 당신은 그분이 되며, 당신과 그분은 하나가 됩니다.

사람들은 이 작은 여정에 끝이 온다는 것을 인식하지도 못한 채, 계속 쌓고 또 쌓아서 그것을 몇 배로 만들지만, 결국에는 모든 것은 다 원점으로 돌아가고 맙니다. 그리고 우리는 떠나서도 정체성을 잃지 않은 채 작은 환경에 갇혀 있는 자신을 발견하게 됩니다. 그 누구도 깨어나기 전까지는 이 땅을 떠나지 못합니다. 깨어날 때에야 이 땅의 이 시대를 떠나게 됩니다. 왜냐하면 이 땅의 시간은 70년 동안 이어졌다가, 이 지상과 비슷하게, 또 이곳에서 지니고 있는 문제를 지니고, 여기서 하는 것처럼 우리는 결혼하고, 죽고, 일하기 때문입니다.

 우리는 근원적 자아의 눈에 그의 본래 모습과 같은 모습이 될 때까지 이 짧은 시간의 구간에서, 또 다른 시간의 구간으로, 그리고 또 다른 시간의 구간으로 이동합니다. 그리고 우리가 그 상태에 이르게 될 때, 비로소 깨어납니다. 그래서 "여기 서 있는 사람들 중에는 하느님의 나라를 보기 전에 죽음을 맛보지 않을 사람들이 있더라."는 말은 진실입니다. 부름을 받은 사도들은 죽음을 경험하지 않았습니다. 그들이 실제로 나선형 길을 따라 자신들이 시작했던 무덤으로 올라갈 때까지, 세상의 그 어떤 힘도 그들을 그 시간의 구간에서 벗어나게 할 수 없었습니다. 그래서 사도들 모두가 실제 그것을 경험했습니다.

하지만 학자들은 이런 것을 모르기에 성경의 예언이 빗나갔다는 이야기를 합니다. 그 예언은 빗나가지 않았습니다. 왜냐하면 하늘나라의 왕국은 유한한 눈으로 볼 수 없기 때문입니다. 하늘나라의 왕국은 내면에 있으며, 내가 왕국에 가는 길은 내면입니다. 그리고 그들이 맹렬하게 밀고 들어갔다는 말을 들었을 때, 저는 경험을 통해 그것이 무엇을 의미하는지 알았습니다.

제가 그렇게 맹렬하게 올라갔을 때 제 머리의 이 부분을 얼마나 강하게 밀었는지 말로 표현할 수 없습니다. 머리 전체는 하늘나라의 왕국을 나타내며, 제가 압력을 받은 부분은 이곳입니다. 중앙에서 조금 왼쪽, 바로 여기입니다. 온 힘을 다해 그것을 넘어가려 했습니다. 하지만 용어 색인집에는 "자신을 밀고 들어가는 것"이라고 정의되어 있습니다. 당신은 살아있는 보석처럼 스스로를 그곳으로 밀어넣으며, 그 진입은 인간이 알지 못하는 엄청난 힘으로 이루어집니다.

그곳에 들어가기 위해서는 강력한 힘이 필요합니다. 그래서 "폭력적인 자들이 힘으로 그것을 취한다"라고 말합니다. 마태복음 11장을 읽어보세요. "하늘나라의 왕국은 폭력으로 취해지며 폭력적인 자가 힘으로 그것을 취한다." [마태복음

11:12]

옛 시대는 우리 뒤에 있습니다. 즉, 세례 요한 이전까지의 율법과 예언의 시대는 지나갔습니다. 옛 시대의 사람들은 하늘나라의 왕국에 들어가고자 하면서, 욕망을 억눌렀습니다. 그런 방식으로는 들어갈 수 없습니다. 당신은 이 세상에서 평범한 삶을 살고 있습니다.

일상적이고 자연스러운 본능을 따라 평범한 삶을 살아가십시오. 당신이 식단이나 삶의 자연스러운 욕구를 억누르는 등의 방식으로 당신의 몸에 폭력을 가하지 마십시오. 그런 방식으로는 그곳에 들어갈 수 없습니다. 당신이 영원한 자아와 하나가 되어 그 위에 겹쳐져서 같은 모습이 될 수 있을 때, 당신은 자신이 둘로 갈라지는 것을 보게 될 것입니다. 그리고 이곳에서 당신을 살아 있게 만든 그 존재의 생명을 바깥세상의 무언가를 흡수하듯, 흡수하게 될 것입니다.

스펀지가 물을 흡수하듯, 당신은 그것과 하나가 되고 당신 안에 생명이 깃듭니다. 그리고 폭발적인 힘으로 돌아와 모든 것이 천둥처럼 울려 퍼질 것입니다. 하지만 시저의 측면에서는 이 세상에 폭력을 꿈꾸고 계획하는 사람들이 있다는 것을 알아야만 합니다. 그들에게 맞설 필요는 없습니다. 대신 당신은 사랑스러운 것들, 애정하는 것들을 마음에 품으세요. 그러면 그들은 지나갈 것이며, 당신을 그 작은 원 안으로 끌어들일 수 없을 것입니다.

그들은 많은 사람들을 끌어들일 것입니다. 왜냐하면 자신들이 남들에게 인정을 받고, 세상에서 특별한 지위를 차지하려는 야망으로 하루 종일 계획하고 있기 때문입니다. 심지어 자신들의 장례식을 계획하면서, 작은 관에 실려 알링턴으로 들어가는 것을 상상합니다. 그들에게는 이런 일이 매우 중요합니다. 보세요. 그들의 마음의 눈 안에는 이 짧은 시간이 전부입니다.

저는 당신에게, 당신은 영원한 존재이며 불멸이라고 말합니다. 세상이 있기도 전에 당신이 존재했습니다. 당신은 우주가 생기기 훨씬 전부터 하느님의 아들이었으며, 이 위대한 실험을 위한 무대에 세워졌습니다. 그런 후 당신은 스스로 빛을 발산했습니다. 당신은 그 존재에서 나온 한 줄기의 빛이며, 그 빛나는 존재와 실제로 하나입니다. 그리고 그분은 그 빛을 발산하며, 영원히 당신을 버리지 않습니다. 그 빛은 그분 자신입니다.

그분은 당신을 온갖 과정을 거치게 하여 자신의 모습으로 빚어냅니다. 그리고 그분은 당신이 겪은 모든 경험을 받아들이며, 이 경험들로 인해 더 높아지고 영광스러워집니다. 오,

그분은 당신이 고통받을 때 고통받고, 당신이 괴로워할 때 괴로워합니다. 그리고 결국, 당신은 돌아와서 하나가 됩니다. 빛을 발하는 존재는 나온 그 빛과 하나입니다.

오늘 밤 여기서 이 말을 진지하게 받아들이세요. 그리고 친구를 마음 안에서 불러오세요. 아니면 당신 자신이어도 관계없습니다. 도움이 필요한 사람을 떠올리고, 그가 세상에서 바라는 모습으로 상상하세요. 당신이 상상한 것이 사실이라고 자신을 설득하십시오. 그리고 상상이 현실이라고 믿고서 그 사람이 당신의 상상에 따라 변화하는 것을 보십시오. 그는 그렇게 될 것입니다. 이 현실 차원에서도 말입니다.

이 법칙을 믿게 될 날이 올 것입니다. 그것은 당신이 당신의 근원의 자아로 돌아가는 날입니다. 그때에는 상상과 현실 사이에 시간의 간격이 존재하지 않게 됩니다. 저는 직접 경험했습니다. 그래서 이 말이 사실인 것을 압니다.

여러 단계의 차원이 있습니다. 우리가 사는 이 차원, 꿈의 차원, 그리고 설명하기 어려운 차원, 그리고 제가 "영의 깨어남"이라 부르는, 생각이 곧 현실이 되는 완전한 깨어남의 차원이 있습니다. 그런데 우리는 지금 이 현실이라는 장벽에 둘러싸여 있습니다. 이것이 가장 낮은 단계의 장벽입니다. 그곳에서 빛은 완전히 수축되어 이 육신이라는 작은 겉옷에 갇혀 있습니다.

이곳에서 우리는 노예나 다름없습니다. 우리는 이 유한한 육신의 노예입니다. 저는 아침, 점심, 저녁 이 몸뚱이를 시중들어야 합니다. 먹이고, 입히고, 보호해야 합니다. 이 몸에 음식을 먹이면 소화할 것은 소화하고, 소화되지 않는 것은 배출해야 합니다. 우리는 이 육신을 돌봐야 합니다. 이것이 바로 노예입니다.

그래서 여성에게서 태어난 모든 사람은 자신의 몸 때문에 노예가 됩니다. 육신의 속박에 갇힌 노예와 비교할 만한 노예는 세상에 없습니다. 그러니 만일 오늘 밤 누군가 저를 노예로 붙잡고서 먹이고, 입히고, 이 모든 것을 한다면 세상 사람들은 저를 그 사람의 노예라고 부를 것입니다. 하지만 그 사람 또한 자신의 육신의 노예이기 때문에, 사실 우리 둘 다 노예일 뿐입니다.

그가 백만 명의 노예를 거느린다 해도, 자신의 육신을 돌보는 일만큼은 스스로 해야 합니다. 먹고, 소화하고, 배설해야만 하고, 이것이 세상에서 가장 잔혹한 노예 상태입니다. 그 사람이 세상에서 얼마나 큰 권력을 가지고 있든, 아무도 그의 몸에 관한 일을 대신해 줄 수는 없습니다. 그렇기에 이 세상에 들어온 사람들 모두는 자신이 두르고 있는 몸의 노예입니다.

　빌립보서 2장 7절과 8절에 이렇게 말합니다. "그분은 자신이 가진 모든 것을 내려놓고, 죽음에 이르기까지, 심지어 십자가에서의 죽음에까지 순종하셨다." 그분이 세상에 들어왔을 때 자신이 노예인 것을 보게 되었고, 인간의 모습으로 태어났습니다. 이것이 노예입니다. 예수 그리스도는 자신이 인간의 모습으로 태어났음을 발견합니다. 이것이 바로 그의 노예상태였습니다. 그래서 육신이라는 노예상태에 비견될 수 있는 다른 노예 상태는 상상하기 힘듭니다.

　생각해보세요. 그것을 씻기고, 면도시키고, 목욕시키고, 온갖 것을 해야만 합니다. 그러다가 그것이 낡아지면 어딘가 가서 도움을 구해야만 합니다. 나가서 안경을 맞춰야 하고, 치과의사에게 가서 틀니를 맞춰야 하고, 어떤 장기가 닳으면 그것을 고치러 외과의사에게 갑니다. 어딘가를 계속 가야 하고, 이런 모든 것들을, 처음부터 끝까지 계속 수리하면서 살지만, 결국 마지막 순간까지도 몸의 노예 상태에서 벗어날 수 없습니다.

　이것보다 더 가혹한 노예 상태가 있을까요? 십대와 이십대에는 젊음이 영원할 것이라 믿으며, 자신의 힘과 활기를 자랑합니다. 그 후에는 그 육신이 이제 작은 시간의 모퉁이를 돌아나가는 것을 지켜볼 수밖에 없습니다. 그러면 그 육신은 잠시간은 약함을 숨길 수 있지만 시간이 지남에 따라 그 약함은 모습을 드러낼 것입니다. 점점 약해지고, 그 작은 몸은 그저 낡아지게 됩니다. 우리는 죽음의 순간까지 노예입니다. 저는 이것보다 더 가혹한 노예 상태는 상상하지 못하겠습니다.

그렇기에 당신은 불멸의 자신을 자각하고 고귀한 삶을 살도록 하세요. 당신은 영원히 죽을 수 없습니다. 당신이란 빛을 내보낸 자는 결코 당신을 버리지 않을 것이기 때문입니다. 그분은 그렇게 할 수 없습니다. 왜냐하면 그분과 당신이 하나이기 때문입니다. 여정을 마치고 돌아올 때, 당신은 당신을 빛으로 내보낸 그분과 하나가 됩니다. 사실, 그분이 당신을 내보내기 전부터 당신은 이미 그분과 하나였습니다.

이제 침묵 속으로 들어가겠습니다.

Chapter 14

THE FOUR MIGHTY ONES
전능한 네 명의 존재

당신이 보고 있는 것은 세상이 아닙니다.
당신이라는 존재입니다.

당신의 진정한 모습이 비춰진 것입니다. 내가 지금의 나로서 그대로 머무는 한, 세상은 조금도 달라질 수 없습니다.

내 의식 상태에서 아주 조그만 변화, "나는 이것이다" 혹은 "나는 저것이다"라는 느낌에 아주 조그만 변화가 일어난다면 그 변화는 나를 둘러싼 세상이라는 곳에서 상응하는 변화를 일으킵니다.

평화를 원한다면, 평화의 이름으로 행동하며 살아야 합니다. 그러면 내 세상에는 평화가 존재할 것입니다. 다른 사람들은 갈등을 볼지라도, 나는 그곳에서 평화를 보게 될 것입니다.

CHAPTER 14 THE FOUR MIGHTY ONES
전능한 네 명의 존재

인류의 역사는 네 명의 전능한 존재에 대한 수수께끼, 그리고 이 영원한 수수께끼와의 긴 투쟁으로 점철되어 왔습니다. 초기 교회 지도자 중 한 명인 오리게네스는 "왜 복음서가 하나가 아닌 네 개인가?"라는 질문에 이렇게 답했습니다. "하늘은 북쪽, 남쪽, 동쪽, 서쪽의 네 부분으로 이루어져 있고, 인간의 영혼 또한 네 부분으로 이루어져 있기 때문이다."

성경은 이 수수께끼에 대해 말하고 있습니다. 이제 잠언을 통해, 이 수수께끼를 풀어낸 개인과 민족에게 어떤 은혜가 약속되었는지를 살펴보고자 합니다. 창세기에서 요한계시록에 이르기까지, 성경은 이 수수께끼를 반복적으로 언급합니다. 에덴에서 흘러나오는 네 개의 강, 요한계시록의 네 명의 기수, 하느님 왕좌를 둘러싼 네 생물, 불 속에서 풀려다니는 네 사람, "네 번째 사람의 형상이 하느님의 아들과 같았다"는 기록, 그리고 예수의 옷을 네 조각으로 나누는 장면까지. 그러나 우리 인간은 여전히 이 수수께끼를 풀지 못한 듯합니다.

오늘 아침 우리는 이 수수께끼를 풀어보고자 합니다. 제가 여러분이 충분히 납득할 수 있도록 이 수수께끼에 대해 설명하고, 여러분이 그 진리 안에서 살아가게 된다면, 분명 여러분의 삶에는 특별한 일이 일어날 것입니다. 그렇다면 어떤 일이 펼쳐지게 될지 함께 살펴보겠습니다.

먼저, 수수께끼의 본문을 인용하겠습니다. 잠언 30장에 기록되어 있습니다. "누가 그의 주먹에 바람을 모았나? 누가 옷에 물을 담았나? 누가 이 땅의 끝을 세웠나? 그의 이름은 무엇이며, 그의 아들의 이름은 무엇인가? 그대는 말할 수 있나?" 이것은 수수께끼입니다. 우리는 그 답을 말할 수 있을까요? 그 일을 한 사람의 이름을 알고 있나요? 그 아들의 이름을 알고 있나요?

이를 하나씩 살펴보겠습니다. 첫 번째는 영(Spirit), 두 번째는 물(Water), 그리고 세 번째는 땅(Earth)에 대한 질문입니다. 첫 번째 질문은 바람에 관한 것입니다. 모든 시대와 언어에서 바람은 영혼, 즉 숨결의 상징으로 여겨져 왔습니다.

두 번째는 물입니다. 신비주의자들은 성경을 비롯한 모든 경전에서 물이 마음에 관한 진리를 상징한다는 것을 알고 있습니다. 사람들이 진실이라고 믿는 생각들은, 그것이 진실이든 거짓이든 상관없이, 받아들이고 동의하는 순간 마치 옷감을 짜듯 그들의 삶 속에 엮어냅니다. 그래서 그는 "누가 물을 모아 옷 속에 담았는가?"라고 질문하게 됩니다.

세 번째 질문은 이것입니다. 누가 땅의 끝을 세웠는가? 다시 말해, "누가 유동적이고 보이지 않는 이 움직이는 상태를 단단하고 실재하는 현실로 만들었는가?"라는 의미이며, "누가 그것을 다른 이들에게 명백한 현실로 드러나게 했는가?"라는 의미입니다. 당신은 그 이름을 알고 있나요? 그의 이름은 무엇이고, 그의 아들의 이름은 무엇인가요? 당신은 그 답을 알 수 있습니까?

이제 시편 91편의 약속을 살펴보겠습니다. "그가 내 이름을 알았기에 내가 그를 높이 세우리라." 이 구절은 우리가 모두 좋아하고 자주 낭송하는 말씀입니다. "내가 그를 높이 세우리라"는 말은 세상의 왕이나 대통령, 혹은 거대한 기업가가 된다는 뜻이 아닙니다. 이 말씀은 세상의 높은 지위와는 아무런 상관이 없습니다.

인간의 진정한 여정은 인식의 사다리를 오르는 것입니다. 끊임없이 깊어지고 확장되는 인식, 대상에서 더 큰 의미를 인식하는 것입니다. 내가 그 "이름"을 알았기에 높이 세워진다고 합니다. 새는 단순히 깃털 달린 생물이 아닙니다. 블레이크에게 그랬던 것처럼, 새는 저에게도 경이롭고 하늘에서 내려온 기쁨이며, 메시지를 전달해주는 존재입니다.

새들은 제게 말을 겁니다. 우리가 이해하는 언어가 아니라,

그들의 날갯짓과 비행을 통해 하느님의 뜻을 드러내서 보여줄 것입니다. 새들뿐만 아니라 나무를 포함한 세상의 모든 것이 하느님의 언어입니다. 인간이 의식적으로 들어올려지면, 이러한 것들은 단순한 물체나 대상이 아니라 의미를 담은 표현으로 변화됩니다. 마치 책이 단순히 공간 속의 물체에서 글자로 이루어진 의미의 전달 매개체로 변하는 것처럼 말입니다.

제가 의식의 수준을 높일 때, 물체들은 단순한 대상에서 의미를 담은 존재로 고양됩니다. 그리고 제가 그 "이름"을 알아들어올려진다면, 공간 속 모든 물체는 더 이상 단순한 물체가 아니라 하느님의 의도를 담은 표현이 됩니다. 저는 하느님의 펼쳐진 책을 읽을 수 있습니다. 나무는 하나의 메시지가 되었고, 날아가는 새들, 그것들이 왜 셋이 아닌 둘인지, 왜 열이 아닌 셋인지, 왜 그것들이 그런 모습으로 날았는지, 모든 것은 우연이 아닙니다. 만물은 그 "이름"을 알게 되어 높이 세워진 자를 향한 하느님의 펼쳐진 책입니다. 그때 그 "이름"은 "튼튼한 탑이 되어, 의로운 이가 그 안으로 달려가 구원을 얻게 된다"고 말해집니다.

이제 하나의 약속을 더 살펴보고, 나라들이 그 "이름"을 알고 있는지 답해보십시오. 우리의 사제들, 랍비들, 그리고 지도자들이 정말로 그 '이름'을 알았다면, 예언자 미가가 약속했던 다음의 세상이 펼쳐졌을 것입니다.

"우리 모두는 자신의 신의 이름으로 걸을 것이며, 우리는 모두 우리의 주 하느님의 이름으로 걸을 것이라. 그리고 그날에 모든 국가들은 그들의 검을 쟁기로, 그들의 창을 가지치기 갈퀴로 만들고, 어떤 나라도 다른 나라에게 검을 들지 않을 것이며, 다시는 전쟁을 배우지 않을 것이라." 인류의 역사는 전쟁과 범죄로 얼룩져 왔습니다. 그러나 이 말씀은 이미 수백 년 전, 기원전에 기록된 것이었습니다.

오직 개개인의 차원에서만 그 "이름"을 발견했고, 그로 인해 자신의 검을 쟁기로 바꿨을 뿐입니다. 그렇게 "이름"을 발견한 이들은 혼돈 속에서 벗어나 평화를 찾았습니다. 투쟁 속에서도 그 '이름'을 깨달았던 신비주의자들이 바로 그런 사람들입니다. 그는 안으로 들어가서 "이름" 속에서 구원자를 발견합니다. 그것은 그에게 튼튼한 탑이 되어 그를 안식으로 인도합니다. 그는 이제 높이 세워져, 시간의 흐름이 펼쳐지는 것을 바라봅니다.

만약 국가들이 정말 그 "이름"을 알았다면, 만약 사제들이 말했던 그 단어가 정말 그 "이름"이었다면, 만약 랍비가 소위 성스러운 문자를 발음했을 때 그것이 정말 그 "이름"이었다면 우리는 전쟁을 겪지 않았을 것입니다. 그렇기에 세상의 사제들이 말하는 이름은 그 "이름"이 될 수 없습니다. 그렇다면 그 "이름"은 무엇인가요?

다시 수수께끼로 돌아가보겠습니다. "누가 바람을 그의 주먹에 모았는가?" 얼마나 멋진 은유입니까! 주먹이란 무엇입니까? 주먹은 하느님의 가장 위대하고 신비로운 이름의 첫 글자입니다. 주먹은 "욧(Jod)"입니다. 주먹은 무엇일까요? 손은 인간을 다른 모든 피조물과 구별하는 유일한 신체 기관이며, 그러기에 하느님의 이름은 손으로 시작합니다. 손이 없다면 내가 아무리 아인슈타인보다 몇 배 뛰어난 사람이더라도 그저 똑똑한 원숭이에 지나지 않습니다.

나는 형태를 만들지도 못하고, 무언가를 짓지도 못하고, 창조하지도 못합니다. 세상의 모든 생각들을 가질 수 있지만, 손이 없다면 창조자가 될 수가 없습니다. 그래서 여기 첫 번째 질문은 창조하는 자에 관한 것입니다. 바람이 바로 영(spirit)을 상징하기 때문입니다. 저는 지금 창조적 영에 대해 이야기하고 있으며, 그것은 주먹이라는 형태로 표현됩니다.

누가 바람을 모아 주먹에 담았을까요? 신비주의자의 언어로 그 첫 글자는 "인식하다"를 의미합니다. 이 세상 어디에 있더라도 자신이 존재한다는 것을 인식하지 못한다고 상상할 수 있을까요? 당신은 자신이 누구인지, 어디에 있는지 모를 수도 있고, 심지어 완전한 기억상실에 시달릴 수도 있습니다. 하지만 당신이 존재한다는 사실만큼은 결코 잊을 수 없습니다.

우리가 확신할 수 있는 유일한 것 한 가지가 있다면 그것입니다. I AM. 즉, "나는 존재한다"는 것입니다. 우리는 우리가 누구인지, 어디에 있는지, 어떤 사람인지 알지 못할 수는 있지만, 우리가 존재한다는 인식을 멈출 수는 없습니다. 이것이 바로 첫 번째 질문에서 묻고 있는 내용입니다. 그것은 단순히 "인식한다"는 의미를 담은 창조의 영, 곧 "욧(Jod)"에 대한 질문입니다.

두 번째 질문은 "누가 물을 옷에 담았는가?"입니다. 성서에서 옷이라고 한다면, 그것은 마음이 두르고 있는 것을 상징합니다. 어떤 사람이 부드러운 옷을 입고 있다면, 그가 내면에 있는 왕국에 있는 사람이란 뜻입니다. 부드러운 옷을 입은 사람은 외부적인 생활에 대해 가르치지 않았습니다.

낙타의 털이나 가죽 띠를 두르고 있는 사람은 외적인 것을 가르치며 외적은 것에 대해 말하는 것을 나타냅니다. 왜냐하면 가죽이나 털로 만든 옷은 인간의 가장 바깥에 있는 것들로 이루어진 것이기 때문입니다. 그는 내면의 왕국에 대해 이야기하지 않습니다. 대신 인간이 외부에서 해야 할 일들에 대해 말합니다. "당신에게 두 벌의 옷이 있다면, 가지지 못한 사람에게 한 벌을 주십시오. 먹고도 남는 음식이 있다면, 배고픈 사람과 나누십시오." 그의 가르침은 이러한 외적인 선행을 중심으로 이루어져 있습니다.

하지만 부드러운 옷을 입고 있는 사람은 외부에서 해야 할 일에 대해 말하지 않을 것입니다. 왜냐하면 그가 두른 것은 왕의 옷이고, 왕은 왕국에 있고, 그 왕국은 내면에 있기 때문입니다. 그래서 옷은 개인의 지성, 다시 말해 그가 진리로 받아들인 것을 상징합니다.

물로 넘어가보겠습니다. 그가 물을 옷에 담는다고 말합니다. 물은 마음의 진리를 상징합니다. 과연 누가 단순한 가정을 자신에게 완전한 진실로 만들 수 있을까요? 그것은 마치 아무도 볼 수 없는 구름을 모아 무언가를 만드는 것과 같습니다.

세 번째 질문은 이렇습니다. "누가 그것을 단단하게 할 수 있나요? 누가 이 땅의 끝을 모두 세웠을까요? 그분의 이름은 무엇인가요?"

다시 "이름"으로 돌아가보겠습니다. 우리는 손이 "욧(Jod)"이었다는 것과, 위대한 창조의 힘의 두 번째 문자는 "헤(He)"

라는 것을 알았습니다. "헤(He)"는 창문으로 상징됩니다.

인간의 창문은 마음을 의미합니다. 우리는 마음으로 세상을 보고, 상상력으로 형태를 그립니다. 그래서 지금 제 상상 속에서 제가 되고 싶은 모습, 이 세상에서 이루고 싶은 것을 모아가려 합니다. 외부의 힘을 빌리지 않고, 오직 제 상상으로 말입니다.

제가 마음의 눈으로 제가 되고 싶은 것을 뚜렷하게 볼 때, 저는 이 상태를 옷 안에 담은 것입니다. 이제, 그것을 어떻게 현실로 굳혀낼 수 있을까요?

이 신비로운 "이름"의 세 번째 문자는 무엇입니까? 세 번째 글자는 "바(Vau)"로, 못을 상징합니다. 못은 사물을 묶고 결합시키는 역할을 합니다.

그래서 저는 여기 서서 가장 먼저 단순히 제 존재를 인식합니다. 그런 후 어떤 것을 인식하고, 그것을 다른 것과 구분하여 선택합니다. 무수히 많은 것들이 제 마음에 떠오르지만, 저는 그중 단 하나를 골라 그것과 하나가 됩니다. 나머지 것들은 단지 마음을 스쳐 지나가게 할 뿐입니다.

다음 단계는 이것을 단단한 것으로 만드는 것이며, 그것이 바로 "바(Vau)"입니다. 나는 이미 그 사람이라는 것을 사실로 받아들이는 것을 통해서입니다. 그 전제 속에서 내가 살아가고 행동할 때, 나는 그의 "이름" 안에서 걷고 있는 것입니다.

이렇게 말해집니다. 이 상태 안에서는 모두가 자신의 신의 이름 안에서 걸어나갈 것이라고 말입니다. 저는 그 "이름"을 찾아냈습니다. 제 안에서 찾아냈습니다. 처음에는 제 인식으로, 그리고 무언가를 인식하는 능력으로, 그리고 그저 무언가를 인식하는 것에 그치지 않고, 내가 그것이 되는 것을 인식하는 능력으로 찾아냈습니다.

그래서 저는 이미 제가 되고 싶은 사람이 된 것처럼 행동합니다. 그렇게 함으로써 단단한 것으로 만들면, 마지막 문자는 내면의 상에 대한 증거를 가져옵니다. 그 마지막 글자는 또 다른 "헤(He)"입니다. 그 "이름"에는 두 개의 "헤(He)", 하나의 "욧(Jod)"과 "바(Vau)"가 포함되어 있습니다.

이 이름은 발음할 수 없으며, 여호와(Jehovah)가 아닙니다. 여호와는 대략적으로 해석하면 "I AM"을 의미하지만, 그 의미를 깊이 이해하려면 그 이름을 분해해서 "I AM"이 무엇을 뜻하는지 명확히 깨달아야 합니다. 그때 비로소 "I AM이 나를 너희에게 보냈다"라고 말할 수 있습니다.

이스라엘에 갔을 때 누가 당신을 보냈냐는 질문을 받는다면 어떤 생각이 들겠습니까? "I AM이 나를 너희에게 보냈다"라고 말하십시오. 그리고 그 이름을 완성시켜서 그들에게 "I

AM that I AM"이라고 말하십시오. 무슨 뜻입니까? 그렇습니다. 나는(I AM) 아이엠(I AM)으로 존재한다는 의미 그대로입니다.

내가 달라지면 세상도 달라질 것입니다. 왜냐하면 나는 내가 존재하는 그대로를 비추는 거울이기 때문입니다. 존재란 나의 의식 수준의 척도이며, 세상에서 내가 보는 모든 것은 나의 의식 수준을 직접적으로 반영하는 지표입니다.

당신이 보고 있는 것은 세상이 아닙니다. 당신이라는 존재입니다. 당신의 진정한 모습이 비춰진 것입니다. 내가 지금의 나로서 그대로 머무는 한, 세상은 조금도 달라질 수 없습니다. 내 의식 상태에서 아주 조그만 변화, "나는 이것이다" 혹은 "나는 저것이다"라는 느낌에 아주 조그만 변화가 일어난다면 그 변화는 나를 둘러싼 세상이라는 곳에서 상응하는 변화를 일으킵니다.

평화를 원한다면, 평화의 이름으로 행동하며 살아야 합니다. 그러면 내 세상에는 평화가 존재할 것입니다. 다른 사람들은 갈등을 볼지라도, 나는 그곳에서 평화를 보게 될 것입니다. 왜냐하면 내가 항상 평화만을 보기 때문입니다. 그렇다면, 이러한 선택을 할 수 있는 내 권위는 무엇일까요?

내가 가진 권위는 바로 이것입니다. "I AM이 나를 너희에게 보냈다." 그리고 "I AM that I AM." 나는 이것을 알고 있나요? 만약 내가 이것을 알고 있다면, 결코 불평하지 않을 것입니다. 목이 부러졌더라도, 그것은 당신이 나에게 한 일이 아니라, 내가 나 자신에게 한 일이라는 것을 알게 될 것입니다.

내가 세상의 어떤 상태에 처해 있더라도, 나는 그 누구도 비난할 수 없습니다. 왜냐하면 나는 법칙을 발견했기 때문입니다. 나는 이 모든 것들이 하나로 묶여 있는 "이름"을 발견했습니다. 세상의 모든 창조적 영은 그 "이름" 안에 모입니다. 그 "이름"은 바로 "I AM"입니다.

하지만 그 "이름"은 단지 하나로 나타난 것이 아니라, 쪼개져서 네 명의 전능한 자로 나타나야만 했습니다. 그것은 하나이지만 그 하나는 네 가지의 구분된 기능이 있습니다. 한 사람 안에는 네 개의 손가락이 따로 살고 있는 것이 아니듯, 네 개의 별개의 존재가 살고 있는 것이 아닙니다.

하느님은 한 분이며, 그분의 "이름" 또한 하나입니다. 하지만 네 가지의 구분되는 기능이 있습니다. 이를 네 개의 복음서라 부를 수도, 그분이 입으셨던 네 벌의 옷이라 부를 수도 있습니다. 에덴에서 흘러나온 네 강이나, 하느님의 권좌를 둘러싼 네 생물이라 칭할 수도 있습니다. 하지만 중요한 것은 이 "넷"이 무엇을 의미하는지 이해하는 것입니다.

자, 이제 당신은 이 땅에서 걸어나갈 때, 그분의 "이름" 속에서 걸어나갈 수 있겠습니까? 만약 제가 그분의 "이름" 안에서 걸을 수 있다면, 저는 세상을 창조한 힘이 무엇인지, 그 세상을 유지하는 것이 무엇인지, 그리고 이 경이로운 우주의 끝을 세운 것이 무엇인지 알게 될 것입니다.

그것은 바로 그 "이름"이며, 그 "이름"은 단순히 "I AM"입니다. 그것은 여호와(Jehovah)가 아니고, 예수 그리스도도 아니며, 주님도 아닙니다. 이는 단순히 발음할 수 있는 이름이 아닙니다. 당신은 당신이 존재한다는 것을 알기에, 존재한다는 것을 나타내기 위해 "I AM"이라고 말할 필요조차 없습니다. 그 이름은 당신의 마음 깊은 곳에 침묵으로 간직된 것입니다.

당신은 단지 자신이 존재한다는 사실을 압니다. 세상 모든 이가 확신할 수 있는 단 한 가지는 바로 자신이 존재한다는 사실입니다. 때로는 자신이 누구인지 잊을 수 있지만, 존재한다는 사실만큼은 언제나 알고 있습니다. 자신이 어디에 있는지 알지 못할 때가 있습니다. 혹은 자신이 무엇인지 잊을 수도 있습니다. 하지만 존재한다는 사실만큼은 항상 알고 있습니다.

이것은 모든 인간의 마음속에 자리 잡은 깊은 확신입니다.

그러므로 우리는 그 확신 안에서 살아가며, 이를 파헤쳐서 "욧 헤 바 헤(Jod He Vau He)"라는 상징적 표현으로 나타난 우리 내면의 네 전능한 존재를 이해해야 합니다.

자신 안의 네 전능한 존재를 이해하지 못하는 사람들은 그것을 지나치게 신성시하여, 경전을 펼칠 때조차 그 이름을 가리며 읽습니다. 혹시 이런 교회들을 본 적이 있습니까? 그곳에서는 사람들이 하느님의 이름을 직접 보아서는 안 된다는 이유로 그 이름을 가려가며 읽습니다.

그것은 신성한 이름입니다. 그러나 그 이름은 종이 위에도, 두루마기에도 적혀 있지 않습니다. 또한 그 이름은 발음할 수도 없습니다. 그것은 우리 안에 내재된 인식이며, 무언가를 알아차리고, 나아가 그 상태에 자신이 있음을 깨닫는 능력입니다. 그리고 그 이름으로 살아감으로써, 우리는 그 상태를 외부에 드러냅니다. 이것이 바로 "I AM that I AM"입니다.

그래서 어떤 사람이 세상을 관찰하면서 묘사할 때면, 그 세상은 항상 묘사하고 있는 존재의 의식 수준을 나타내고 있습니다. 세상은 스스로 변하지 않습니다. 내가 내면에서 조금이라도 바뀔 때에만 세상이 바뀝니다.

이제 그 "이름"을 시험해 보십시오. 예수는 "나는 당신이 주신 모든 것을 당신의 이름으로 지켰나이다"라고 말했습니다. 당신의 "이름"과 나의 "이름"은 하나입니다. 우리는 같은 "이름"을 갖고 있으며, 아들의 이름의 철자도, 재밌게도 "Jod He Vau"로 시작합니다.

당신이 예수의 철자를 쓴다면 "Jod He Vau"로 시작합니다. 더 나아갈 것도 없이 그것은 창조의 힘이고, 인식에 대한 힘, 대상을 인식하는 힘, 그리고 그렇게 결정한 상태와 하나가 되는 힘을 말합니다. 하지만 그 이름은 예수가 아닙니다. 예수라고 발음하지 않습니다. 그것은 단순히 존재의 마음 깊은 곳에 자리한 "이름"입니다.

우리가 진심으로 그 이름을 믿고, 그 이름 속에서 담대히 살아가기 시작한다면 세상에는 진정한 평화가 찾아올 것입니다. 만약 우리가 외부의 신에게 시선을 돌린다면, 우리 세상 속에는 전쟁과 갈등이 자리 잡게 될 것입니다. 왜냐하면 당신이 나를 거부했기 때문입니다. 진정한 하느님을 부정할 때, 당신의 세계에는 혼란과 갈등이 찾아올 수밖에 없습니다.

따라서 자신 외부에 있는 힘에 의지하거나 신성한 유물이나 물건 앞에 경배를 드리며, 어떤 방식으로든 외부의 대상을 숭배하는 자는 모두 우상 숭배자라 할 수 있습니다. 왜냐하면 진정한 하느님은 외부에 있는 것이 아니라 당신의 내면에 존재하기 때문입니다. 당신은 살아 계신 하느님의 성전이며, 하느님은 결코 외부에 존재하지 않습니다.

외부로 시선을 돌리는 순간, 당신은 길을 잃고 혼란에 빠지게 되며, 그로 인해 갈등과 전쟁만이 남게 될 것입니다. 그러나 누군가 이 "이름"을 발견하고 그 수수께끼를 푼다면, 그는 "높이 세워질" 것입니다. 만약 당신이 그 이름을 탐구하고 시험해 본다면, 상상조차 할 수 없는 경이롭고 짜릿한 감동을 경험하게 될 것입니다.

당신이 지금의 위치에서 조금이라도 더 높은 차원으로 고양된다면, 숨겨졌던 의미가 스스로 드러나기 시작합니다. 새로운 의미의 세계가 당신 앞에 펼쳐질 것입니다. 이 세상에 의미 없는 것은 단 하나도 존재하지 않습니다. 세상에는 우연이란 없습니다.

세상의 작은 것들조차 모두 중요한 의미를 지니고 있습니다. 당신이 의식을 확장하여 의미의 차원으로 올라가게 되면, 세상의 모든 것들이 점점 더 깊은 의미를 가지게 됩니다. 그로 인해 당신이 도달하게 될 세상은 상상을 초월한 경이로움으로 가득할 것입니다.

이 모든 이야기는 잠언 30장 4절에서 시작됩니다. 먼저, 누가 하늘로 올라갔다가 내려왔는지를 묻습니다. 하늘에서 내려온 존재는 바로 먼저 하늘로 올라갔던 존재이며, 하늘로 올라간 존재 또한 내려온 존재와 같습니다. 이것은 바로 인생의 사다리입니다. 이는 의식의 사다리로, 인간이 자신의 존재를 발견하기 위해 내려오고 다시 올라가는 여정을 상징합니다.

각각의 사람들은 내면에서 자신의 존재, 즉 네 명의 전능한 존재를 발견하기 위해 이곳까지 의식의 사다리를 따라 내려왔습니다. 만일 한 사람이 자신의 참된 존재에 대한 앎이 전혀 없다는 것을 깨닫고, 내면에서 투쟁을 시작하여 세상 모든 현상의 원인이 자신 안에 있다는 것을 발견했다면, 그 순간부터 그는 올라가기 시작합니다. 이렇게 올라가기 시작한 존재는 바로 의식 안에서 완전한 혼란 속으로 내려왔던 바로 그 존재입니다.

이제 이를 실생활에 적용해 봅시다. 제가 최근 출판한 책의 두 번째 장에서 다룬 것처럼, 당신 안에 있는 네 명의 전능한 존재를 연극 형식으로 활용해보겠습니다. 당신 자신을 연극의 제작자라고 여겨 보세요. 당신은 이 연극을 만들어 나갈 것입니다.

제작자의 역할은 단지 주제를 제안하는 것뿐이며, 그 이상은 하지 않습니다. 만일 내가 성공해 있고, 행복하다면 참 멋지지 않나요? 그러면 당신은 그 특정 상태를 지정합니다. 하지만 "욧(Jod)"의 역할은 거기까지입니다. 그는 단지 바람을 잡아 주먹에 담는 역할을 할 뿐이며, 정신(spirit)과 동기, 그리고 개괄적인 주제만을 제안합니다.

두 번째 존재는 작가입니다. 인간 내면에 자리 잡은 이 작가는 성공이라는 주제를 구체화하고, 그것이 실현되었음을 암시하는 마지막 장면까지 구성할 수 있는 놀라운 창조력을 가지고 있습니다. 내가 성공했다면, 어떤 것을 보고, 어떤 말을 하고, 어떻게 행동할까요? 이런 질문을 스스로에게 던져보세요. 그리고 당신의 소망이 이루어진 상태를 암시하는 작은 장면이나 테마를 구성해보세요. 이것이 바로 두 번째 존재의 역할입니다.

세 번째 존재는 감독입니다. 우리의 주의력을 통제하여 소망이 이루어진 것을 나타내는 단일한 생각에 집중시키는 역할을 합니다.

네 번째 존재는 하느님의 아들과 비슷한 특성을 가졌습니다. 그렇다면 인간 속의 네 번째 존재는 누구일까요? 인간의 상상력입니다. 인간의 참된 존재는 경이로운 상상력입니다. 상상력은 형태를 지니고 있지만 인간은 이것을 이해하지도 못하고 믿지도 못합니다. 하지만 인간의 참된 본질은 상상력이며, 이 세상에서 무엇이든 될 수 있는 힘을 가졌습니다.

그는 스스로 만든 연극을 내면에서 끊임없이 연기하며 연습합니다. 그 연극이 어떤 것이든, 그것은 그가 의도한 테마가 실현되었음을 암시하는 내용입니다. 그리고 그 연극이 현실처럼 느껴질 때까지 계속해서 반복합니다. 그가 스스로 연습해온 역할이 내면에서 자연스럽게 느껴지는 순간, 무대의 커튼이 올라가며 그 연극이 현실로 펼쳐지는 것을 보게 될 것입니다.

그는 내면에서 구상한 드라마를 공간이라는 스크린 위에 투영합니다. 그리고 그 연극을 완성하는 데 필요한 모든 인물이 이 스크린 위에서 움직이는 것을 보게 됩니다. 그는 그들 하나하나를 의식적으로 지시할 필요가 없습니다. 인물들은 그가 제시한 테마와 관련이 있다면 자신도 모르게 삶이란 연극에 끌려들어 올 것입니다.

삶이란 무대의 변화는 오직 자신 안에서 일어나야 합니다. 저들에게서 일어나야 하는 것이 아닙니다. 그래서 저 바깥세상의 누군가에게 변화해달라고 간청하지 않습니다. 저들은 그냥 저들 그대로 놔둡니다. 그리고 오직 내 안의 대본을 다시 쓰고 결말을 바꾸기만 할 뿐입니다. 결말을 바꾸면 모든 배우들은 새로운 역할을 부여받아 세상이란 무대로 돌아와 연극을 완성합니다.

그래서 인간 안의 네 명의 전능한 존재는 제작자, 작가, 감독, 배우에 비유될 수 있습니다. 이들은 무대 제작에 있어서 중요한 네 명의 구성원이며, 이 세상은 한 편의 연극입니다. 이 광활한 세상은 거대한 연극이며, 이곳은 그 연극의 무대입니다.

그러나 진정한 활동과 상연은 이 외부 세상에서 일어나는 것이 아닙니다. 그것은 다른 곳에서 구상되고, 리허설되고, 완전하게 이루어집니다. 지금 이곳에서 당신이 보는 것은, 스크린에 투영된 영상과 같은 것입니다. 이 세상은 단지 그 영상이 상영되는 스크린일 뿐입니다.

당신은 무대의 배우들에게 변화를 요구할 수 없습니다. 그들은 당신의 말을 들을 수도 없습니다. 대본의 변화는 이곳에서가 아니라, 대본이 처음 시작된 곳, 바로 내면에서 일어나야 합니다. 이 세상은 단지 스크린일 뿐입니다.

블레이크는 이렇게 말했습니다. "그대가 보는 것 모두는 외부의 것처럼 보일지라도, 실제로는 당신의 상상 속에 존재하는 것이며, 이 필멸의 세상은 그저 그 상상의 그림자일 뿐이다."

네 명의 전능한 존재를 발견하는 순간, 당신은 그 "이름"을 찾은 것이며, 그 "이름"을 찾은 당신은 높이 세워질 것입니다. 당신은 튼튼한 탑처럼 그것 안으로 달려들어가 의지하면서 구원받게 될 것입니다. 그러면 당신의 세상에는 평화가 찾아올 것입니다.

한 국가가 그 "이름"을 발견한다면, 세상 전체에 완전한 평화가 이루어질 것입니다. 한 개인이 그 "이름"을 찾게 되면 그 사람의 세상 안에는 완전한 평화가 찾아올 것입니다. 저 광활한 세상은 분노가 넘치고 있을지 몰라도, 그 사람의 세상에는 평화가 깃들 것입니다.

그 무엇도 그를 건들지 못할 것입니다. 그는 그 "이름"을 찾았기 때문입니다. 이 기나긴 여정의 유일한 목적은 그 "이름"과 아들의 "이름"을 찾는 것입니다. 만일 제가 아버지의 "이름"을 찾게 된다면, 그분의 "이름"은 내 "이름"과 같을 것입니다. 그래서 나는 내 "이름"을 찾은 것이고, 그때는 내 "이름"이 더 이상 "네빌"이 아니게 됩니다.

더 이상 존도 메리도 아닙니다. 하지만 당신은 그 이름을 결코 발음하지 않습니다. 그것은 당신의 신성한 본질입니다. 당신은 그 누구에게도 그 "이름"을 말하지 않지만, 모든 것을 그 "이름" 안에서 간직합니다. 다시 말해, 당신은 자신을 어떤 다른 이름으로 부르겠지만, 진정한 "이름"은 보이지 않게 가려져 있습니다. 그것은 바로 당신 스스로가 그것을 감추고 있기 때문입니다. 이제 당신은 그 "이름"으로 살아갑니다.

이제 그것을 실험해보십시오. 오늘 아침 제가 말한 것이 진실인지 아닌지 직접 확인해보시기 바랍니다. 무언가를 마음속에 그려보고, 자신을 그것과 동일시할 수 있는지 확인해보십시오. 그 생각에 충실히 머물며, 그것이 외부 세계에서 상응하는 현실로 나타나는지 지켜보십시오.

주저하지 말고, 당신이 원하던 사람이 이미 되었다고 담대하게 사실로 받아들이십시오. 그 사실에 대한 믿음을 유지하며, 그것이 스스로를 현실로 만들어내는지 확인해 보십시오. 그러면 당신은 이 땅의 끝들을 세운 존재가 누구인지 깨닫게 될 것입니다. 왜냐하면 이 세상은 당신이 스스로를 누구라고 믿는지를 증명하며, 그 믿음을 바탕으로 단단히 고정될 것이기 때문입니다.

그러면 당신은 세상의 가장 위협적인 폭정으로부터 자유로워질 것입니다. 세상에서 가장 큰 폭정은 겉으로 드러나는 이차적인 원인에 대한 믿음입니다. 이차적인 원인이란 없습니다. 오직 일차적 원인만 있을 뿐이며, 모든 것의 원인은 바로 그 "이름"입니다.

하지만 당신이 그 "이름"을 모르면 다른 사람을 비난하게 됩니다. 저는 이런 이차적인 원인에 대한 믿음보다 더 위협적인 폭정은 없다고 생각합니다. 오직 한 분의 하느님만이 있습니다. 그분은 자신을 모든 사람들 안에서 네 명의 전능한 존재로 나타내고 있습니다.

당신의 개성을 이 거대한 자아로부터 영향을 받고 있는 존재로 생각해 보십시오. 이 거대한 자아는 당신의 의식 수준에 따라 다양한 방식으로 당신에게 정보를 전달합니다. 어떤 의식 수준에서는 새들의 언어를 이해하게 되고, 또 다른 의식 수준에서는 나무들의 언어를 이해하게 됩니다.

또 다른 의식 수준에서는 구름의 움직이라는 언어에 대해서 알게 되어서 그 작은 구름들이 나에게 어떤 것을 알려주고 있는지 알게 됩니다. 작은 물결 하나하나도 저에게 무언가를 이야기하고 있습니다. 의식의 특정 수준에 도달하면 그 메시지가 보이지만, 더 낮은 수준에서는 단지 공간 속을 움직이는 하나의 대상일 뿐입니다.

어떤 대상이든 그저 들어올려서 고양시키십시오. 어떤 대상이라도 관계없습니다. 그것은 점점 더 큰 의미를 갖게 됩니다. 만물이 우리 내면의 왕국에 대해 말하고 있는 차원까지 스스로를 고양시킬 때, 정말 짜릿한 경험을 하게 될 것입니다. 아주 작은 것조차 우연이 아닙니다. 새가 남쪽이나 북쪽으로 가던 길에, 잠깐 당신의 마당에서 머무는 일과 같이 야생의 단순한 사건처럼 보이는 것조차, 우연히 일어난 것이 아니라 일정한 메시지를 담고 있습니다. 당신이 의식의 수준을 높일 때 세상의 모든 작은 것들은 당신에게 말을 걸 것입니다.

당신이 의식을 높이게 되면 당신은 "이름"을 찾아서 그 안에서 살아가게 됩니다. 왜냐하면 "그가 내 이름을 찾았기에 나는 그를 높이 세우리라"고 말해지기 때문입니다. 높이 올려지는 유일한 이유는, 그 "이름"을 알았기 때문입니다.

오늘 아침의 드라마를 가져와서 당신의 내면에서 연기해보십시오. 그리고 의식의 변화를 통해 '이름'을 발견했음을 스스로 입증해 보세요. 당신이 변화를 일으킨다면, 모든 것의 원인은 바로 당신이기에 이 변화는 단지 이곳에서만 머물지 않을 것입니다. 당신의 꿈이 변하고, 비전이 변하며, 모든 것이 변할 것입니다. 왜냐하면 당신이 변화했기 때문입니다. 변화의 성공, 혹은 변화의 원인은 오직 당신 자신입니다.

다른 원인은 없습니다. 당신이 변화하면, 모든 것이 변화합니다.

Chapter 15

A LESSON OF SCRIPTURE
성서가 주는 교훈

하느님의 말씀에 대한 갈망이 없는 이를 나무라지 말고, 그 사람에게는 소망을 이루는 방법을 알려주십시오.

예수의 이야기는 그가 되고자 하는 것을 계속해서 사실로 받아들이는 이야기라고, 그 사람에게 말해주세요.

그 그리스도는 하느님의 권능이며, 그의 상상력은 그 권능이자 지혜입니다.

그 사람에게 이렇게 말하세요.

상상력은 당신의 믿음을 실현시키는 방법을 알고 있으며, 당신은 그저 계속 그 믿음을 지속해나가면 된다고 말입니다.

CHAPTER 15 A LESSON OF SCRIPTURE
성서가 주는 교훈

누가복음 2장에서는 예수의 부모가 3일 동안 그를 찾아 헤매던 끝에 발견하고, 나무라는 장면이 나옵니다. 그러자 예수는 이렇게 말합니다. "어찌하여 나를 찾으셨나이까? 내가 내 아버지의 일을 해야 한다는 것을 모르셨나이까?" 여러분은 부모님에게 그렇게 대해서는 안 됩니다. 그런데 성경에서는 부모님이 찾고 있을 때, 열두 살의 어린 나이의 예수는 "저는 제 아버지의 일을 해야 합니다"라고 말했습니다.

이 말씀은 시편 40편과 요한복음 4장과 연결됩니다. 시편 40편에서는 다음과 같이 말합니다. "두루마리에는 나에 대해 기록되었더라." 우리들 모두는 결국 성경이 자신의 자서전임을 깨닫게 될 운명에 있습니다. 성경은 오래 전에 살았던 예수 그리스도, 모세, 아브라함, 이삭, 야곱의 기록이 아니라, 바로 당신이라는 한 개인에 대한 이야기입니다.

요한복음 4장은 주 예수 그리스도와 사마리아 여인이 우물과 물에 관해 나누는 대화로 시작됩니다. 대화가 끝난 후 제자들은 예수에게 말합니다. "스승이시여, 당신은 아무것도 드시지 않나이다." 그러자 예수는 대답합니다. "나에게는 그대들이 모르는 음식이 있더라. 나의 음식은 나를 보낸 이의 뜻을 행하고 그분의 일을 완성하는 것이다."

정말 그렇습니다. 당신이 이 세상에 온 것은, 당신을 보낸 이의 일을 완성하기 위함입니다. 그러면 당신을 보낸 이는 누구입니까? 아버지입니다. "나를 보는 자는 나를 보낸 이를 보는 것이다. 나는 아버지에게서 나와 세상으로 들어왔고, 다시 세상을 떠나 아버지에게로 돌아간다." "나를 보는 자는 아버지를 보는 것이니, 나와 아버지는 하나이기 때문이다."

하느님은 태초에 생각을 품으면서, 그것을 나타낼 매개체를 필요로 했습니다. 이 세상의 모든 것은 그것을 표현해 줄 인간을 필요로 합니다. 감히 말씀드리건데, 하느님은 인간입니다. 태초에 하느님이 그분의 형상대로 인간을 창조했습니다. "그분은 그들을 남자와 여자로 창조하시고, 그들을 인간이라 부르셨다." 창세기 5장입니다. 주의 깊게 읽어보십시오.

자신을 표현하기 위해 인간을 창조한 하느님은 자신이 태초에 품었던 생각을 표현하고 완성시키기 위해 세상으로 들어옵니다. 하느님은 하나의 상태를 마음에 품고, 그것을 표현하기 위해 인간이 필요함을 알았습니다. 그래서 자신의 존재 깊은 곳에서 이 세상으로 자신을 보내어 그 상태를 완성합니다. "태초에 말씀(목적)이 있었고, 말씀은 하느님과 함께 있었으며, 그 말씀은 곧 하느님이었더라."

구약은 하느님의 말씀, 곧 그분의 계획으로, 그분의 종인 예언자들을 통해 세상에 알려졌습니다. 그러나 구약은 완전히 이해되도록 드러나지 않았으며, 인간에 의해 드러나야 합니다. 신약은 구약의 의미를 해석해줍니다. 예수 그리스도에 관한 이야기는 구약에 기록된 예언을 해석한 것입니다. 예수 그리스도에 대해 말한 모든 것을 당신 또한 경험하게 될 것이니, 주의 깊게 읽어보십시오.

성경에서는 이렇게 말합니다. "그의 이름은 하느님의 말씀(the Word of God)이라 불리리라." 하느님의 말씀, 하느님의 씨앗, 그리고 창조의 힘이라 불리는 당신의 상상력은 바로 하느님의 창조의 힘이자 지혜입니다. 당신의 경이로운 상상력보다 더 위대한 지혜가 과연 있을까요? 무언가를 떠올려보십시오. 그 순간, 그것은 당신의 마음속에 선명히 나타납니다.

당신이 선 하나 똑바로 그리지 못할지라도, 이 세상을 떠난 어머니의 모습을 마음속에서 생생히 그려낼 수 있습니다. 어떤 사람이라도 떠올려보십시오. 그 순간, 그들이 마음의 눈앞에 생생히 나타날 것입니다. 그것이 바로 당신 안에 존재하는 예수 그리스도, 곧 창조의 힘으로 가득한 당신의 놀라운 상상력입니다.

예수는 하느님의 말씀을 이루기 위해 세상에 왔습니다. 그래서 모든 것은 당신의 영광의 소망인, 당신 안의 예수 그리스도에 의해 성취되어야만 합니다. 누가복음 22장에서 이렇게 말합니다. "성서는 내 안에서 성취되어야만 한다." 그러므로 당신은 성서에 기록된 예수 그리스도에 대한 모든 것을 경험해서, 아버지의 일을 해야만 합니다.

당신에게서 기적적인 탄생이 일어날 것이며, 아버지와 아들의 관계, 하늘나라로의 승천, 비둘기의 형태를 한 성령의 강림이 일어날 것입니다. 그러면 시편의 저자처럼 당신은 이렇게 말할 것입니다. "당신께서 저를 죽음의 세상에서 건져주셨나이다." 당신은 책에 담긴 모든 내용이 결국 당신 자신에 관한 이야기였음을 경험으로 알게 될 것입니다.

저는 성서를 성취할 사람들을 끌어당기는 자석 역할을 하기 위해 영혼의 깊은 곳에서부터 이곳에 보내졌습니다. 그들은 각자의 순서에 따라 저에게 올 것입니다. 지난 금요일 아침, 친구 베니는 자신이 마비상태에 있는 것을 발견했습니다. 눈을 뜨거나 몸을 움직일 수 없었던 베니는 두개골 안에서 이 세상 것이 아닌 신비로운 바람을 느끼며, 자신 안에서 한 아이의 울음소리를 들었습니다.

그 순간 두개골에서 별이 폭발하더니, 그의 팔 안에는 포대기에 싸인 아이가 놓여 있었습니다. 그는 아이를 보며 "오, 내 사랑"이라고 말하고, 이 아이를 영원히 돌볼 수 있는 이는 오직 자신뿐임을 깨달았습니다. 이 비전이 사라진 후에도, 아이의 모습이 선명히 그의 마음속에 남았습니다. 위로부터의 탄생은 그렇게 베니에게 일어났습니다.

그는 아이의 선명한 모습을 마음속에 간직하게 되었습니다. 이 일이 일어났던 것은 10월 20일입니다. 제 친구 밥과 저에게 일어났었던 것과 일치한다면, 5개월 후 베니는 하느님의 유일한 아들 다윗이 나타나 그가 아버지임을 알리는 경험을 하게 될 것입니다. 그가 제게 전해준 이야기를 바탕으로 해석했을 때, 베니에게 위로부터의 탄생이 일어났다고 확신합니다.

하느님이 창조에서 무한한데, 두 사람에게 같은 방식으로 위에서부터의 태어남이 일어나야 할 필요는 없습니다. 여인의 자궁에서 태어나는 아이들조차도 그 출생 방식이 완전히 동일한 경우는 없습니다. 언제나 조금씩 다릅니다.

베니는 이 일이 일어나기 며칠 전에 이렇게 말했습니다. "당신이 영의 상태에서 하느님의 말씀을 가르치고 있었는데, 누군가가 '예수의 이야기를 들려주세요'라고 요청했습니다. 그러자 당신은 '예수의 이야기는 당신이 이미 원하는 사람이라는 전제를, 혹은 당신이 원하는 모습으로 그것들이 되어있다는 전제를 계속해서 해나가는 것입니다'라고 대답했죠."

이는 진실입니다. 당신이 외부에서 숭배하던 존재가 곧 당신 자신임을 믿지 않는다면, 당신은 그저 소망만 하다가, 이루지 못한 욕망이라는 죄 속에서 삶을 마치게 될 것입니다. 당신은 예수 그리스도, 즉 하느님의 말씀이며, 결코 헛되이 돌아오지 않고 그 목적을 성취하는 존재라는 사실을 믿기 시작해야 합니다. 그 일이 무엇입니까? 바로 성경을 성취하는 것입니다. 이것이 당신이 이곳에 존재하는 유일한 이유입니다.

이 세상에서는 당신이 원하기만 한다면 부자가 될 수 있습니다. 예수의 이야기는 당신이 이미 원하는 사람이라는 것을, 혹은 당신이 원하는 모습으로 그것들이 되어 있다는 것을 계속해서 전제하는 것에 관한 것입니다.

당신은 "내가 부유하다"는 전제를 끊임없이 유지할 수 있습니다. 저는 이 나라 곳곳에 매우 부유한 친구들이 많지만, 그 중 99%는 불행합니다. 그런데도 그들은 모두 똑같은 말을 할 것입니다. 지금 특히 한 사람이 생각납니다.

그녀는 다이아몬드 부자입니다. 300-400%의 마진을 붙여 다이아몬드를 파는 티파니가 그녀에게 한 개에 10만 달러를 제안했을 정도입니다. 뉴욕에서 그녀와 식사를 했을 때 그녀는 50만 달러는 되어 보이는 브로치, 반지, 펜던트를 걸치고 있었습니다.

루스는 매우 가난한 가정에서 태어났습니다. 그녀는 부를 갈망하면서 엄청난 부자와 결혼할 것이라는 것을 계속 상상했습니다. 그녀는 돈이 없었습니다. 그녀가 유일하게 내세울 수 있는 사회적 배경은 백악관에 있었던 애덤스 가문의 후손이라는 것뿐입니다.

반면 그녀의 남편은 평판이 썩 좋지 않은 가문 출신이었습니다. 그의 증조할아버지는 뉴욕의 주교였으며, 후손들에게 가문의 명예를 지키는 법에 대해 충고하곤 했습니다. 루스는 결혼하여 지옥 같은 20년을 보냈고, 그 와중 세 아들을 낳았습니다. 그녀는 이제 70대 후반에 접어들었지만 여전히 더 많은 부와 다이아몬드를 갖는 것이 유일한 소망이었습니다.

그것도 괜찮습니다. 예수의 이야기는 당신이 되고 싶은 존재가 이미 되었다는 사실을 흔들림 없이 받아들이는 것에 관한 것입니다. 부를 경험하지 못했고 그것이 당신이 원하는 것이라면 "나는 부유하다"는 것을 계속해서 사실로 받아들이십시오. 명성을 경험하지 못했다면 "나는 유명하다"고 스스로 믿으십시오.

하지만 하느님은 이렇게 말씀하십니다. "내가 너희에게 기근을 보낼 것이다. 그것은 빵이나 물에 대한 굶주림이 아니라 하느님의 말씀을 듣고자 하는 굶주림이다." 아직 이런 갈망이 찾아오지 않았다면, 예수의 이야기를 통해 당신의 모든 소망을 성취하십시오.

제가 뉴욕에 있을 때 친구는 모든 모임에 꾸준히 참석하곤 했습니다. 그녀는 매력적인 사람이지만, 자신의 욕망에 대해선 지나칠 정도로 솔직합니다. 그녀는 더 많은 다이아몬드, 에메랄드, 그리고 박물관에나 있을 법한 귀중한 것들을 원합니다. 그녀는 이렇게 말했습니다. "다윗에 대한 이야기를 듣고 싶은 갈망은 없어요. 저는 단지 제가 가진 것을 더 많이 가지길 원할 뿐이에요. 그리고 제 두 아들에게 더 많은 것을 남겨주고 싶어요." 그녀는 세상의 환영을 끝없이 갈망하고 있었습니다.

하지만 저는 이 자리에 계신 여러분에게는 빵과 물이 아닌, 하느님의 말씀을 이해하며 듣고자 하는 갈망이 찾아왔기를 바랍니다. 누가복음은 이렇게 시작됩니다. "나는 성경을 성취하기 위해 왔다." 이후 그는 모세의 율법, 예언자들의 말씀, 그리고 시편을 시작으로 성경 전체에서 자신과 관련된 모든 것을 그들에게 해석해 주었습니다.

예수는 세상의 부모님에게 이렇게 질문합니다. "왜 나를 찾으셨나이까? 내가 내 아버지의 일(성경의 성취)을 해야 한다는 것을 모르시나이까?" 사원에 들어가 책을 받은 예수는 이사야서 61장의 첫 번째 구절과 두 번째 구절의 절반을 읽으며 말합니다. "주의 영이 나에게 임하셨으니, 그분께서 내가 기쁜 소식을 가난하고 고통받는 이들에게 전하도록 기름부으셨다."

이는 감옥에 갇힌 이들 모두에게 자유의 문을 열어주기 위해서입니다. 예수는 자신이 성경을 성취하기 위해 이곳에 왔다고 선언하며, 그날 주 하느님의 영이 자신에게 임했다고 이야기합니다. 누가복음에는 그렇게 표현되지는 않았지만, 예수는 "오늘 이 날" 그것이 성취되었다고 말합니다.

그가 의미한 바는 성령이 비둘기와 같은 형태로 육신에 내려오는 것을 보았다는 것입니다. 그 안에서 성경은 성취되었으며, 모든 이들이 자신을 본보기로 따르기를 바랐습니다. 왜냐하면 이 본보기를 통하지 않고는 아무도 아버지에게 이를 수 없기 때문입니다.

주 하느님의 영이 비둘기와 같은 형태로 내려왔습니다. 그것은 방주 속 노아에게 돌아왔던 바로 그 비둘기이기도 합니다. 인간은 하느님의 방주이며, 모든 것이 괜찮다는 확신을 전하기 위해 비둘기가 한 사람에게 내려옵니다. 비둘기가 그 위에 머무를 때, 그에게 "일어나라, 그에게 기름을 부으라. 이 사람이 바로 그이다"라는 말이 전해집니다.

누가는 예수가 어떻게 성경을 성취하는지 설명합니다. 예수는 성경이 자신에 대해 말하고 있음을 알고 있었습니다. 그리고 저도 바울처럼 입을 다물지 않았습니다. 저는 구원과 하느님의 영원한 사랑에 대해 계속 이야기하고 있습니다. 비록 모든 사람이 제 말을 듣지는 않더라도, 일부 사람들 안에는 말씀이 심어져 있으며, 그들은 결국 깨어나기 시작할 것입니다.

자, 예레미야서 30장을 보겠습니다. 여기서 주께서 이렇게 말씀하십니다. "남자가 아이를 낳을 수 있느냐? 그런데 왜 나는 모든 남자가 산고를 겪는 여인처럼 자신 안에서 자신을 끌어내고 있는 것을 보는가?"

히브리어 단어 "찰랏츠chalatz"(킹 제임스 버전과 개정 표준 버전에서는 허리loins로 번역됨)는 "벗다, 자신을 자신 안에서 끌어내다, 구출하다"라는 뜻을 갖고 있습니다. 시편 저자가 "그분이 나의 영혼을 죽음에서 구하셨다"라고 말했을 때, 여기서 "죽음"은 육신을 의미합니다. 이 육신은 세상에 나타났다 사라지고, 커졌다 줄어들며, 결국 먼지로 돌아가는 죽음의 옷과 같습니다.

시편에서 "구원하다(delivered)"로 번역된 단어는 예레미야서에서 "허리(loins)"로 번역된 단어와 동일합니다. 그렇다면 남자가 아이를 낳을 수 있습니까? 그렇습니다. 앞서 인용했던 내용을 다시 살펴보겠습니다. "그분은 그들을 남성과 여성으로 창조하고 그들을 인간이라고 부르셨다." 남성과 여성 모두에게는 이 땅의 여인의 자궁과는 다른 자궁이 있습니다. 그 자궁은 바로 인간의 두개골입니다.

하느님께서는 그 두개골 속에 말씀을 심으셨습니다. 그 말씀은 결코 헛되이 돌아가지 않으며, 반드시 그분의 목적을 이루고, 그분이 보낸 것 안에서 번성합니다. 그 목적은 바로 성경을 성취하는 것입니다. 하느님은 그분의 말씀을 성취한 자들을 위해 전혀 다른 세계를 준비하고 계십니다.

이렇게 말해집니다. "이 말씀은 진리이다." 모든 이들은 진리를 성취하기 위해 세상에 들어오며, 하느님의 말씀이 이루어질 때까지 떠나지 않을 것입니다. 만약 하느님의 말씀이 당신 안에서 이루어지지 않은 상태에서 "죽음"이라 불리는 일이 찾아온다면, 당신은 이 세상만큼이나 실제적인 또 다른 세계에서 다시 삶을 이어가게 될 것입니다. 그리고 말씀에 대한 갈망이 당신에게 찾아오고, 마침내 그 마지막 지점으로 이끌릴 때까지 여정을 계속할 것입니다.

윌리엄 블레이크의 저서 『우리젠(Urizen)』에서는 에니타몬의 자궁 속 뱀이 죽음의 비늘을 찢었을 때, 뱀의 쉬익거리던 소리가 아이의 울음소리로 변하는 이야기가 나옵니다. 그 울음소리를 들은 죽은 자들이 깨어나고, 만물이 그 목소리에 반응하며 생명으로 깨어나기 시작합니다. 당신은 실제로 두개골 안에서 아이의 울음소리를 듣습니다. 불가능한 일처럼 느껴질 것입니다. 하지만 정말 사실입니다.

이제 이런 진리의 측면에는 관심이 없는 이들을 위하여, 베니가 영의 상태에서 들었던 이야기로 돌아가보겠습니다. 제가 그때 말했던 것은 이렇습니다. "예수의 이야기는 당신이 이미 원하는 사람이라는 전제를, 혹은 당신이 원하는 모습으로 그것들이 되어있다는 전제를 계속해서 해나가는 것이다."

이것은 당신 삶의 모든 영역에서 적용됩니다. 부자가 되고 싶으신가요? "나는 부자다"라는 확신 속에서 그 전제를 지속하는 것이, 바로 예수의 이야기입니다. 왜냐하면 "나는 부자다"라고 믿지 않는다면, "나는 가난하다"는 주장을 계속하게 되어 당신의 죄 안에서 죽게 될 것이기 때문입니다.

유명해지고 싶으신가요? 그러면 이미 그렇다는 것을 지속적으로 받아들이세요. "나는 유명하다." 건강해지고 싶으신가요? "나는 건강하다!"고 선언하십시오. 당신이 원하는 것이 어떤 것이든 당신은 이미 그것이 되었다고 선언하면서 그 전제를 계속해서 유지해야 합니다. 전제는 믿음의 행위입니다. 믿음이 없다면 하느님을 기쁘게 할 수 없습니다.

이성은 부를 부정할 것이며, 감각도 그것을 받아들이지 않을 것입니다. 하지만 믿음이 있다면 당신은 용기를 내어 자신이 부자임을 받아들일 것이고, 그렇게 함으로써 당신이 되고자 하는 사람으로 변화될 것입니다. 아마도 오늘 밤 당신은 여전히 외부에 있는 예수 그리스도를 숭배하기를 택할지도 모릅니다. 세상의 양들과 함께 걸으며 목자가 되기를 망설일 수도 있습니다. 그러나 많은 이들이 의심과 두려움의 가파른 언덕을 오르기보다는 고요한 물가의 푸른 초원에서 안식을 취하기를 더 원할 것입니다.

당신은 그렇게 할 수 있습니다. "나는 풍요롭다. 사람들이 나를 필요로 한다. 나는 유명하며 모든 것이 내가 원하는 대로 이루어졌다"라는 생각을 지속적으로 받아들인다면 말입니다. 그러나 꼭 기억하세요. 이 모든 것들을 현실로 만들기 위해서는 계속해서 사실로 받아들이는 행위가 필요하다는 것을요. 이것이 예수의 이야기입니다.

예레미야서에서는 하느님의 말씀이 그분이 뜻한 바를 실

행하고 완수할 때까지 헛되이 돌아오지 않을 것이라고 말합니다. 그분이 뜻한 바란, 우리가 하느님이 되는 것입니다. "훗날 그대들은 그것을 명확하게 이해하게 될 것이다." 하느님 자신을 인간에게 주는 것, 그것이 그분의 목적입니다. 그래서 그분이 마음에서 뜻한 바를 실행하고 완수할 때까지 돌아오지 않을 것입니다.

마지막 날이 다가오면, 그분은 당신의 마음에 굶주림을 보냅니다. 빵, 더 큰 집, 보석에 대한 굶주림이 아니라, 오직 하느님의 말씀을 듣고자 하는 굶주림입니다. 이 갈망이 당신을 지배할 때 하느님을 경험하는 것 외에는 어떤 것도 당신의 갈망을 채워주지 못할 것입니다.

만일 하느님 자신을 당신에게 주는 것이 하느님의 목적이라면, 당신이 그분의 말씀을 경험했을 때 당신은 하느님이 됩니다! 여기 그 이야기가 있습니다. "가장 큰 계명은 무엇이나이까?" "들어라 이스라엘아! 주 하느님은 오직 한 분이시라." 원문에서 "들어라"는 단어는 "שְׁמַע"(sh'mA)로 표기되어 있으며, 마지막 글자인 "ע"가 다른 글자들보다 크게 적혀 있습니다. 그리고 문장의 끝에 있는 "하나"로 번역된 "אֶחָד"(echaD)에서 "ד"가 크게 적혀 있습니다.

이 두 단어를 합치면 "עד"가 되어 "증인(보는 자)"이라는 의미의 단어가 됩니다. 당신은 누가복음의 맨 끝에서 다음의 글을 볼 수 있습니다. "그대들은 이 모든 일들의 증인이지만, 높은 곳에서 주어지는 권능이 부여될 때까지는 이곳에 머물러 있으라." 어떤 권능입니까? 예수 그리스도라고 불리는 하느님의 권능입니다. 당신은 마치 옷을 입듯이, 주 예수 그리스도를 두르게 될 운명입니다.

기다리십시오. 그 권능은 당신 안에서 태어날 것입니다. 하느님의 권능과 지혜가 탄생할 때, 당신은 그것이 어린 아이의 모습으로 나타나는 표식을 보게 될 것입니다. 그때 이 표식들 전부가 당신 안에서 펼쳐지게 될 것이고, 당신은 예수 그리스도라는 옷을 입게 될 것입니다. 여러분은 제가 말한 것 모두를 보게 되는 증인이 될 것입니다.

이제 저는 제가 나왔던 그 근원자리로 다시 돌아가고 있는 중입니다. 저는 "나(I AM)"라는 존재를 완전히 잊은 채 이 세상에 왔습니다. 그것은 반드시 그래야만 했습니다. 제가 압둘라를 만난 것은 1931년이었습니다. 그는 강의를 하고 있었고, 강의가 끝난 후 제게 다가와 손을 내밀며 말했습니다. "네빌, 자네는 6개월이나 늦었군."

저는 그를 어디서도 본 적이 없었기에 당황해서 이렇게 말했습니다. "제가 6개월이나 늦었다고요? 어떻게 저를 알죠?"

그러자 그는 "형제들이 자네가 올 거라고 했네. 하지만 자네는 6개월이나 늦었지"라고 말했습니다. 제가 늦었던 이유는 압둘라에 대해 말해준 카톨릭 사제 때문이었습니다.

저는 그를 진심으로 좋아했지만, 그의 판단력은 믿지 못했습니다. 그의 아버지는 금주법 시대에 밀주업을 하며 200만 달러라는 막대한 돈을 모았고, 그 돈을 모두 그에게 물려주었습니다. 하지만 그는 그 돈을 받자마자 월스트리트에서 몽땅 날려버렸습니다.

그가 유일하게 잘 했던 일은 마지막 남은 15,000달러를 카톨릭 단체에 기부해 어머니가 여생 동안 돌봄을 받을 수 있도록 한 것이었습니다. 그래서 그의 판단력을 신뢰하지 못했던 저는 압둘라를 만나보라는 그의 권유를 계속 핑계를 대며 미루었습니다. 하지만 결국 더 이상 미룰 수 없는 날이 와서 그를 만나러 갔습니다.

압둘라가 제 이름을 불렀을 때 저는 당신을 알지 못한다고 말하자, 그는 이렇게 말했습니다. "아니! 자네는 나를 알고 있네. 단지 잊은 것뿐이지. 수천 년 전 우리는 중국에서 함께 있었지만, 자네는 지금 해야 할 역할을 위해 스스로 완전히 잊겠다고 약속한 것이지."

지난 금요일 밤, 한 여성분이 저에게 편지를 건네며 말했습니다.

"지난 월요일 당신이 강단에 서 계셨을 때, 당신은 네빌이 아닌 고대 중국 철학자로 보였습니다. 저는 친구들의 모습이 잠시간 변한 것을 본 적이 있지만, 당신은 강연 내내 변한 모습 그대로 계셨습니다. 이 일이 저를 혼란스럽게 해서 집으로 돌아가는 길에 그 경험에 대해 곰곰이 생각했는데, 문득 기억이 떠올랐습니다.

"몇 년 전, 심령 체험 중에 저는 다른 학생들과 함께 수업을 들으러 언덕을 오르고 있었습니다. 그룹에서 벗어나 혼자 있을 때, 저는 흰 옷을 입은 고대 중국인이 제 옆에 서 있는 것을 보았습니다. 그가 저에게 따라오라고 손짓했고, 우리는 동굴에 다다랐습니다. 그곳에는 꼭대기에 봉우리가 있는 거대한 화강암이 있었습니다.

"두 손이 고치를 감싸고 있었으며, 그것이 화강암의 꼭대기를 덮고 있었습니다. 그 고대 중국인은 고치를 제거한 뒤 화강암 꼭대기에서 그것을 부쉈습니다. 그러자 물과 다채로운 기름이 섞여 나왔고, 생명이 열기로 솟아오르는 듯한 느낌을 주었습니다. 그 고대 중국인은 제 손을 잡고 다시 그룹으로 데려갔습니다. 그런데 그룹의 사람들은 제가 자리를 비운 줄도 모르고 있었습니다. 이제야 지난 월요일 밤 당신이 누구의 얼굴을 하고 있었는지 알 것 같습니다."

1931년에 압둘라가 저에게 이것을 말했지만, 오늘날까지도 저는 제가 수천 년 전에 어떤 사람인지 전혀 알지 못합니다. 왜냐하면 처음에 저는 제 자신을 완전히 비우고 모든 기억을 잊어버린 채 노예의 형태를 취하겠다고 맹세했기 때문입니다. 하지만 저를 보낸 그분에 대한 믿음은 간직했습니다.

이제 그분과 저는 하나임을 알기에, 갈 곳은 제 자신, 즉 보낸 이에게 돌아가는 것뿐입니다. 모든 역할을 수행하면서 저는 완전히 기억을 지워버렸지만, 모든 것을 경험할 때까지 누구도 여정의 끝에 도달할 수 없다는 것을 알고 있습니다.

저는 직관적으로 알고 있습니다. 배우가 자신이 연기하는 역할을 느끼고 자신이 묘사하는 캐릭터를 상상해야 하는 것처럼, 여러분도 모든 것을 통해 자신을 상상할 것이며, 연극이 끝나면, 여러분이 진정으로 어떤 존재인지를 보여주는 표식들이 나타날 것입니다.

이 자리에 참석하신 분들은 하느님의 말씀에 대한 갈증을 가지고 있습니다. 여러분은 하느님의 말씀을 갈망하고 있습니다. 오늘 밤 집에서 TV를 볼 수도 있었습니다. 그랬다면 돈도 들지 않았을 것입니다. 하지만 여러분은 갈망 때문에 시간과 돈을 써가며 이곳에 왔습니다.

저는 여러분에게 하느님이 당신 안에서 완성될 때 당신 또한 하느님이 된다는 것을 전하기 위해, 그리고 이 이성적인 세상에서 그분의 법칙을 따르며 삶의 고난을 완화하는 방법을 가르치기 위해 여기에 있습니다. 그분의 법칙은 단순히 '나는 내가 되고자 하는 바로 그것이다'라는 것을 계속해서 사실로 받아들이는 것에 불과합니다.

하느님의 말씀에 대한 갈망이 없는 이를 나무라지 말고, 그 사람에게는 소망을 이루는 방법을 알려주십시오. 예수의 이야기는 그가 되고자 하는 것을 계속해서 사실로 받아들이는 이야기라고, 그 사람에게 말해주세요. 그 그리스도는 하느님의 권능이며, 그의 상상력은 그 권능이자 지혜입니다. 그 사람에게 이렇게 말하세요. 상상력은 당신의 믿음을 실현시키는 방법을 알고 있으며, 당신은 그저 계속 그 믿음을 지속해 나가면 된다고 말입니다.

자, 여러분에게 묻겠습니다. 여러분은 자신이 되고자 하는 존재가 이미 되었음을 끝까지 믿고 받아들일 준비가 되어 있습니까? 아니면 오늘 밤 집에 가서 "그의 강연은 좋았어. 그런데 중요한 것은 그에게는 은행에 백만 달러가 있고 나에게는 아무것도 없다는 거지"라고 말하겠습니까?

그렇게 생각한다면 당신은 법칙에 어긋나는 일을 하는 것입니다. 그런 생각으로 인해 당신은 "나는 그이다!"라는 믿음이 부족한 것을 나타냅니다. 불신은 이 우주의 근본적인 죄입니다.

성경에서 하느님을 거스르는 죄로 언급된 것은 단 두 가지뿐입니다. 하나는, "그대가 '나는 그'라는 것을 믿지 않는다면 죄 안에서 죽을 것이다"라는 말이고, 다른 하나는 선악과를 먹은 것입니다.

오늘 밤 미국의 장성들에게 베트남 폭격을 멈추는 것이 좋은 일인지 물어본다면, 그들은 "아니오"라고 답할 것입니다. 하지만 바다 건너 베트남 사람들에게 같은 질문을 한다면, 그들은 "네"라고 대답할 것입니다. 그렇다면, 무엇이 선이고 무엇이 악입니까?

제가 묻고 있는 것은 어떤 다른 사람들도 아닌, 오직 당신입니다. 당신은 어떤 것이 좋다고 생각하나요? 대답해보세요. 세상은 그저 당신이 당신이라 받아들인 존재를 비추고 있을 뿐이기 때문에 종국에는 이 모든 갈등들이 스스로 해소되어 종적을 감출 것입니다.

어느 날, 당신은 부를 가득 쥐고 시저의 세상에서 권력에 취하게 될 것입니다. 하지만 그때, 당신은 모든 것을 뒤로하고 하느님의 말씀을 찾아 나설 것입니다. 저는 제가 그렇게 부자였던 시절이 기억납니다. 한 채가 아닌 여러 채의 집을 가졌었고, 비서부터 정원사까지 여러 명의 온갖 직원들이 있었습니다.

그것은 완전히 타락한 삶이었습니다. 저는 그 삶을 떠나버렸고, 다시는 돌아가지 않았던 것을 기억합니다. 사람들이 그 육신을 발견했는지는 알 수 없지만, 저는 분명히 의도적으로 그곳을 떠났습니다. 그리고 약 10년 전, 제가 혼의 상태로 여행을 하던 중에 저는 다시 그 세상으로 다시 돌아가봤는데 그곳은 이전과 똑같은 모습이었습니다.

놀랍게도 모두가 저를 알아보고 따뜻하게 맞아주었습니다. 하지만 저는 잠시 머물렀을 뿐, 그 생생한 기억을 품고 이곳으로 돌아왔습니다. 그래서 저는 사람들이 하느님의 말씀을 갈망하기 전에 이 시저의 것들에 완전히 흠뻑 빠져봐야만 한다고 생각합니다.

저는 여러분의 간절한 갈망이 여러분을 이 자리에 데려왔다고 확신합니다. 여러분에게는 사회에 대한 의무가 있으며, 시저의 빚을 갚아야 하기에 더 많은 돈을 원하고 있습니다. 하지만 저는 여러분이 시저의 것들보다 하느님의 말씀을 듣고자 하는 갈망이 더 크다는 것을 알고 있습니다. 그것이 여러분이 이곳에 있는 이유이며, 여러분은 그 갈망으로 인해 은

총을 받고 있습니다.

 자, 이제 침묵 속으로 들어가겠습니다.

Chapter 16

ALL POWERFUL HUMAN WORDS
인간의 전능한 말

저는 여러분이 정말 잊지 않기를 바랍니다. 가장 큰 죄는 이 기억을 회생하는 자의 힘을 의심하는 것이기 때문입니다. 그분이 여러분 삶에 들어올 때 그분은 기억을 회생하는 자입니다.

그때 하느님이 이룬 것 모두를 기억하게 될 것입니다.

그래서 하느님이 당신 안에서 이룬 모든 것을 기억하게 될 때 그분은 당신을 근원으로 데려갑니다. 그 순간 당신은 그것을 이룬 하느님이 됩니다.

그분이 당신 안에 거하고 있기 때문에 모든 것은 당신 안에서 다시 재연됩니다.
이것이 바로 성경의 이야기입니다.

CHAPTER 16 All Powerful Human Words

인간의 전능한 말

지난주 있었던 일부터 이야기를 시작해 보겠습니다. 제가 지금 하고 있는 이 일을 샌프란시스코에서 해보라고 추천해 준 제 소중한 친구가 한 명 있습니다. 혹시 들어보셨을지도 모르겠네요. 그의 이름은 프리덤 배리입니다. 현재 그는 캠브리아에 살고 있는데, 캠브리아는 이곳과 샌프란시스코의 중간쯤 되는 지역입니다.

프리덤 배리에게는 음악이라는 뜨거운 열정이 있습니다. 그는 뉴잉글랜드 음악원을 졸업했지만, 음악계와는 맞지 않는다고 느꼈습니다. 치열한 경쟁 속에서 자신의 자리를 찾기 어렵다고 생각했던 것입니다.

그는 극심한 가난 속에서 태어나 자랐고, 갓난아기 때부터 고아로 지냈습니다. 일자리를 찾아 서부로 이주한 그는 우연히 제 모임에 참석하게 되었습니다. 약 2년 후, 우리는 개인적으로 만나게 되었고, 제가 그에게 "이 일을 해보고 싶나요?"라고 묻자, 그는 이렇게 대답했습니다. "예, 해보고 싶지만 제가 자격이 없어요."

저는 그에게 이렇게 말했습니다. "당신의 대답은 정확합니다. 만약 스스로 자격이 있다고 느꼈다면, 이 일에 적합하지 않았을 겁니다." 사실, 저 역시 오늘날 자격이 없다고 말할 수 있습니다. 누군가 제 학문적 배경을 묻는다면, 저는 자격이 부족하다고 대답할 것입니다. 배경만 놓고 보면, 저도 그다지 자랑할 것이 없습니다.

한 번은 뉴욕의 보헤미안 클럽에서 담로슈라는 분을 만난 적이 있습니다. 그의 모임은 하버드 클럽에서 매달 한 번씩 열렸습니다. 어느 날, 사교적인 한 분이 저를 담로슈에게 소개해 주었고, 그는 제 배경에 대해 물었습니다. 제가 가르치는 방식이 독일 철학인지 물었습니다. "독일식인가요, 프랑스식인가요, 영국식인가요?"라고 물었습니다.

"아니요, 모든 것은 계시를 통해 얻은 것입니다"라고 답하자, 나이가 지긋한 그는 마치 하찮은 사람과 대화했다는 식으로 등을 돌렸습니다. 그곳은 사교 모임이었지만, 그는 저를 제 배경만으로 평가했습니다. 제가 독일 학파인지, 프랑스 학파인지, 아니면 영국 학파인지 규정하려 했지만, 저는 그 어느 쪽도 아니라고 대답했을 뿐입니다. 그러자 그는 냉담하게 등을 돌렸습니다.

그래서 저는 프리덤에게 이렇게 말했습니다. "당신에게는 어떤 배경도 필요하지 않습니다. 당신은 저를 신뢰하고 있죠.

그리고 저도 당신을 신뢰합니다. 당신은 정직한 사람이고, 남을 속일 사람이 아니라고 확신합니다. 북쪽으로 가서 가르치는 일을 시작해보는 게 어떨까요?" 프리덤 배리는 제 제안을 받아들여 북쪽으로 갔고, 지금도 그곳에서 성공적으로 가르치고 있습니다.

앞서 말했듯이, 그는 캠브리아에 집을 마련했습니다. 이곳과 샌프란시스코의 중간쯤에 있는 곳입니다. 집은 소박하지만, 그에게는 소중한 보금자리입니다. 모든 것이 순조롭게 흘러갔지만, 그의 마음속에는 여전히 음악이라는 불타는 열정이 자리하고 있었습니다.

음악을 사랑했던 그는 멋진 그랜드 피아노를 가지고 있었지만, 그 피아노에는 뭔가 손볼 부분이 있었습니다. 완전한 수리는 아니었지만, 특정 작업이 요구되었고, 이를 위해 400달러의 비용이 들었습니다. 작업은 피아노를 공장으로 직접 보내야만 가능했기에, 결국 피아노를 공장으로 보냈습니다.

공장 측은 피아노를 배송하기 전에 그가 직접 와서 연주와 테스트를 통해 상태를 확인해야 한다고 요구했습니다. 모든 것이 만족스럽다고 확인될 때에만 피아노를 다시 보내주겠다는 조건이었습니다. 이에 그는 공장에 가서 피아노를 연주해 본 뒤 상태가 만족스럽다는 것을 확인했습니다.

그렇게 해서 공장에서 배송 날짜를 알려주었고, 그는 집에서 피아노를 기다렸습니다. 그러나 정해진 날짜가 지나도 피아노는 도착하지 않았습니다. 다음 날도 상황은 마찬가지였습니다. 피아노는 여전히 오지 않았습니다.

그는 공장에 전화를 걸어 상황을 문의했습니다. 그러자 "아, 우리는 화물이 가득 차기를 기다리고 있었습니다. 이제 만재가 되었으니, 수요일에 받으실 수 있을 겁니다"라는 답변을 들었습니다. 이번 주가 아니라 지난주 수요일이었습니다. 그는 그날 하루 종일 기다렸지만, 피아노는 끝내 도착하지 않았습니다.

다시 공장에 전화를 걸었을 때, 그는 믿기 힘든 답변을 들었습니다. "운전사와 트럭, 그리고 그 안에 있던 물건들까지 모두 사라졌어요. 운전사가 어디로 갔는지 알 수 없고, 트럭과 내용물도 행방을 찾지 못하고 있습니다." 다음 날 또다시 전화를 걸어보았지만, 운전사와 트럭의 흔적은 여전히 발견되지 않았습니다.

절망한 그는 결국 저에게 전화를 걸었습니다. 그는 이렇게 말했습니다. "네빌, 저는 이 법칙을 가르치지만, 제 전 재산이 사실상 이 피아노에 묶여 있어요. 집이 있지만 당장은 수입이 없고요. 제가 하고 있는 유일한 외부 활동은 연주뿐이에요.

피아노는 2천 달러의 보험만 가입되어 있어서, 4천 달러를 주고 새로 살 수도 없어요. 하지만 2천 달러를 언제 받을 수 있을지 알 수 없고, 지금 당장 재정적으로 너무 힘들어요. 그래서 당신에게 도움을 청합니다. 당신은 제가 의지할 수 있는 유일한 분이에요."

저는 "믿어줘서 고마워요"라고 말했고, 대화는 그렇게 끝났습니다. 전화를 끊은 직후, 저는 그가 피아노를 연주하는 모습을 상상했습니다. 저는 프리덤의 어깨에 손을 얹는 느낌을 상상하며 그의 존재를 느꼈습니다. 피아노가 생생하게 느껴졌고, 아름다운 음악이 들려왔습니다.

KFAC 라디오에서는 하루 종일 아름다운 음악이 흘러나옵니다. 특히 그날 밤 8시부터 10시까지는 피아노 음악 프로그램이 방송되었습니다. 항상 켜둔 라디오 덕분에 언제든 이 음악을 들을 수 있었습니다. 웅장한 협주곡이 흘러나올 때, 저는 프리덤이 그 곡을 연주하고 있다고 상상했습니다. 그의 손을 잡고 멋진 연주를 들려준 것에 감사를 전하며, 피아노의 감촉을 생생히 느꼈습니다.

어제 오전 11시경, 프리덤이 저에게 전화를 걸어왔습니다. 제가 자리에 없어서 아내가 전화를 받았습니다. 그는 이렇게 말했다고 합니다. "피아노가 오늘 새벽 4시 30분에 배달되었어요. 곧바로 연락을 드리고 싶었지만, 그런 일로 깨우는 것은 아니라 생각해서 안 했어요. 지금은 일어나 계실 거라 생각해 전화를 드렸어요. 나중에 자세한 내용은 말씀드리겠지만 지금 전화로는 다 말하기 어려워요. 정말 일이 아주 신기하게 풀렸어요."

그가 말한 것은 다음과 같습니다. 운전사는 산루이스-오비스포에서 체포되었는데 트럭이 어디에 있는지 그 안에 들어 있는 것들이 어떻게 되었는지에 대해서는 진술을 거부했다고 합니다. 저는 지난 주 신문에서 은행 강도로 인해 매주 7~8백만 달러가 사라진다는 기사를 읽었습니다. 하지만 은행 내부 직원들의 횡령은 수천만 달러에 달하며, 항구, 공항, 창고에서 횡령되는 화물은 수백만 달러에 달한다고 합니다. 엄청난 금액의 물품들이 사라지고 있는 것입니다. 한 사람이 사라지면 트럭과 그 안의 내용물까지 함께 종적을 감추며, 이런 일이 매년 수억 달러의 손실을 발생시킵니다.

하지만 저는 그런 기사에 흔들리지 않습니다. 저는 법칙에 대한 믿음을 계속 고수할 뿐입니다. 용서받지 못하는 죄에 대해 성경에는 명확히 기록된 말씀이 있습니다. 그것은 성령을 거스르는 죄입니다. 세상의 모든 죄는 용서받을 수 있지만, 성령에 대한 죄는 용서받지 못합니다. 그 용서받지 못하는 죄는 무엇입니까? 바로 의심입니다. 우주를 창조하고 우주를 유지하고 있는 그분, 당신은 이 세상에서 무엇이든 할 수 있는 그분의 권능을 의심합니까? 그것이 바로 유일하게 용서받을 수 없는 죄입니다. 그렇습니다. 저는 하느님이 우리 모두를 위해 세운 계획의 끝에 도달했기 때문에 더 이상 의심하지 않을 것입니다.

저는 프리덤이 요청한 것 외에는, 다른 어떤 것도 묻지 않았습니다. 그가 원한 것은 피아노였습니다. 제가 한 일은 그저 그가 피아노를 연주하는 소리를 상상하는 것이 전부였습니다. 저는 상상의 손을 그의 어깨에 얹고, 그가 들려준 멋진 연주에 대한 감사를 전했습니다. 그러고 나서 저녁 8시에서 10시 사이에 KFAC에서 들리는 이 웅장한 협주곡을 들으며, 이것이 프리덤이 연주하는 것이라고 상상했습니다. 그런 멋진 음악을 연주해준 것에 대해 감사하는 상상을 하고는, 이것에 대해 더 이상 생각하지 않았습니다.

지금 그가 어떻게 일이 풀렸는지 알려주겠다고 했지만, 저는 그 과정이 어떻게 이루어졌는지에는 전혀 관심이 없습니다. 매년 수억 달러가 사라지고 회수되지 않는다는 기사들을 읽어도, 저는 그런 사실들에 흔들리지 않았습니다. 오직 프리덤이 피아노를 되찾았다는 사실에만 집중했습니다. 저는 그 상상 속에 완전히 몰입했을 뿐이고, 그것이 전부였습니다.

우리는 종종 자신이 한 말을 잊어버리곤 합니다. 오늘 이 자리에 있는 한 여성분도 과거에 했던 말을 기억하지 못했습니다. 두세 달 전, 그녀는 제게 "제가 살이 너무 쪄서 옷이 터질 것 같아요!"라고 말했지만, 저는 "전혀 그렇게 보이지 않아요"라고 대답했습니다.

그녀는 날씬해지고 싶다고 말했습니다. 저는 말했습니다. "그럼, 당신은 이미 날씬한 것입니다. 당신은 원하는 만큼, 아니 그 이상 더 날씬합니다." 그리고 헤어졌습니다.

오늘 밤 그녀는 다시 제 강의에 참석해 이렇게 말했습니다. "어쩜 이렇게 말라버렸는지 모르겠어요. 견딜 수가 없어요!"

저는 "두세 달 전에 스스로 뚱뚱하다고 했던 거 기억하시나요?"라고 물었습니다. 저는 그녀가 뚱뚱하다고 생각한 적이 없지만, 당시 그녀는 살이 쪘다고 괴로워하고 있었습니다.

블레이크의 말이 떠오릅니다.

"오, 내가 무엇을 말하고, 무엇을 했던가! 오, 전능한 인간의 말로!" 『예루살렘』

"전능한 인간의 말!" 그렇습니다. 인간이 바로 신이기 때문입니다! 하느님의 말씀은 결코 헛되이 돌아오지 않습니다. 그것은 하느님 그분이 이루려는 목적을 반드시 이뤄야만 합니다. 실제로 그 목적을 달성해야만 합니다. 그렇습니다. 하느님은 바로 인간입니다!

우리 인간은 무심코 갖가지 말들을 내뱉습니다. 언젠가는 그것을 수확하는 시기가 오게 되지만, 그 수확의 시기에 자신이 뿌린 것의 결과라는 사실을 잊습니다. 그녀는 날씬해져서 돌아왔습니다. 정말 그랬습니다. 그녀는 매우 눈에 띄게 날씬해져서 돌아왔습니다. 작은 체구의 여성에게는 상당한 체중 감량이었습니다. 당신은 이 전능한 인간의 말을 이용해서 이 세상에서 무엇이든 할 수 있습니다.

자, 다음 모세의 말은 무슨 의미일까요?

"'제게 주의 영광을 보여주소서'라고 모세가 말하자 주께서 말씀하시기를, '나는 너를 바위의 틈에 넣어두겠고, 내가 지나갈 때까지 나의 손으로 너를 가릴 것이다. 그리고 내 손을 거두면, 너는 나의 뒷모습만 볼 것이다. 하지만 나의 얼굴은 보여지지 않을 것이다.'" 출애굽기 33장의 내용입니다. 18절부터 25절까지 이 내용을 읽고 나면 "이게 무슨 뜻일까?"라고 의아해할 것입니다.

모세라는 이름이 "태어남"을 의미한다는 것을 알게 되면, 바위 틈에 심어진 무엇인가가 태어날 때를 기다리고 있음을 이해하게 됩니다. 그것이 태어나는 순간, 하느님의 목적은 절정에 이릅니다. 그 순간부터, 이상하게 들릴지 모르지만 당신은 앞으로 나아가는 것이 아니라, 근원으로 되돌아가는 여정을 시작합니다. 당신은 근원으로 완전히 되돌아가게 됩니다.

그분은 당신을 절정으로 이끄셨고, 그 후에는 완전히 되돌아가 근원에 다다르기 전까지 뒷모습만 보게 하십니다. 근원에 다다르면, 그때 비로소 당신은 하느님의 영광인 그 얼굴을 보게 됩니다. 고린도후서 4장 6절에 나오는 말씀처럼, 우리는 "그리스도의 얼굴에서 하느님의 영광을" 보게 될 것입니다. 당신은 당신의 아들의 얼굴에서 그 영광을 볼 때까지 당신의 얼굴을 결코 알지 못할 것입니다.

브라우닝의 시 『사울』에서도 이와 같은 이야기가 나옵니다. 성경에 등장하는 사울은 정신적으로 불안정한 인물입니다. 그는 백성들에 의해 선택된 이스라엘의 왕이었지만, 정신적으로 나약했습니다. 그는 자신의 불안한 마음을 달래기 위해 한 소년에게 하프를 연주해달라고 했습니다. 브라우닝은 자신의 경험을 바탕으로 이 아름다운 시를 썼고, 이것을 "사울"이라고 불렀습니다.

이 시는 사무엘상 17장을 배경으로 하고 있습니다. 다윗은 사울 앞에 서서 메시아의 도래를 전하며 브라우닝의 시 속에서 이렇게 말합니다. "오, 사울이여! 나와 같은 얼굴이 그대를 맞이할 것이며, 나와 같은 사람을 그대는 사랑하고 또 영원히 사랑받을 것입니다. 이와 같은 손이 그대에게 새로운 생명의 문을 열어줄 것입니다! 그리스도가 서 있는 것을 보십시오!"

다윗은 그 앞에 섰습니다. 이제 사울의 이름은 바울로 바뀌었습니다. 구약에서 사울은 베냐민 지파로, 아브라함의 후손으로 알려져 있습니다. 신약의 바울은 원래 사울이라고 불렸지만 부활한 주를 만나고 나서 바울로 불리게 되었습니다. 그래서 이 시의 제목이 "사울"입니다.

이 시에서 다윗은 마치 기억상실증에 빠져 자신의 후손을 알아보지 못하는 것 같은 미쳐버린 인류 앞에 서 있습니다.

"나와 같은 얼굴이 그대를 맞이할 것이며, 나와 같은 사람을 그대는 사랑하고 또 영원히 사랑받을 것입니다. 이와 같은 손이 그대에게 새로운 생명의 문을 열어줄 것입니다! 그리스도가 서 있는 것을 보십시오!"

여기 그리스도인 다윗이 있습니다. 그는 주의 기름부음 받은 자, 그리스도입니다. 따라서 성경의 "주와 그분의 그리스도"는 주님의 아들 다윗을 말하며, 다윗은 자신을 주라고 밝힙니다. 그래서 모세는 뒤로 돌아가서 뒷모습을 볼 때까지 그 얼굴을 볼 수는 없습니다. 당신은 그 얼굴을 보지는 못할 것입니다.

신성의 역사가 성경에서 부활이라 말해지는 절정에 이르게 되면, 네 가지 장엄한 사건이 펼쳐집니다. 그리고 그것은 성령이 비둘기의 모습으로 강림하는 것으로 막을 내립니다. 복음서들은 예수의 세례와 함께 성령이 강림하는 것으로 시작됩니다.

복음서들이 이렇게 시작되는 이유는 "마지막이 첫 번째가 될 것"이기 때문입니다. 그것은 가장 클라이맥스 부분이며 마지막에 일어나는 비전입니다. 하지만 복음서들은 모두 그 이야기로 시작됩니다. 가장 먼저 쓰인 복음서인 마가복음에서는 비둘기가 예수에게 내려오는 세례의 이야기로 시작되며, 가장 심오하고 신비로운 요한복음도 성령이 예수에게 내려오는 이야기로 시작됩니다. 누가복음을 보면, 여기서도 성령이 비둘기의 형태로 내려오는 것에 대해 이야기하고 있습니다.

이어서 예수가 회당에 들어가 이사야 61장에 예언된 내용을 자신이 완성했다고 선언하는 장면을 묘사합니다. "주 하느님의 영이 내게 임하셨으니, 그분이 나를 기름 부어서 가난한 자에게 복음을 전하고, 억압받는 자에게 해방을, 갇힌 자에게 자유를 선포하게 하셨다."

여기 한 사람이 있습니다. 그는 이사야 61장에서 예언되었던 것들이 자신에게 이루어졌음을 선언합니다. 이제 그는 근원으로 돌아갑니다. 이야기를 읽어보세요. 모든 사건들이 본질적인 근원으로 거슬러 올라가는 것을 볼 수 있습니다. 왜냐하면 그는 삶에서 사라져 우리 안에 묻히게 되었기 때문입니다.

이제 그는 우리에게 말합니다. "이 일이 일어나기 전에 내가 너희에게 미리 말한 것은, 일이 일어날 때 너희가 믿을 수 있도록 하기 위함이다. 내가 잠시 후 너희를 떠난다고 말하니 너희 마음이 괴롭고 혼란스러울 것이다. 그러나 진실을 말하건대, 내가 떠나는 것이 너희에게 유익하다. 내가 떠나지 않으면 진리의 영, 곧 성령이 올 수 없지만, 내가 가면 그를 너희에게 보낼 것이다. 그는 너희를 모든 진리로 인도하며 내가 너희에게 말한 모든 것을 기억나게 할 것이다."

그렇다면 이 성령은 누구인가요? 성령은 "진리의 영"이라 불리는데, "나는 진리이다"라고 선언한 이는 예수 그리스도였습니다. 눈에 보이던 주님이 사람들에게서 사라졌을 때 주 예수의 영이 사람들에게 임합니다. 그는 완전히 사라졌습니다. 스승이었던 그가 사라진 것입니다.

예수는 자신이 사라질 때 자신 안에서 어떤 일이 일어났는지 말합니다. 아버지에게로 돌아간다고 합니다. 아버지에게서 온 그가 사라진다면 돌아갈 곳은 아버지 외에 어디이겠습니까? 아버지 외에는 돌아갈 곳이 없습니다.

예수는 말했습니다. "나는 아버지로부터 나와서 세상 안으로 들어왔노라. 다시 나는 세상을 떠나 아버지에게로 돌아가노라." 그렇다면 아버지는 어디에 있습니까? 당신 안에 아버지가 계십니다! 지금 그분은 인간 안의 영으로 존재합니다.

성령이라 불리는 진리의 영에게 죄를 범해서는 안 됩니다. 다시 말해 이 세상에서 모든 일을 할 수 있는 그분의 능력을 의심해서는 안 됩니다. "그분은 내가 너희에게 말했던 것 모두를 기억하게 해 줄 것이다." 그렇다면 진리의 영이란 바로 '기억을 일깨우는 자'가 아니겠습니까? 그분은 기억을 되살려내고, 그 순간 모든 것이 완성됩니다! 이것이 바로 제가 이런 담대한 주장을 할 수 있는 이유입니다. 구원은 이루어졌습니다. 완벽합니다. 누구도 실패할 수 없습니다. 왜냐하면 기억을 회생하는 자인 "영"이 지금 우리 인간 안에 묻혀 있기 때문입니다.

그분은 당신을 하느님 아버지께 나아가게 할 수 없습니다. 뒤로 데려갑니다! 당신 안에서 "깨어남"이라 불리는 상태에 도달했을 때 그분은 깨어납니다. 그분이 당신 안에서 깨어나는 순간, 당신은 "위로부터 태어남"을 겪습니다. 깨어남과 위로부터의 태어남은 동전의 양면과 같습니다. 그런 후 그분은 당신을 뒤로 데려갑니다. 완전히 되돌아간 그때, 당신은 그리스도, 즉 다윗이라는 아들의 얼굴 속에서 하느님의 얼굴을 보게 될 것입니다. 다윗은 주의 기름 부음을 받은 자입니다.

당신은 당신의 아들이라 불리는 다윗의 얼굴을 정확히 들여다보면서 당신이 어떤 모습인지 알게 될 것입니다. 그렇습니다. 다윗은 그리스도입니다. 당신은 세상이란 곳에 온, "아버지"입니다. 이제 그는 다음과 같이 선언합니다.

"나와 내 아버지는 하나이다." [요한복음 10:30]

"나를 본 자는 나를 보내신 그분을 본 것이다." [요한복음 14:9]

그분은 단 한 번도 나를 떠난 적이 없었습니다. 그러나 예수 그리스도는 세상의 사제들 모두를 혼란스럽게 한 이런 말을 합니다. "내 아버지는 나보다 크시다." [요한복음 14:28] 요한복음 10장에서는 이렇게 말합니다! "나와 내 아버지는 하나이다." 그런데 이제는 "내 아버지는 나보다 크시다"라고 말합니다.

주님의 본질적인 모습은 변함이 없지만, 보내진 자의 역할에서는 낮아질 수 있습니다. 그분과 나는 하나이지만, 보내는 이가 스스로를 세상에 보내 구원의 이야기를 전하게 되면, 보내진 자의 역할을 수행할 때는 보낸 이보다 낮아집니다. 그러나 본질적으로는 하나입니다!

따라서 주 예수 그리스도는 본질적인 면에서는 변함이 없지만, 이 세상에 보내진 자로서의 역할에서는 낮아집니다. 그러므로 다음과 같이 말합니다. "나를 본 자는 나를 보내신 분을 본 것이다." "나와 내 아버지는 하나이다." 이 말에서는 보내진 자와 보낸 자의 지위가 다르다는 것을 나타낸 듯하지만, 보내진 자와 보낸 자는 하나입니다. 왜냐하면 "들으라, 이스라엘아! 우리의 주 하느님은 한 분이시다"라고 말해졌기 때문입니다.

둘이 아닙니다. 단지 하나가 각기 다른 역할을 수행하는 것입니다. 그래서 보내진 자의 위치에서는 낮아 보이지만, 본질적인 면에서는 실제로 하느님, 아버지보다 낮지 않습니다. 그래서, "나는 아버지로부터 나와서 세상에 왔다. 다시 나는 세상을 떠나 아버지에게 가리라"[요한복음 16:28]라고 말해집니다.

그러나 이 세상에 보내진 지금, 저는 보내진 자의 모든 약점과 한계에 종속되며, 인간의 모든 한계에 저 자신을 종속시켜야 합니다. 그러나 이 육신의 옷이 벗겨질 때, 저는 이 생명으로 돌아오지 않고 아버지, 곧 나를 보내신 이와 하나가 됩니다. 아직 이를 경험하지 못한 이들은 이 세상과 같은 또 다른 세상에서, 영광스럽고 새로우며 설명할 수 없을 정도로 새로운 몸을 받아 생명을 회복하게 될 것입니다. 그들은 바위 틈에 묻힌 존재들이기 때문에, 부활이라는 절정에 도달할 때까지 여정을 이어갈 것입니다.

당신이 바로 그 모세입니다. 태어나게 될 그 존재입니다. "나는 너를 바위의 틈에 넣어두겠고, 내가 지나갈 때까지 나의 손으로 너를 가릴 것이다. 그리고 내 손을 거두면, 너는 나의 뒷모습만 볼 것이다. 하지만 나의 얼굴은 보여지지 않을 것이다." 아들이 나타내기 전까지는 그 얼굴을 볼 수 없을 것입니다. 그리고 제가 말하는 "아들"은 바로 다윗입니다!

그 누구도 자신의 아들 다윗 안에 비춰진 그 얼굴을 보기 전까지는 자신의 참된 모습을 보지 못할 것입니다. 왜냐하면 다윗은 보이지 않는 하느님의 형상이기 때문입니다. 다윗은 하느님이 비춰진 존재이며, 보이지 않는 하느님의 바로 그 모습을 지니고 있습니다. 당신이 그 보이지 않는 하느님입니다!

그래서 제가 이 진리를 "가장 심오한 진리"이면서도 "가장 실용적인 것"이라고 말하는 이유입니다. 당신이 무심코 던진 말이라도 아무 힘이 없을 것이라고 생각하지 마십시오. 그 이유는 당신이 하느님이며, 하느님의 말씀은 결코 헛되이 돌아오지 않기 때문입니다. 그 말씀은 그것이 목적한 것을 이루어야 하고 "그가 그것을 보낸 목적 안에서 번성해야" 합니다.

당신이 법칙에 대해 모른다고 할지라도, 당신은 그 법칙을 작동하게 하는 주체입니다. 법칙을 전혀 모른다고 해도 변명의 여지는 없습니다. 제 친구가 감당하기 힘든 체중 감소라는 결실을 거둔 것처럼, 당신도 자신이 뿌린 대로 결과를 얻게 될 것입니다.

친구 프리덤은 마음이 심란한 상태였습니다. 필요한 때 도와달라고 하지 못한다면 친구가 무슨 의미가 있겠습니까? 프리덤은 이 법칙을 정말 아름답게 가르치고 있습니다. 그는 이 법칙으로 수많은 사람들을 도와왔지만, 이제 그의 삶에도 시련이 찾아왔습니다. 그의 유일한 열정인 음악에 있어서 말입니다.

프리덤은 음악을 너무 사랑하기에 음악이 주어지면 하루 종일 캠브리아의 작은 공간에서 피아노를 연주하며 식사도 잊을 만큼 음악에 완전히 빠져듭니다. 그런데 그 열정을 표현할 수단이 사라졌습니다.

이번 주 LA 타임즈에는 우리 나라 부두, 공항, 그리고 화물차에 실린 상품들이 매년 수억 달러 이상 도난당한다는 충격적인 기사가 실렸습니다. 심지어 조직적인 절도까지 일어나고 있으며, 그 피해액은 헤아릴 수 없을 정도로 막대합니다. 이런 기사를 읽고, 돈이 있는 사람이라면 "괜찮아. 난 2천 달러짜리 보험에 가입되어 있어. 부족하긴 하지만, 그냥 새로 사면 돼"라고 생각할 것입니다.

하지만 프리덤에게는 그럴만한 재정적 여유가 없었습니다. 그는 매우 가난한 환경에서 태어났고, 돈을 인생의 목표로 삼은 적이 단 한 번도 없었습니다. 프리덤이 사랑한 것은 아름다움이었습니다. 그는 음악과 삶의 모든 아름다움을 사랑하고 즐겼지만, 돈을 중심으로 살아가지는 않았습니다. 그래서 4천 달러나 되는 악기를 새로 살 형편이 되지 않았습니다.

저는 KFAC 방송 덕분에 그의 연주를 생생히 들을 수 있었습니다. 그것은 정말 아름다운 협주곡이었고, 저는 상상 속에서 그가 연주하는 모습을 보았습니다. 그는 피아노 앞에 앉아 멋진 곡을 연주하고 있었고, 저는 그의 어깨에 손을 얹으며 그 연주가 가져다준 기쁨에 감사를 전했습니다. 피아노에서 울려 퍼지는 단단하면서도 우아한 소리를 온전히 느낄 수 있었습니다.

어제 오전 11시경에 프리덤에게서 전화가 왔습니다. 이제 그를 만나면, 이 모든 일이 어떻게 해결되었는지 자세히 들을 수 있을 것입니다. 트럭을 훔친 남자가 잡혔는지는 알 수 없지만, 적어도 피아노를 되찾았다는 점은 분명합니다. 트럭에 무엇이 실려 있었는지는 모르겠지만, 그런 세부사항에는 관심이 없습니다.

저는 오직 결말로 갔습니다.

그 남자가 지금 도둑의 역할을 하고 있을지라도, 그는 여전히 하느님입니다. 그가 어떤 절도 조직에 연루되어 있을 수도 있겠지만, 그런 것에는 관심이 없습니다. 중요한 것은 도둑이라는 가면 뒤에도 여전히 나의 형제가 존재한다는 사실입니다. 도둑 역할을 한 사람조차도 나의 형제입니다. 이 세상은 형제애로만 연결되어 있습니다.

"가서 내 형제들에게 전하라. 내가(I AM) 그들의 아버지이자 나의 아버지, 그들의 하느님이자 나의 하느님께 올라가고 있노라고."

우리는 이 가면 뒤에서 모두 한 형제로 연결되어 있습니다. 우리는 하나입니다. 오직 하느님만이 존재합니다. 비록 상상력이 잘못 사용되어 세상에 끔찍한 일들이 벌어진다 해도, 하느님은 위대한 예술가처럼 그 모든 불협화음을 결국 아름다운 조화로 바꾸실 것입니다.

하느님은 가장 위대한 예술가이기에 도둑질이나 살인 같은 세상의 모든 불협화음을 결국 아름다운 조화로 승화시킬 것입니다. 우리 안에서 모든 것은 용서받습니다. 오늘 밤 그 역할을 한 사람, 즉 트럭과 그 안의 내용물을 훔쳐서 가장 좋아하는 악기를 새로 구입할 여력이 없던 제 친구를 당황하게 만들었던 사람, 그가 정말 저와 피를 나눈 형제였다고 가정을 해보세요.

저라면 뭐라고 했을까요? "그를 풀어주세요!" 저는 그가 어떤 짓을 했는지 문제삼지 않을 것입니다. 저는 형제들을 너무 사랑하기 때문에, 그들이 어떤 죄로 잡혔든 개의치 않을 것입니다. 심지어 폭력적인 행위였더라도 저는 판사에게 그들을 풀어줄 것을 요청할 것입니다. 저는 그렇게 할 것입니다. 진심으로 말입니다. 그는 제 형제이기 때문입니다.

그렇습니다. 가면을 벗어 던지면 모두 한 형제입니다. 세상의 모든 존재는 나의 형제이며, 그 형제들이 모여 하나의 하느님을 이루고 있습니다. 우리들 모두는 엘로힘(복수형 단어)이며, 여럿으로 이루어진 하나를 뜻합니다. 이것이 하느님입니다!

우리는 교훈을 배우기 위해 이 땅에 있는 것입니다. 가장 중요한 교훈은 회개입니다. 즉, 변화가 불가능해 보이는 고정된 상황에 대한 우리의 태도를 바꾸는 법입니다. 겉보기에는 변화가 불가능해 보이더라도 원하는 결말을 상상합니다. 자,

마음태도를 바꾸는 법을 배우십시오. 어떤 상태인지는 완전히 무시하고, 그것이 변화된 마지막 결과에 서 있으십시오.

어쩌면 도둑은 피아노를 가져가서 팔았을지도 모릅니다. 어쩌면 그것을 불태웠을지도 모릅니다. 그래도 저는 친구가 그 멋진 악기를 연주하는 것을 들을 것이고, 그 음악을 즐길 것입니다. 저는 삶의 현실들을 무시합니다. 완전히 그것들을 무시합니다. 그리고 상상의 세계로 들어가, 제가 원하는 결말에 서서 그것을 봅니다. 이 방법은 매우 영적이면서도 바로 실생활에 적용할 수 있습니다!

예수 그리스도는 세상 사람들이 이해하지 못하는 이야기를 합니다. 그는 하느님의 구원 계획의 절정에 도달했기 때문에 이제 떠나야 한다고 말합니다. 스승으로서 그는 사라집니다. 그런데 그가 갈 수 있는 곳이 아버지 외에 어디 있겠습니까?

그리고 아버지는 어디에 있습니까? 오직 당신 안에 있을 뿐입니다. 이제 그가 진리의 영을 보낼 것입니다. 그가 "나는 진리이다(I AM the Truth)"라고 말했으니, 결국 그가 보내는 이는 바로 자신이 아니겠습니까? 하지만 이제 그는 새로운 이름으로 우리 곁에 올 것입니다. 그는 새로운 이름을 지니게 될 것입니다.

그는 만물을 다스리시는 아버지와 하나이지만, 이제 새로운 이름으로 자신을 보내어 가르침을 이어가며 하느님의 구원 계획을 온 세상에 전할 것입니다. 오직 하느님만이 존재합니다. 인류 세상에 내려와 인간 안에 자신을 묻는 것은 하느님 그분이었습니다. 오직 하느님만이 구원되는 것이고, 하느님이 "세상이 있기도 전에" 그 구원의 과정을 준비하셨습니다.

이것은 뒤늦게 세운 계획이 아닙니다. 상황에 맞춰 급하게 세워진 계획도 아닙니다. 이는 "세상이 있기 전부터" 있었던 생각과 계획입니다. 이것이 바로 구원이 이루어지는 방식입니다.

당신이 이 구원의 절정에 이를 때까지 앞으로 곧장 나아갈 것입니다. 그 절정은 작은 바위 틈에서의 부활입니다. 당신은 그곳에서 나와 다시 근원으로 돌아갈 것입니다. 그래서 사복음서의 저자들은 예수님의 사역 이야기를 마지막 비전인 세례로 시작합니다. 세례는 성령을 상징하는 비둘기가 물질적 형태로 예수에게 내려오는 사건입니다.

모든 복음서가 이와 같이 시작한 후, 사건들을 근원으로 거슬러 올라가며 풀어갑니다. 가장 심오한 요한복음은 무덤으로 돌아가며 그것을 상징으로 이야기합니다. 요한이 무덤의 경이로운 장면을 묘사하며 사용한 모든 상징은 깊은 의미를 담고 있습니다. 그것들은 모두 상징이지만, 그것들이 상징하고 있는 것들은 문자 그대로 실현됩니다.

요한은 탯줄, 태반을 의미하는 수건의 상징을 사용하여 탄생에 관해 이야기를 합니다. 요한은 무덤이라는 구체적인 상태에서 일어난 일을 말합니다. 작은 수건을 발견하는 순간, 새로운 탄생이 이루어졌다는 것을 보여줍니다. 이는 우리가 아는 일반적인 탄생과는 다릅니다. 이것은 하느님으로부터의 태어남입니다.

하느님은 이 상태에서 태어났습니다. 이것으로 첫 번째 막이 시작된 것입니다. 네 가지 "거대한 막" 중에 첫 번째 막은 부활입니다. 잠시 후 "위로부터의 태어남"이 이어지며, 요한복음은 이것을 마지막 순서로 적었고, 비둘기의 강림을 첫 시작으로 말했습니다.

이제 전체 이야기는 당신에게 드러날 것이며, 이때부터 거꾸로 전개될 것입니다. 이야기가 클라이맥스에 이르면 신성의 역사는 끝이 납니다. 그리고 성령이라 불리는 위대한 하느님의 영은 우리를 앞으로가 아닌 뒤로, 근원으로 데려갑니다. 그곳은 하느님 아버지이자, 당신의 본질이 자리 잡은 곳입니다.

성령은 당신을 근원까지 데려갈 것입니다. 그리고 그곳에서, 그리스도의 얼굴에 비춰진 당신 자신의 영광을 볼 때, 비로소 당신이 하느님 아버지임을 깨닫게 될 것입니다. 여기서의 그리스도는 다윗입니다! 이것이 성경의 이야기입니다.

녹음을 하신 분들은 오늘 밤 이 내용을 반복해서 되새겨 보십시오. 제가 언제 세상을 떠날지에 대한 예언을 하려는 것은 아닙니다. 하지만 개인적으로는 남은 시간이 길다고는 생각할 수 없습니다. 며칠이 남았을 지, 몇 달이 남았을 지, 몇 년이 남았을 지 모를 일입니다. 그 누구도 자신이 이 육신의 옷을 벗는 날을 알지 못합니다. 다만 제가 아는 것은 제가 해야 할 일을 다 마쳤다는 것뿐입니다.

저의 경우에는 이미 제게 주어진 일을 끝마쳤기 때문에 계속 이 말을 전하고 있습니다. 비둘기가 제게 강림한 순간, 구원의 이야기는 절정에 이르렀습니다. 그 이후 성령은 제 안에 머물며, 하느님의 신비를 전하도록 저를 감싸고 있습니다. 그분은 모든 지식을 지니고 계십니다. 그것은 단순히 세속적 지식이 아닌, 하느님의 신비에 대한 진실한 앎입니다.

그분은 지상의 일에는 관심이 없습니다. 그분이 관심을 두는 것은 오직 하느님의 목적과 계획뿐입니다. 그분은 이전에 그러하셨듯, 성경에 기록된 말씀들을 제게 드러내셨습니다. 처음엔 낯선 존재처럼 다가오셨지만, 제가 그 진리를 직접 체험할 수 있도록 하셨습니다.

그리고 마침내, 그분은 제가 이상하고 신비로운 방식으로 그분의 존재를 직접 1인칭 현재 시제로 체험할 수 있게 해주셨습니다. 결국 이 모든 이야기는 나의 근원적 자아로 돌아가는 여정을 말합니다. 처음부터 그렇게 시작되었고, 당신은 절정을 향해 나아가게 될 것입니다.

그리고 시간이 멈추고, 당신은 근원으로 돌아가게 됩니다. 그곳에서 당신은 하느님 아버지가 됩니다! 당신이 그 돌아가는 여정 중, 이 세상과 접촉하고 있는 육신의 옷을 여전히 두르고 있는 동안에는 이 이야기를 사람들에게 전해야 합니다. 육신의 옷을 벗으면 이 세상과의 연결이 끊기기 때문에, 그 연결이 유지되는 동안 진리를 전하는 것입니다.

제가 앞으로 입게 될 옷은 완전한 옷이므로, 지금의 육신의 옷은 더 이상 필요하지 않게 될 것입니다. 그때에는 제가 있는 곳이 어디든지, 모든 것이 완벽해집니다. 어떤 논쟁도 필요하지 않습니다. 왜냐하면 당신이 부활해서 두르게 될 그 "몸"은 완벽한 몸이기 때문입니다.

그때 당신의 세계에서 죽음이란 없습니다. 당신의 세계에서는 불완전한 어떤 것도 없습니다. 당신이 있는 곳이라면 모든 것이 다 완벽해집니다. 그것이 "부활의 몸"이며, 성경에서 말하는 "하늘나라의 왕국"입니다. 하늘나라의 왕국은 어떤 특정한 장소나 영역이 아닙니다. 그것은 당신이 거하고 있는 곳이자 몸입니다!

당신이 어디에 있든지, 그 "부활의 몸"을 두르고 있다면 모든 것은 완벽해집니다. 하지만 이 땅에서 부활을 겪기 전에 죽음을 맞이한 사람들은 (물론 언젠가는 반드시 모두 부활할 것이지만) 이 땅에서 두르고 있던 것과 비슷하지만, 젊고 설명할 수 없을 정도로 새로운 몸을 입은 채로 그들의 삶의 여정을 계속해나갑니다.

저는 여러분이 정말 잊지 않기를 바랍니다. 가장 큰 죄는 이 기억을 회생하는 자의 힘을 의심하는 것이기 때문입니다. 그분이 여러분 삶에 들어올 때 그분은 기억을 회생하는 자입니다. 그때 하느님이 이룬 것 모두를 기억하게 될 것입니다.

하느님이 당신 안에서 이룬 모든 것을 기억하게 될 때 그분은 당신을 근원으로 데려갑니다. 그 순간 당신은 그것을 이룬 하느님이 됩니다. 그분이 당신 안에 거하고 있기 때문에 모든 것은 당신 안에서 다시 재연됩니다. 이것이 바로 성경의 이야기입니다.

자, 이제 침묵 속으로 들어가겠습니다.

지금 전력을 다해
원하는 사람이 되었다고 상상해 보기를 바랍니다.

그러나 의심하지 마세요!

의심이 들어서는 순간 마음이 분열되기 때문입니다. 왜냐하면
의심은 악마이기 때문입니다.
세상 사람들이 무엇이라 말하든, 자신이 원하는 사람이 될 것이라
믿는다고 당신이 미쳐버릴 일은 없습니다.
만일 꿈이 이루어질지 의심하면서 꿈을 이루려고 한다면
신경 쇠약으로 가는 길을 걷고 있는 것입니다.

만약 온 마음을 다해 그 멋진 꿈을 믿는다면,
그 꿈은 반드시 이루어질 것입니다. 왜냐하면

**당신은 성경이 말하는 바로 그 하느님이며,
하느님에게는 모든 것이 가능하기 때문입니다.**

교정용 가지치기 가위 소개

우리가 오늘 겪은 일은 과거 내가 심은 씨앗들의 결과이며, 우리가 오늘 한 반응과 생각은 미래에 수확할 결실의 씨앗을 심는 행위입니다.
따라서 과거의 기억들을 교정하고, 오늘 내가 한 반응과 생각을 교정해야만 미래를 풍요롭게 만들 수 있다는 당연한 결론에 이릅니다.

교정용 가지치기 가위가 이 일을 해내는 가장 효과적인 기법입니다.

매일의 교정을 통해 계속해서 좋은 씨앗을 심는 것이야말로 미래의 풍요를 약속받는 방법입니다.

교정용 가지치기 가위 카페

http://cafe.naver.com/33neville

온전히 결말 안에서 살라
결과에서 살기

2025년 3월 18일 초판 1쇄 발행

지 은 이	네빌 고다드
번　　역	이상민
윤　　문	김의숙, 김정훈
사진제공	백동민
펴 낸 곳	서른세개의 계단
디 자 인	이세극(금손생) inzaghiraul@nate.com
I S B N	978-89-97228-41-6 (03110)

잘못된 책은 바꿔 드립니다. pathtolight@naver.com